"全球传播与中国话语"青年论丛

丛书主编/郭 可 李 智

世界体系转型与中国国际传播新趋势

严怡宁◎著

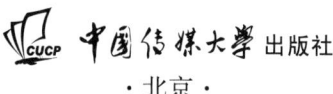
中国传媒大学出版社
·北京·

总　序

2019年是中华人民共和国成立70周年。70年来，随着中国社会从"站起来""富起来"到"强起来"，中国的全球传播事业也从"被动式"宣传逐渐走向"主动式"全方位发展。在融媒体时代，中国的全球传播事业更是形成了前所未有的发展格局。

中国在全球传播中的"被动话语格局"形成的原因是近代西方社会一直在引领着世界发展，因此其也占据着包括全球传播在内的各个领域的主导权。改革开放以来，中国在全球传播领域一直面临着来自西方的巨大压力。这从过去40年来出现的"中国威胁论""中国崩溃论""中国发展论"等话语框架中可见一斑。这些成见已经根深蒂固，今天尚存在，将来还会继续存在。中美贸易战中双方的话语博弈可以说就是全球传播话语博弈的典型案例。

一个不容回避的事实是目前中国要在全球传播中改变来自西方社会的成见，难度非常大。中国的硬实力在70年中虽然得到极大的提升，但在国际传播话语权等软实力方面，中国还有很长的路要走。

中美贸易战的话语博弈折射出中国和美国截然不同的话语框架和国家理念。为了让双方进行有效的交流，一个迫在眉睫的任务是要在全球传播中确立中国独立的话语体系，然后让这个独立的话语体系获得包括西方社会在内的国际社会的认可，至少让国际社会以理性的眼光而不是带着偏见看待中国。只有当国际社会确立了理性的中国观，中国才能与包括西方国家在内的国际社会开展真正的平等对话。

这种具有独立性的中国话语体系，在中国目前的社会语境下被称为中国特色的话语体系。现在看来，如何让这种独立的中国话语体系被国际社会认可，是中国学界需要不断反思并长期探索的学术命题。

此外，现实政治体系和文化基因也决定了中国的全球传播话语体系需要有独立性，这样才能不断解释并解决中国全球传播中出现的现实问题，才能促进中国的全球传播实践不断发展。

不过，强调中国在全球传播中话语体系的独立性，不是要停止向包括西方国家在内的国际学术界学习。相反，为了更好地建立并完善话语体系，中国需要以更加开放的心态加大学习步伐，形成向国际社会学习的流程和合作机制。这样才能吸收先进的知识体系的精髓，才能为解决现实问题提供指导，给中国的全球传播实践以启迪。

中国学术界也只有在不断学习的过程中，解决中国全球传播的实践问题，才能建立并完善独立的中国话语体系，才能与包括西方社会在内的国际社会开展平等对话，最终达成不同程度的共识，消除可能因为误解而引发的傲慢与偏见。

不过，目前这只是一个良好的学术愿望。要实现这个愿望，建立起中国国际话语体系，并破解目前中国全球传播的现实困境，将是一个漫长且艰苦的过程，需要中国学术界作出不懈的努力。在这一过程中，我们不仅要以中国现实问题和中国与世界的互动关系为导向，还要结合中国国际传播的现实案例和应用场景，开展具有全球价值和世界意义的跨学科、跨国界的合作，这样才能打造基于中国全球传播实践的原创话语体系，才能提出具有中国价值和世界意义的原创理论框架，并逐步形成中国的国际话语体系。

中国传媒大学和上海外国语大学通过磋商，决定借助各自学科优势，共同探索全球传播中的中国话语模式这个命题，并联合出版这套青年论丛，以期为学术发展尽绵薄之力。

虽然青年论丛出版平台由两家发起，但这个平台是开放的，我们欢迎海内外其他大学和学术机构的青年学者们积极加入，共同学习和探索，逐步实现我们的学术愿望。

我们希望本套青年论丛中的著作以原创为起点，在论证基础上，尽量系统地解答每个话题所涉及的现实问题，尽可能合理地梳理其知识体系。虽然随着学术平台的不断扩大，我们的出版体例和知识体系架构会不断调整和变化，但学术指向将是明确的和一贯的。

本丛书的学术指向也是国家社会科学重大招标项目"多语种涉华国际案例数据库建设研究"（项目批准号：14ZDB162）认同的学术框架和其推动的阶段性成果。

当然，我们也认识到这是一个艰巨的学术任务，我们不一定能完全达到预期的目标。千里之行，始于足下。如果我们的努力对实现上述学术愿望哪怕有一点裨益，这样的努力就是值得的。

是为序！

高晓虹　郭可

2019年12月15日

自　序

中国的国际传播长期以来一直处于被西方垄断的世界传播体系。在西方强大的政治经济实力支撑下，西方国家主导世界舆论，西方媒体控制国际话语权，中国的国际形象从而长期被西方媒体定义和形塑。面对制度观念及文化迥异的中国，以美国为首的西方舆论在国家利益和意识形态偏见驱使下，对中国的报道往往具有片面性，甚至造谣抹黑、舆论攻击、"妖魔化"中国的发展进步，"中国威胁论""中国崩溃论"等论调轮番上场，为中国国际舆论制造困境。

鉴于西方媒体和舆论的主导地位，我国长期以来对中国国际舆论的研究也主要聚焦于西方主流国家，大量的研究成果揭示了西方报道受制于其政治、经济、文化制度框架的本质。尽管由于中国的全面发展，近二十年来西方报道的聚焦点比过去更加多元化，西方也能在"新闻专业主义"制约下使用客观性报道手法，但一旦触及敏感利益，对中国的刻板印象就会主导报道。然而一而再、再而三的类似研究和发现似乎显示中国国际传播陷入了一种"先验"且无解的死局，尤其无法全面反映世界体系和传媒格局正在发生的变化，以及国际传播可能因此产生的变局。

纵观世界，一极化的世界格局已逐渐变化，多极化成为世界发展趋势。尤其2008年金融危机以来，西方的政治经济不断暴露出颓势，西方主导的全球治理频出短板，西方价值理念也出现危机。相比而言，新兴国家经济快速发展，对世界发展的贡献不断增大，世界影响力持续增长，同时对国际话语权提出更多诉求。在这一过程中，中国也成为世界第二大经济体，并积极参与全球治理，推动国际关系民主化进程，倡导共商共建共享的原则，更加主动地提出中国理念、中国方案，向全世界贡献中国智慧。中国正在成为新型国际关系的推动者和引领者，获得了很多国家的认可，在世界产生广泛影响。

从媒介环境来看，互联网及其关联的一系列数字技术，深刻改变着全球的信息传播环境，打破了原来以西方超级大国为中心的单向传播局面，发展中国家不再只是被动的信息接收者，各国获得更加开放多元的表达和传播渠道。在互联网的推动下，多元文明之间的交流互动加深了彼此的联系和认知，文明的多样化推动全球传播进一步走向多极化。

应该可以想见，西方霸权主导的国际传播格局已有转化可能，在局部地区、特定领域和特定时期也会出现破局。因此中国研究者的目光应从西方主流国家移向不同类型、不同发展背景的国家，尤其是新兴发展地区。中国研究者应在世界体系变迁和国际变局的框架下，探究这些国家和地区的对华认知、舆论呈现以及各自特点和成因，了解其与西方国家的异同，并把握其发展变化规律，从而能够在更为全面地了解中国国际舆论环境的基础上，探索如何面对世界体系演进的趋势进一步优化中国国际传播的发展路径。

习近平主席根据最新国际形势，就国际传播能力建设指出，要深刻认识新形势下加强和改进国际传播工作的重要性和必要性，下大气力加强国际传播能力建设。习主席专门强调"要加强国际传播的理论研究，掌握国际传播的规律，构建对外话语体系，提高传播艺术。要采用贴近不同区域、不同国家、不同群体受众的精准传播方式，推进中国故事和中国声音的全球化表达、区域化表达、分众化表达，增强国际传播的亲和力和实效性。"由此看来，国际传播理论创新和实践创新已是我们面临的国际大变局的迫切要求。扩大研究视野，全面把握世界体系不同层级国家、不同区域、不同国际集团、不同文化体系的身份和利益诉求及其在此基础之上形成的对华认知和涉华舆论，是发展相关理论和实践的重要基础。

本书作者在2008年金融危机后基于世界体系的变动可能开始关注非西方国家涉华舆论，思考其与西方舆论的异同和成因。基于相关思考和研究，作者在本书第一至第四章梳理了世界体系结构与转型、国家身份与认同、西方涉华话语框架的相关理论与发展，并基于本人的科研项目追踪研究了金砖国家15年涉华舆论的发展。在对非西方传播态势的关注下，本人还长期指导学生拓展该领域的研究。本书第五章对尼日利亚媒体关于中国在尼企业的报道研究，第六章对美国华文媒体关于中国70周年国庆报道的研究，分别脱胎于本人指导学生方媛和刘琳完成的毕业论文，本人又进一步修改完善并最终为相关章节定稿。在此，感谢方媛和刘琳与我一起在该领域共同探索努力。基于全球网络目前已形成多元节点，城市成为重要节点并开始产生较大国际影响力的趋势，本人也开始聚焦探究全球城市的国际传播力，因此本书第七章以上海为样本研究了国际涉沪报道格局，并基于此进一步研究系统性影响全球城市国际报道的因素。最后本书第八章深入探究世界体系变动格局下的人类命运共同体理念的内涵和意义，并探讨在人类命运共同体框架下的中国国际传播未来发展路径，本章也是作者承担的上海市社科基金项目"人类命运共同体理念国际舆论认同研究"（2018BXW005）的阶段性成果，可以说是作者对国际传播格局多年思考和研究后的一个升华。

希望本书能在国际传播研究的进一步发展中起到抛砖引玉的作用，同时也希冀国际传播学者和实践者进一步从世界大变局出发，基于变化中的国际互动关系探索国际传播研究新的逻辑起点和新的研究范式，从而进一步推动中国国际传播的理论创新和实践创新。

严怡宁

2022年4月18日

目 录
CONTENTS

第一章　世界体系结构及转型趋势 ········· 1
　一、理解世界体系结构的不同理论流派 ········· 2
　二、世界体系的演进与转型趋势 ········· 8

第二章　国家身份与认同 ········· 15
　一、身份与认同的相关概念 ········· 16
　二、建构主义国际关系视域中身份的种类 ········· 17
　三、认同的形成 ········· 17
　四、国际社会三种无政府文化下的身份认同 ········· 19
　五、国家间集体认同的形成 ········· 20

第三章　西方媒体看中国的他者框架与西方话语霸权 ········· 23
　一、框架理论 ········· 24
　二、影响国际新闻报道框架的因素 ········· 25
　三、他者化的中国：西方社会塑造中国形象的长期框架 ········· 29
　四、总结 ········· 37

第四章　金砖国家媒体中的中国：十五年的媒介认知研究 ········· 39
　一、金砖国家在世界体系转型中的身份与利益 ········· 40
　二、研究思路和方法 ········· 41
　三、巴西媒体对华认知 ········· 43

四、俄罗斯媒体对华认知 ································ 64
　　五、印度媒体对华认知 ································ 82
　　六、金砖媒体对沪认知分析 ···························· 103
　　七、金砖国家对华认知研究总结 ························ 111

第五章　中国企业在非洲的舆论环境：尼日利亚报道的框架研究 ········ 115
　　一、研究背景 ······································ 116
　　二、中非关系及相关涉华舆论研究回顾 ··················· 118
　　三、研究思路和方法 ································ 121
　　四、尼日利亚《每日信报》报道的框架分析 ················ 128
　　五、中国企业在非传播及形象构建建议 ··················· 134

第六章　身份认同视角下美国华文媒体中国70周年国庆报道研究 ······ 137
　　一、研究背景与研究意义 ····························· 138
　　二、理论综述 ······································ 138
　　三、研究问题与研究方法 ····························· 142
　　四、《侨报》70周年国庆报道高层框架分析 ················ 143
　　五、《侨报》70周年国庆报道中层框架分析 ················ 145
　　六、《侨报》70周年国庆报道低层框架分析 ················ 150
　　七、总结 ·· 153

第七章　上海全球城市形象与全球城市国际传播的影响因素 ··········· 155
　　一、全球传媒语境中的上海城市形象 ····················· 156
　　二、全球城市国际报道的影响因素研究 ··················· 174

第八章　人类命运共同体框架下的中国国际传播 ···················· 187
　　一、人类命运共同体理念的形成 ························ 188
　　二、人类命运共同体理念对"西方中心"国际关系理论的超越 ··· 190
　　三、人类命运共同体理念的国际认同与传播 ··············· 194

参考文献 ··· 205
　　一、中文文献 ······································ 206
　　二、英文文献 ······································ 211

第一章
世界体系结构及转型趋势

☆ 一、理解世界体系结构的不同理论流派
☆ 二、世界体系的演进与转型趋势

一、理解世界体系结构的不同理论流派[①]

(一)以权力为中心的传统现实主义

传统现实主义阶段还没有成熟的国际体系概念,国际体系处于无政府状态,国际社会从根本上遵循"丛林法则",主要以权力界定国家间关系。现实主义理论的核心是权力政治——国际政治是追逐权力的斗争,国际关系的本质是冲突。经典现实主义学者摩根索认为,对权力的角逐不仅是由世界政治的无政府和混乱导致的,也是由人类本性决定的。这一论调是建立在人性悲观论基础上的,也就是由于生存需要,人类本质上是相互竞争的,并且在竞争关系中希望支配别人而不是被别人支配。这种具有人类普遍意义的关系也被折射在国际关系中,在无政府状态下,国家要依靠实力确保生存,因此需要无限度地追逐权力,参与国际社会的目的是运用权力改变他国行为以确保本国利益最大化。因此传统现实主义的基本假定即权力是国际关系的最根本因素。大国之间的权力对比关系构成国际格局[②]。

在这一框架下,由于所有国家都必然追求自己的国家利益,所以其他国家和政府都是不能完全依靠的,所有国际协议都是暂时的、有条件的。如果国际义务与自身的至关重要的利益相冲突,所有国家都会准备牺牲国际义务,国际协议、公约、管理、规则、法律等仅仅成为临时性安排。主权国家间也不存在相互责任约束意义上的国际义务[③]。

(二)从结构出发的新现实主义

20世纪四五十年代,学者们开始从系统论的角度观察国际关系,国际体系成为研究重点,也就是说国际政治被作为一个整体来研究,以寻找世界范围内各行为主体之间相互联系、彼此互动、矛盾统一的结构和规律。

新现实主义代表学者肯尼斯·华尔兹通过对结构概念的引入,从体系结构层面来解释国家行为,形成了以其为代表的结构现实主义国际关系理论,这一理论是在系统研究的科学范式影响下发展起来的。

[①] 本部分内容整合了本人《国家利益与国际舆论——美国涉华舆论实证研究》(中国传媒大学出版社,2009)中的部分文献研究。
[②] 马静. 简评国际关系三大理论流派对国际体系的认识[J]. 发展,2010(5):73.
[③] 洪邮生. 现实主义国际关系理论:一种经久不衰的主流范式[J]. 历史教学问题,2004(4):45.

在界定结构方面,华尔兹认为就政治结构的排列原则而言,国内政治系统各部分之间是从属关系,这种制度是集权制、等级制,而国际系统内各部分的关系则是平等的,任何一个国家都无权指挥其他国家,也无须服从于其他国家。因此他从结构出发再次肯定了国际系统是分权的以及无政府的[1]。新现实主义在无政府假定的基础上,进一步假定国家是主导行为体,而且国家行为体是单一、自私、理性的[2]。他用市场进行类比,国际政治的无政府状态相当于完全竞争的市场,国际政治的单元国家类似于理性的经济人[3]。国际政治的体系,就像经济市场一样,是由关注自我的单元的共同行为形成的。与经济市场相似,国际政治体系在本源上是个人主义的,它是自发形成的,而非人为地有意创建。国际政治和经济市场这两个系统的形成和维持都基于单元所信奉的自助原则,它们在结构上具有相似性[4]。"正如经济学家根据公司来定义市场一样,我则根据国家来定义国际政治。"华尔兹给出了这样的判断[5]。

新现实主义认为,在无序的结构中,每个单元都寻求自身利益,追求利益最大化。无政府状态下的国际系统决定了其中的国家单元的自助行为和安全困境,因此国家之间必然产生利益冲突和权力争夺。也就是说,国际体系由于缺乏一个维持国家间规范和秩序的最高权威,国家行为体会时刻对自身生存感到忧虑,在理性和自私特征的支配下,国家交往中的利益冲突不可避免。同时由于各国家单元都追求自身利益最大化,很难从根本上调节国家间的冲突。因此在新现实主义界定的国际体系结构中,国际合作从根源上受到了限制。

华尔兹所设定的国际体系的单元——国家,是被其高度简化的国家,是同类的、功能相似的单位。国家单元相互之间的联系和区分取决于单元能力的大小,即根据能力分配来定义国际结构。这种能力分配主要指物质权力资源(特别是经济和军事权力)在体系内的集中程度。结构决定单元的行为,国家在结构中的地位决定了国家考虑可能和不可能的国际行为。也就是说各国在基本功能方面都是类似的,国家是相似的单元,尽管其文化意识形态各异,但主要区别只是各自实力的差异。"这样一种秩序中单位间的主要区别在于它们履行类似职责的实力大小的不同……体系结构随着体系中诸单位实力的变化而变化。"华尔兹如是说[6]。

由此可见,国际体系的无政府秩序原则以及相似的国家单位特征都是定量,只有权力分配才是国际体系中最重要的变量,它决定了单元在国际体系中的排列。国际体系结构是

---

[1] 华尔兹. 国际政治理论[M]. 信强, 译. 上海: 上海人民出版社, 2003: 118.
[2] 高尚涛. 主流国际体系理论研究评述[J]. 外交评论, 2006(4): 42–50.
[3] 袁正清. 国家利益分析的两种视角[J]. 世界经济与政治, 2001(9): 14–18.
[4] 华尔兹. 国际政治理论[M]. 信强, 译. 上海: 上海人民出版社, 2003: 122.
[5] 华尔兹. 国际政治理论[M]. 信强, 译. 上海: 上海人民出版社, 2003: 126.
[6] 洪邮生. 现实主义国际关系理论:一种经久不衰的主流范式[J]. 历史教学问题, 2004(4): 48.

根据物质力量的分配来定义的,是诸多国家行为体之间按实力大小形成的排列组合,排列发生变化直接导致体系结构的变化。这种变化也是通过一种以物质能力分配方式定义的"极"(权力特别大的国家)转化为另一种以物质能力分配方式定义的"极"而实现的①,因此会有单极、两极和多极等体系结构出现。

根据华尔兹的新现实主义体系论,国家在文化、经济、政治、军事等方面的互动,社会和经济制度,意识形态信仰等观念因素都被抛开,体系界定完全是物质主义的。此外,结构的自主性存在也被大大强调,结构对系统变化和单元行为具有强大约束力,结构成为一种相对静态的模式,变化缓慢。

(三)引入国际机制的新自由制度主义

现实主义者是在"混乱"和"无序"的意义上理解"无政府主义"的国际体系的,因此在现实主义理论下,世界陷于悲观的利益冲突和权力争夺的对抗逻辑中。以基欧汉为代表的新自由制度主义则对现实主义一元无政府性的逻辑和结论提出了质疑。新自由制度主义不否认世界政治中缺少一个共同的中央政府,但不等于说国际社会一定是无序的。"说世界政治是无政府的,并不因此就意味着世界政治是完全缺少组织的"②。在国际社会条件下,自私、理性的国家行为体需要国际秩序和有效治理,以便合理地解决冲突,以最小的代价换取最大的利益。因此冲突是可以避免的,合作也是完全可能的。新自由制度主义认为,国家行为存在"契约"因素,这种契约就是国际机制。国家不能无限制地追求自己的利益,国家行动受到国际机制的限制,是在制度框架下的行动。因此,国际机制为各国之间的互利合作提供条件,冲突是可以避免的,合作也是完全可能的③。

国际机制的重要性还与世界相互依赖的状况有关。基欧汉把相互依赖解释为,以国家之间或不同国家的行为体之间相互影响为特征的情形④。比如地球变暖、人口爆炸、空气与水质污染等各国共同面临的危机,与每个国家的利益都有关系。军事上,大部分国家也都希望保持和平稳定的国际环境,不希望发生大规模冲突。各国在经济上的联系也日益紧密,跨国经济活动规模越来越大。因此国家利益之间也是相互依赖的,一个国家行为体的决策需要其他国家行为体的合作,国家之间相互依存、相互制约,各国都要寻求用"新的方法去解决冲突,力图实现互利而不是零和(zero-sum)的结果"⑤。在这种相互依赖的

---

① 方长平. 国家利益的建构主义分析[M]. 北京:当代世界出版社,2002:34.
② AXELRODAND R., KEOHAN R O. Achieving cooperation under anarchy: strategies and institutions [A] // BALDWIN D A. Neorealism and Neoliberalism: the contemporary debate [C]. New York: Columbia University Press, 1993: 85-86. 转引自陈卫. 国际关系理论研究中的新自由制度主义[J]. 国际观察, 1999(4): 6-9.
③ 高尚涛. 主流国际体系理论研究评述[J]. 外交评论, 2006(4): 42-50.
④ 基欧汉, 奈. 权力与相互依赖[M]. 门洪华, 译. 北京:北京大学出版社, 2002: 9.
⑤ 王力军, 申琳. 略论新自由制度主义的"相互依赖"理论[J]. 济南大学学报(社会科学版), 2015(4): 39-43.

状况下，权力也不再是国家行为的唯一目标。国际关系中的非权力因素、沟通与合作的能力变化以及全球系统相互依赖过程被强调。于是，军事安全并非总是首要问题，其他问题也会具有极大政治意义。武力不再是国家对外政策的有效手段。基欧汉认为，随着跨国行为的发展，尤其是跨国公司的作用日益增强，国际关系行为主体愈发具有多样性，国家不是唯一重要的行为体，不仅国内存在不同利益团体，国际上还存在许多跨国行为主体。基欧汉和奈出版的《权力与相互依赖》对现实主义的国家中心说、军事权力说等基本假设进行了驳斥。

国际机制作为基欧汉为国际体系引入的关键概念，被视作世界政治的基本特征，由此形成了自由主义中影响最大的新自由制度主义。国际机制被定义为"对相互依赖关系产生影响的一系列控制性安排"①，在国际关系的议题领域中所形成的"一系列隐含的或明确的原则、规范、规则以及决策程序"②。与现实主义相对静态的权力政治游戏循环不同，新自由主义相信历史进步的可能，认为在互动和学习的体系进程中，国际机制能够影响国家的能力和利益，尤其可以影响国家对长远利益与短期利益的看法，帮助国家摆脱"相对收益"的困境。观念、规范、制度这类因素代替了权力、利益等因素来解释行为。国际机制通过影响和制约国家行为，赋予国家进行合作的能力。国际机制能够提供高质量的信息，惩罚故意欺骗行为，提高故意欺骗国家的国际交往成本，从而降低交易成本，提供稳定的预期，减少不确定性，同时赋予行动和政策的合法性，改变行为者的利益偏好，协调和调整各国政府的政策和行动，最终使大家获得共同收益，从而各国从遵守规则中获益③。因此国际机制为国家间合作提供了保障，促进了国家间利益关系的本质改良。

不过新自由制度主义仍然承认无政府状态是世界政治的基本状态，并且接受了国家是单一的理性行为体的基本假定，借助的依然是理性选择的分析工具，即根据个体的效用功能实现最大的纯收益。以此为前提，新自由制度主义探讨在国际机制指导下国家间合作的可能，就会遇到国际制度的分配和正义问题。秦亚青教授指出，国际制度就其根本性质而言，是为了维持一种业已建立起来的国际体系，正如国家制度是为在国家内部占统治地位的阶级和体现这一阶级的政治经济体制服务的。战后的国际系统主要是一种以美国为主导的世界性霸权系统，随之建立起来的国际制度就主要是为了维护这一系统的稳定和发展的，甚至在霸权国本身无力维持现有国际政治经济体系时，国际制度在霸权之后继续维持这种体制④。这些既定的国际制度，界定了国际社会中的基本财产权，是弱势国家处于被强

---

① 基欧汉，奈. 权力与相互依赖[M]. 门洪华，译. 北京：北京大学出版社，2002：20.
② 苏长和. 解读《霸权之后》——基欧汉与国际关系理论中的新自由制度主义[J]. 美国研究，2001(1)：138-146.
③ KEOHANE R. International institutions: can interdependence work? [J]. Foreign policy, 1998, Spring: 82-96.
④ 秦亚青. 国际制度与国际合作：反思新自由制度主义[J]. 外交学院学报，1998(1)：40-47.

制和压制的边缘地带的一个重要根源。而当既有制度不能维护弱势国家的利益时，就会引发不满，从而引来世界性的危机[①]。比如国际货币基金组织（IMF）的投票权是与基金份额挂钩的，拥有较多基金份额的美国从而在决策中拥有一票否决权，这使得IMF更像一个以美国为董事长的跨国公司，而不是协调国际货币政策、加强国际货币合作的政府间机构。对于这样的不平等结构，发展中国家纷纷提出改革IMF的诉求。另外秦亚青指出，相对收益问题也是妨碍国家间合作的一个新自由制度主义未能充分解释的因素。国与国的合作不仅会考虑是否能够获益，更会关心谁获益更多。获益较少的一方就会出现不合作的行为，影响合作的实现，这在无政府国际体系中是难以避免的。如果对方通过合作积累的收益使得其综合国力有可能超过自己，那么就会有担心对方一旦成为自己敌人的忧虑，这种忧虑就会阻碍合作的实现。在过去的几年中美国前总统特朗普忌惮中国实力的增长，以美国在中美贸易逆差中利益受损为借口，挥起关税大棒向中国发起了贸易战，并对中国企业采取一系列制裁措施，使中美合作关系受到严峻挑战。

（四）文化主义取向的建构主义

建构主义摈弃了长期占主导地位的物质主义和理性主义观念。建构主义在认识国际体系结构特征方面，发生了从以往的物质主义向文化主义的转向。物质权力已不是决定国际体系的根本特征，建构主义以国际文化界定国际体系特征。建构主义认为人类关系的结构主要由共有观念，而不是物质力量决定。这其中包括共有理解、共有知识和共有期望。物质性因素虽然存在，但只有嵌入共有知识的结构，才对人类活动和国际关系产生实质影响[②]。温特对国际体系特征的认识完全抛弃了沃尔兹所强调的物质层面的特征，已经是切实基于文化层面的理解。建构主义承认物质结构的存在，但进一步指出只有观念结构才是深层的结构，物质结构只有通过观念结构才能具有意义，哪怕是军事力量，也需要文化赋予其意义。建构主义在很大程度上视国家间交往为观念互动，一国对他国的看法和态度就在国际互动中形成，国际体系也因此具有了主体间性，即意识相互联系的属性。

建构主义与现实主义对国际体系的理解还有一个较大的区别是，建构主义没有把国际社会的无政府状态视作给定和先验的。"无政府状态……本身根本没有什么逻辑可言，一切都要取决于国家之间共有的观念结构。无政府状态是国家造就的"[③]。建构主义强调行为体之间的互动造就了社会建构。"利益并不是放在那儿，等着去发现，而是通过社会互

[①] 苏长和. 解读《霸权之后》——基欧汉与国际关系理论中的新自由制度主义[J]. 美国研究, 2001(1): 138-146.
[②] PORPORA D. Cultural rules and material relations [J]. Sociology theory, 1993, 11(2): 212-219.
[③] 高尚涛. 主流国际体系理论研究评述[J]. 外交评论, 2006(4): 42-50.

动建构的"①。也就是说，一定的无政府观念结构（文化）是基于国际体系中一定形式的国家互动而产生，然后一定的观念结构又建构了一定的无政府逻辑。这是一个强调进程的论点，包含了社会结构变化的可能。如果行为体的互动实践活动发生变化，观念发生变化，国际体系的结构也就发生变化②，身份和利益也随之变化。国家利益不再是一成不变的以权力为核心的利己主义，而是可以发展变化的。因此建构主义定义的国际体系结构，主要取决于体系单位——国家之间的互动实践，国家的能动性被强调，国际社会也具有进化的可能性。

作为补充，建构主义学者玛莎·费丽莫则强调了规范的概念。费丽莫认为，规范是行为共同体持有的适当行为的共同预期，它能够构成、创造、修正行为体和利益，同时国际社会规范的影响被纳入行为体中，它们不仅限制了国家行为，更重要的是改变了国家偏好，可以帮助行为体理解什么是重要的或是有价值的，以及如何运用合法手段去获取它们。

但是在当前的国际格局中，权力政治尚未结束，强大的经济军事实力仍在发挥重要作用，因此很多人认为建构主义的理论是过于理想主义的，同时观念等的作用机制缺乏解释，物质和观念之间的关系问题也没有真正得到解决，与新现实主义相比其预测力欠缺，解释历史明显强于预测未来。

（五）划分三个地带的世界体系理论

伊曼纽尔·沃勒斯坦著名的世界体系理论则是以经济为核心，将世界基本划分成三个地带：中心支配地区、受支配的半边缘地区和边缘地区。这些地区相互影响，并作为整体发挥作用。发源于西欧的世界体系，扩张到全世界的过程也是"融入"（incorporation）和"边缘化"（periphcralization）的过程。融入是世界体系之外的国家进入体系的行为，边缘化则是世界体系对新的国家的包容。随着世界体系"边缘化"的深入，被边缘化的国家不断加入整个世界经济的"商品链"（commodity-chain）之中③。比如资本主义在全球扩张过程中，就会不断把半边缘和边缘地区纳入世界经济体系，不断攫取其资源并使之边缘化。资源从边缘流向中心的结构保证了资本的积累，使中心地区的经济发展更快，使外围地区的经济和政治更不发达④。

在沃勒斯坦的概念中，处于交流介质中心的半边缘地带是处在变动中的，在世界体系中既具有某些核心地带的特征，也具有边缘地带的某些特征。所以"半边缘地区随时都有可能挤进中心区"。中心与边缘之间是否会发生位移都会集中地反映在半边缘的变动之

---

① 费丽莫. 国际社会中的国家利益[M]. 杭州：浙江人民出版社，2001：2.
② 温特. 国际政治的社会理论[M]. 上海：上海人民出版社，2000：译者前言：25.
③ 张骥，齐长安. 沃勒斯坦世界体系评析[J]. 世界政治与经济，2001（11）：16-21.
④ 刘鸣. 以世界体系理论与全球化理论解读国际体系转型[J]. 现代国际关系，2009（1）：48-55.

中[1]。沃勒斯坦认为中心和边缘地区的变化就意味着国际力量组合的变化，即世界体系的转型，而当霸权国的三种优势（农业-工业、商业和金融）流失，就表明中心地位的转移。

除了中心—边缘—半边缘的空间维度，沃勒斯坦还对世界体系提出了时间维度上的论述。沃勒斯坦认为体系具有生命，按照周期性节律和长期趋势进行运转。随着时间推移，体系正常的运转逐渐偏离平衡，进入结构性危机。体系的周期性节律表现为许多体系性波动，在波动中体系定期地回归平衡。不过，这是一种动态平衡，因为下降到最低时，体系也就不能完全恢复到开始上升时的位置，这是因为长期趋势（体系某个特征缓慢、长期的加强过程）推动这一曲线缓慢上移。 最后，长期趋势使体系的移动太靠近渐近线时，体系就无法继续正常地、有规律地、缓慢地向上推进。于是，它开始多次大幅波动并导致分叉，进入一个混乱的状态，就不能保持稳定的平衡了。在混乱的局面中会出现两种完全不同的新建秩序，或者一个新的稳定体系。这一时期被沃勒斯坦称为体系的结构性危机，伴随一场整个体系规模的斗争，两种可能的结果可供集体"选择"。

沃勒斯坦就周期性节律阐释了霸权国家的兴衰。他认为在世界体系中，在较长的周期里总有一个国家在相对短暂的时期成为霸权国家。为了获得霸权国家所需要的准垄断性质的地缘政治权力，该国会通过采取使其境内的企业资本积累最大化的方法，将其规则和秩序强加给整个体系。但是真正的霸权通常只持续25年，像准垄断性的主导产业一样，其他国家逐渐改善其经济、政治、文化状况，就会不太愿意接受昔日霸权国家的"领导"。

沃勒斯坦就当前的世界体系状况指出，20世纪70年代以来世界体系就已经陷入危机之中，这一危机可能一直持续到2050年左右。结构性危机的一个主要特点是混乱。混乱并非偶然，它是所有历史体系参数波动的一种状态，包括世界经济、国家间体系、文化意识形态潮流，以及生活资源的可获得性、气候条件和流行病等[2]。

二、世界体系的演进与转型趋势

（一）三种国际体系变革和"成本—收益"论

就世界体系的演变而言，罗伯特·吉尔平对国际体系变革有所论述，并对变革进行了三种类型的划分，他认为这种变革包括体系的变革、系统性变革和互动的变化。他认为体系的变革最为根本，它是指国际体系中主要行为体性质和特征的变化。吉尔平强调，"国际

---

[1] 张康之，张桐. "世界体系论"的"中心—边缘"概念考察[J]. 中国人民大学学报，2015（2）：80-89.
[2] 沃勒斯坦. 刘海霞，译. 世界体系的结构性危机：我们将何去何从？[J]. 国外理论动态，2011（9）：24-28.

体系的特征是由该体系最重要的实体如帝国、民族国家或多国公司决定的"①。系统性变革则强调控制形式和权力分配的变化,主要指统治国际体系的居支配地位的国家的变迁。互动的变化是指国际体系中各行为体之间各方面有规律的进程或互动的变化,会体现于国际体系中权利和规则的变化,并非指物质力量的变化。吉尔平对变革的划分类型既包括物质力量的变迁,也包括非物质力量的变化,体现出对现实主义和建构主义两种思想的融合。

吉尔平还将经济分析引入对国际体系变革的分析,最典型的是他的"成本—收益"论。吉尔平认为如果国际体系中的行为体觉得现存体系的改变是无利可图的,那么体系就会保持稳定。但如果某个行为体认为改变国际体系的预期收益大于为此付出的成本,就会愿意去进行改变,体系稳定就会被打破。改变体系的手段往往包括领土上、政治上以及经济上的扩张。这个过程涉及效益递减的规律,也就是说,随着扩张成本的增加,收益却逐渐减少,当二者持平,扩张就会停止。但当维持体系现状的成本超出收益时,现状维持陷入困难,行为体的衰落随之而来。因此在"成本—收益"的驱动下,国际体系进行着"均衡—失序—再均衡"的循环过程②。

(二)体系本体转型和体系结构要素转型

一些学者将世界体系转型分为体系本体转型和体系结构要素转型。本体转型是指原有体系发生了性质的变化,并且形成了新的体系。这里性质的变化主要指体系单位性质的变化,比如基本单位从帝国转变成民族国家,这个体系也就从帝国体系变为国家体系。应该说,体系本体是相对稳定的,但体系单元之间实力和影响力的此消彼长则会带来体系结构性要素的转型,包括权力结构、制度结构与观念结构的转型③。

1. 布赞的四大体系本体演进过程

英国学者巴里·布赞从世界历史的角度,基于体系本体转型,探讨了人类6万年历史长河中的国际体系演变历程。

第一阶段为前国际体系,于公元前60 000年至公元前40 000年开始。这一体系是伴随着采猎群之间长距离交换网络而出现的,并在公元前10 000年至公元前6000年随着定居的等级制单位出现,开始展现某些"国际"行为的特征。

第二阶段为古代和古典国际体系,于公元前3500年开始。这一时期出现了持久的类似于国家的单位,以及经济的和完整的国际体系。在这个时期,公元前2000年至公元前1700

---

① 吉尔平. 世界政治中的战争与变革[M]. 武军,杜建平,松宁,译. 北京:中国人民大学出版社,1994:41.
② 吉尔平. 世界政治中的战争与变革[M]. 武军,杜建平,松宁,译. 北京:中国人民大学出版社,1994:78.
③ BAUMANN R, DINGWERTH K. Global governance vs empire: why world order moves towards heterarchy and hierarchy[J]. Journal of international relations and development, 2015, 18(1):104-128.

年出现了帝国和连接整个中东与南亚的国际经济体系,公元前1000年至公元前800年出现了增强欧亚互动能力,作为国际体系主要角色的游牧民族,公元前500年出现欧亚大陆经济国际体系,以及西罗马帝国的衰落和欧洲地中海的崛起。

第三阶段为全球性国际体系,于公元1500年开始。一种新的主导单位——现代国家出现,远洋航运使得世界互动能力飞跃,通过欧亚大陆与美洲的连接,一个几乎囊括全球的国际体系呈现出来,资本主义和工业主义也是在这个时期开始。其中一种新的国际社会结构——威斯特伐利亚体系在1648年确立,基本奠定了近现代主权国家体系。1850年前后则形成了完整的全球规模的国际体系的闭合,1900年前后形成大国竞争体系的闭合,1945年开始形成两极结构,国际社会向整个体系延伸。

布赞还提出了第四阶段关于后现代国际关系的假设,1989年为该体系的决定性进程,国际体系的决定性特征将更多地由经济的进程和单位,而不是由军事—政治的进程和单位来决定[1]。

2. 权力结构、制度结构与观念结构等体系结构要素的转型

在体系性质相对稳定的情况下,体系的变化主要表现在内部结构,包括权力结构、制度结构与观念结构等结构性要素的转型。当前对国际体系转型的讨论也主要集中于体系要素变迁。

体系内主要国家间物质性权力的显著变化是国际秩序转型的重要基础,是国际体系转型的根本动力。体系内主要国家之间实力对比变化打破了原有体系框架之下的国家物质性力量与利益分配的均衡,从而导致崛起国寻求扩大自身的利益范围[2]。比如2008年金融危机之后,老牌资本主义大国受损,新兴经济体群体崛起,一定程度上改变了过去的实力对比,权力转移的可能开始探头。但是守成大国实力仍然强大,并将严加防范新兴大国的崛起,竭力维护自身中心地位的权力。

国际制度是国际治理体系的基本成分,通常包括国际组织、国际惯例和国际机制,在处于无政府状态的国际体系中发挥着重要功能。国际制度也是一种进程,会随着世界发展的势头和国际关系的实践过程而变化,国际体系变化,体系内部的制度分配也会变化。随着全球化的发展,全球治理需求日益突出,国际体系内部不断分化,在国际经济、文化和社会等领域,各种新的国际机制和规范不断生成,并逐渐发挥效力。2008年全球金融危机显示出国际机制的缺陷和失灵,新兴大国崛起也不断传递出变革国际制度的迫切愿望,国际制度的变迁势在必行。比如新兴经济体国家已在持续地表达对国际货币基金组织制度的

---

[1] 布赞.刘德斌,译.世界历史的分期与国际体系的演变[J].史学集刊,2003(1):1-9.
[2] 陈安迪.四大国际体系转型成因及特征探究[J].学理论,2019(4):45-47.

质疑和改革建议。此外，多元化的非国家行为体也在国际体系中发挥越来越重要的作用，包括非政府组织、公民社会团体、跨国公司、个人等在内，非国家行为体不断通过社会性立法或道德性立法来推广特定的国际机制[1]，如涉及自然资源开采的"采掘业透明协议"、涉及企业社会责任的"全球契约"等[2]。但是也可以看到，到目前为止关键领域的制度仍缺乏根本性变化，守成大国想守住制度红利，维护自身的制度霸权。

在国际体系变迁过程中，观念是深层次因素，权力结构与制度结构的背后就是观念结构，观念能够建构权力和制度。建构主义认为国际体系就是"观念分配"的结果，观念因素在国际政治中居核心地位。冷战之后，随着全球化进程及新兴国家的崛起，国际体系的文化观念基础越发多元化。根植于西方文化基础的现代国际秩序开始增加更多的非西方理念。广大发展中国家对正义、公平，尤其是交换正义的强调也在逐渐影响诸如联合国、国际货币基金组织、世界银行等国际机制的改革。2013年G20领导人第八次峰会上，中国很多关于合作共赢的主张就被纳入《二十国集团圣彼得堡峰会领导人宣言》。而非国家行为体所倡导的国际道德观念也日益受到国际社会重视并影响国际规则。

当然体系转型并不是一夜之间完成的。力量结构的变动并不能自动带来国际秩序的变迁，既有世界体系往往具有强大的自我维持和整合功能。制度和观念的变迁更是一个新旧制度观念不断斗争和逐渐转化的过程。因此任何一次国际体系转型都一定是一个渐进的过程。

（三）新兴国家崛起与世界体系转型

21世纪以来，亚非拉的一些发展中国家经济持续快速增长，开始具有较大的全球或区域性政治影响力。这些国家自冷战结束以后，调整了内外政策，不断推进现代化进程与社会改革，探索出符合自身情况和特点的发展路径，经济和社会高速发展，综合实力与国际影响力也都大大提升。渣打银行于2019年初预测，到2030年，全球GDP前10大经济体包括中国、印度、美国、印度尼西亚、土耳其、巴西、埃及、俄罗斯、日本、德国，其中，有7个是新兴市场国家。

另一方面，"9·11"以后美国陷入反恐战争，削弱了自身的硬软实力，受到人民质疑，同时始于美国并迅速蔓延至全世界的金融危机也使美欧受到重创，动摇了美元作为世界储备货币的地位，发达经济体受到严重影响。金融危机更使人们对现行国际制度的有效性产生怀疑。而美国在新冠肺炎疫情中的应对不力，两党大选中的乱象迭出，以及"美国优先"政策体现出的防御姿态都引发国际社会对其世界领导力的质疑。

---

[1] 潘亚玲. 国际规范更替的逻辑与中国应对[J]. 世界经济与政治, 2014（4）: 122-135.
[2] 张春. 中非关系应对国际对非合作的压力和挑战[J]. 外交评论, 2012（3）: 33-42.

随着新兴经济体的崛起和超级大国美国的实力削弱,再加上改革国际制度的需求,加大对发达经济体金融活动的监管力度,增加发展中国家的话语权和投票权成为新兴国家的重要诉求。崛起的新兴国家已经成为发达国家无法回避的重要力量,越来越多的国际事务也需要新兴国家的积极参与才能得以完成。在这一诉求的推动下,新的全球性、区域性政治经济合作组织层出不穷,国际性的峰会对话机制日益增多。比如为解决2008年金融危机,面临困境的发达国家与新兴国家共商全球经济治理,形成了新兴国家与现有大国一起构建的20国集团(G20)机制。这是发展中国家第一次加入主要机制,参与全球治理,而且这些国家发展水平接近,因此在很多领域具有共同利益,有着共同的诉求。此外,亚太经合组织(APEC)领导人非正式会议因亚洲经济的高速成长,为整个亚洲国家赢得了参与全球治理的权利。金砖国家会晤机制的正式建立,向世界表明了新兴市场国家话语权的崛起。中国则先后与主要中亚国家联合成立上海合作组织,与阿拉伯国家联盟成立中国—阿拉伯国家合作论坛,与非洲国家成立中非合作论坛等,促进了新兴市场国家之间的合作力度。

当下新兴大国的崛起正是体现了中心—边缘结构的变动及世界权力中心的迁移。这一国际体系互动系统的变化将改变国际体系权力格局,推动世界体系的转型,形成一个更加多极化的世界。在这一转型过程中,国际社会的行为主体出现多元化趋势,国际组织、地区组织等非国家行为体都成为影响国际事务的重要因素。而国际制度创新则是国际体系转型的迫切需要,强调合作治理是发展趋势,并会更多反映新兴国家的利益和诉求。转型过程中的另一重要因素是观念的变化,多边主义、合作共赢等理念显示出强劲的发展趋势。

世界体系虽已显示转型迹象,但目前世界体系中力量格局并未发生根本改变。美国仍具有超级大国地位,依然占据体系的主导地位,新兴国家受制于现有大国的格局还未真正改变。同时新兴大国自身的实力仍有限,各国发展都存在自身短板,一些新兴经济体在抵抗发展风险上存在明显的脆弱性,尤其是目前还面临着疫情之后全球经济疲软的挑战。此外,新兴国家之间的了解认知也并不充分,各自对世界体系发展的要求不尽相同,要形成真正的合力并非易事。

就体系转型的制度变迁而言,目前国际社会在政治、安全等重要领域的制度缺乏根本性变化。为维护核心利益,守成大国围绕国际制度与新兴大国展开激烈博弈,传统大国会尽最大努力维护既有国际机制的稳定,从而继续享有"制度红利",同时守成大国也会尽力抓住构建新的国际制度的主导权,因此国际制度的转型并非易事。

就国际社会的观念而言,在体系转型过程中观念的竞争不可避免。新兴国家在自身发展的需求之下,提出了体现"自主""平等""包容"等原则的新型发展观,中国的"人类命运共同体"理念也得到很多国家的认可,但西方关于人权、民主、自由市场的观念仍在世界范围内具有广泛的影响力,在世界体系转型过程中,多边主义、自由主义、国际主义与单边主义、保护主义、民粹主义之间泛起的斗争也不时可见,同时面对守成大国已经建立起来的一套观念和话语体系,新兴大国往往会在观念体系的建立和传播上处于被动状态。因此作为国际体系要素的观念要真正实现转型将走过一条艰巨而漫长的道路。

总体而言,体系转型并非一蹴而就,这将是一个渐变的漫长过程,其中延续与变革会同时并存,因此具有很大的复杂性。世界体系内部会出现各种矛盾、困惑,增加世界未来走向的不确定性。在这一过程中,不同的国家及国家群体,作为全球治理中最为重要的行为体和参与者,相互竞争与合作。它们分别将自身的权力、利益及观念投射在国际体系之中,共同塑造着全球治理的基本图景及其演变[①]。

---

① 孙伊然. 从国际体系到世界体系的全球经济治理特征[J]. 国际关系研究, 2013(1): 83-96.

第二章
国家身份与认同

☆ 一、身份与认同的相关概念
☆ 二、建构主义国际关系视域中身份的种类
☆ 三、认同的形成
☆ 四、国际社会三种无政府文化下的身份认同
☆ 五、国家间集体认同的形成

一、身份与认同的相关概念

身份的概念被用以回答"我是谁"(Who am I)的问题。身份理论则是根据自我和社会之间的交互关系来解释社会行为的。罗纳德·吉普森认为身份是行为者投射出的关于自身个性及独特性的"图像",身份只有在行为体与有意义的他者相联系时才会形成,身份因行为体的互动而存在,并随着互动的变化而变化①。

认同与身份是紧密联系在一起的,英语是同一个词"identity"。认同最初是一个心理学概念,就是指人们对于自我身份的确认,其内涵包括我曾经是谁?我想成为谁?我的自我认同是否获得人们的承认?人们将我指认为谁?我的自我认同与社会承认之间具有何种关系?等等。在埃里克松看来,"正是人的认同决定了他的生存感",因此,寻求认同以获得自身的存在证明,是每个生命个体一生的追寻②。

基于此,认同得到了如下定义,认同是指某社会行为体的自我同一性和个性,是本社会行为体区别于他社会行为体的规定性,或者说是社会行为体之所以为"我"而非"他"的规定性③。

豪尔则进一步提出,与其说"身份"是一个完成的事物,不如将其看作是"认同",一个持续不断的过程。尔后,他又进一步指出,文化身份就是认同的时刻,是认同或缝合的不稳定点,而这种认同或缝合是在历史和文化的话语之内进行的,不是本质而是定位④。

建构主义学派是将身份与认同的概念引入国际关系研究的中坚力量。在国际关系领域,亚历山大·温特把身份定义为"有意图行为体的属性,它可以产生动机和行为特征"⑤。温特认为身份从根本上说是一种主体或单位层次的特征,根植于行为体的自我领悟,但领悟内容常依赖于其他行为体对该行为体的再现与该行为体自我领悟之间的一致,因此身份具有主体间性。

---

① JEPPERSON R L, WENDT A, KATZENSTEIN J N. Culture and identity in national security [A] // KARTZENSTEIN P J. The culture of national security: norms and identity in world politics. New York: Columbia University Press, 1996.
② 夏建平. 认同与国际合作 [D]. 武汉: 华中师范大学, 2006.
③ 辛旗. 诸神的争吵: 国际冲突的宗教根源 [M]. 海口: 海南出版社, 2002: 22-23.
④ 魏艳辉. 从"身份"研究到"认同"研究——后现代主义语境中"身份"的语义危机 [J]. 哈尔滨学院学报, 2012(6): 94-98.
⑤ 温特. 国际政治的社会理论 [M]. 上海: 上海人民出版社, 2000: 282.

二、建构主义国际关系视域中身份的种类

温特将身份分为四种——个人/团体（组织就是团体身份）、类属身份、角色身份和集体身份[1]。

主权国家身份的基点是其个人/团体身份，这种结构使行为体成为独立的实体。个人/团体身份往往具有物质基础，国家的物质基础就是诸多个人和领土。除了物质基础，国家的团体身份还需要群体层面上的认知能力，形成了"团体自我"，具备了"自生"特征。

类属身份指的是一种社会类别，具有社会内容或意义的相同特征构成类属身份。这种社会内容来自成员规则，成员规则把个人特征转化为社会类属，这也意味着他者在类属建构过程中的参与，因此类属身份具有内在的文化向度。就国家体系而言，类属身份往往是政权类型或国家形式，如资本主义国家、君主国家等。

角色身份依赖于文化，因此也更加依赖于他者。角色身份并不基于内在属性，而是存在于和他者的关系之中。行为体在社会结构中占据一个位置，具备一定身份后，与具有反向身份的行为者互动，才能产生角色身份，如文明国家与野蛮国家、强国与弱国、沿海国与内陆国等[2]。

集体身份与对自我与他者关系的认同有关，与认知过程中自我和他者的边界发生模糊甚至产生边界超越有关。这一过程利用角色和类属身份，又超越类属身份。集体身份是角色身份和类属身份的独特结合，使行为体把他者利益定义为自我利益的一部分。关于集体身份，将在后续关于几种身份认同关系的论述中进一步详述。

三、认同的形成

就认同而言，建构主义认为认同的形成是社会建构的结果，也是一个关系概念。认同是基于他人的社会承认之上的一种自我表象，这种自我表象的内容要和其他行为体对该行为体的再表象取得一致性。行为体从他者的眼中获知自我的身份[3]。在认同形成的过程中，自我和他者无时无处不在，没有自我、没有他者，就无所谓认同。

认同也是一个实践概念，仅有自我和他者而无二者的互动实践的话，自我和他者就无法彼此参照，也就不存在认同。因此认同也是一个主体间性的概念，是由行为体的互动实

---

[1] 温特. 国际政治的社会理论[M]. 上海：上海人民出版社，2000：282-289.
[2] 戴正. 国际关系中的权力身份与观念身份——以当代中国参与国际互动为例[J]. 哈尔滨师范大学社会科学学报，2016（1）：20-23.
[3] 温特. 国际政治的社会理论[M]. 上海：上海人民出版社，2000：285.

践所建构的，其内涵不断变化，也需要重新阐释。认同也不是给定的，是变量而不是常量。在互动实践中，行为体不断地造就和再造自我和他者的概念，不断地形成新的身份和观念。

在建构主义的观念中，身份认同与利益紧密交织在一起。温特认为利益以身份为先决条件，因为行为体在知道自己是谁之前不可能知道自己需要什么①。因此认同不同，所确定的利益也不同，"认同是利益的基础"②，没有身份，利益就失去了方向，当然没有利益，身份也就失去了动机力量。因此利益也总是处于某种进程之中。

总体而言，认同是一个主客观交融的概念，其形成受到了文化价值观等观念性因素的影响，也根植于行为体的互动与实践。认同既是生产力发展水平和特定生产方式的产物，又受到历史经历、文化传统、价值观、宗教及社会政治制度等方面的影响，认同同时还反映了国际国内社会的权力结构。认同这一概念包含了物质与观念、历史与现实、自我与他者关系，因此认同是国家间交往和制度化的重要因素，是考察国际合作的重要视角。

建构主义强调身份与认同形成过程中的文化选择，这是一种进化机制，是指国家通过社会习得、模仿或其他类似的过程，将决定行为的因素从个体到个体，因而一代一代地传播下去③。

当行为体意识到他们认为是"成功"的行为体时，就会通过模仿来获得类似的身份与利益。对"成功"的标准基于国际社会的共有理解，在模仿的过程中，国家间共有的社会观念对塑造国家身份起到重要作用。

社会习得是建构主义重点阐释的文化选择机制。社会习得指自我行为体通过与他者的互动，将原来属于自己占有的知识变成至少是部分共有的知识（文化），从而相互对身份和利益产生新的理解。根据温特的阐释，在社会习得过程中，自我作为行为体预设定义情境后采取行动，同时将互动中自我与他者的角色告知了他者。于是他者需要思考自我行动的意义。在缺乏共有知识，或二者预设不一致的情况下，他者有可能不理会，也有可能根据自我行为修正自身观念，形成习得。接着他者根据习得的情境定义采取行动，同时也向自我告知角色，自我同样要解读他者和自我的角色。在这一互动过程中，自我和他者相互认知，形成共有知识。这些共有知识作为起点，会在以后的互动中得以再现。因此身份认同是在互动中习得的，由互动支撑，互动实践加深行为体之间对相互关系的认识。当然积极的互动能够培养良性的身份认同，消极互动则可能建构负面认同。因此在国际交往中，国际行为体应该积极推动积极良性的互动，从而建构身份认同与互动的良性循环。

有学者总结了构建认同的三种社会性学习④。

---

① 温特. 国际政治的社会理论[M]. 上海：上海人民出版社，2000：290.
② WENDT A. Anarchy is what states make of it[J]. International organization, 1992(2): 391-425.
③ 温特. 国际政治的社会理论[M]. 上海：上海人民出版社，2000：409-410.
④ 夏建平. 认同与国际合作[D]. 武汉：华中师范大学，2006.

第一种是以社会沟通和交流为主要内容的社会学习,这种学习最为广泛和基础,它包括国家之间的贸易、外交、民间交往以及军事合作等。广泛的交流和沟通可以使行为体增进彼此之间的理解,使一个群体拥有共同的思想、共同的眼光和共同的行动,固有的思想和观念就有被改变的可能,从而认同发生改变。

第二种是与制度化相伴行的社会学习。国家行为体通过互动和交流形成共识,根据共识建立起相关的国际制度,而处于制度之外的其他国家在国际实践中认识到该国际制度的优越性,希望加入这个制度,并为此在各个方面自觉地以现存的制度规范自己的话语与实践,以期达到与该国际制度的接轨。因此,规范和观念通过国际制度扩散到更多国家,加入制度中的国家,在政治上和文化上都接受相同的规范,实现行为体的被社会化。

第三种是与权力或权威相联系的社会学习,主要是以核心国家为榜样。在很多时候,一些国家通过社会学习接受某种制度与规范,不仅是因为对等沟通或制度吸引的结果,而且是由于受到核心国家在政治经济文化诸方面的优越性以及超群的实力的吸引,采取了观念认同利益一致的态度,并表示自愿服从其国际权威。

四、国际社会三种无政府文化下的身份认同

温特曾分析了国际社会的三种无政府文化——霍布斯文化、洛克文化和康德文化,认为它们分别建构了不同的身份认同关系:敌人、竞争对手和朋友。在霍布斯文化中,行为体相互敌对,是一种你死我活的状态。一旦确认了互为敌人的身份和逻辑,国家的行为方式就会使它们成为生存的相互威胁,双方都力图消灭对方,如果无法消灭就会制衡相互的权力。洛克文化中行为体之间是竞争关系,而不是敌对关系,相互的角色不再像敌人那样具有威胁意义。这种身份关系使各国摆脱了你死我活的战争状态,一方不会试图征服或者统治对方。洛克文化中,国家仍然是利己的,但由于双方互相不是敌人身份,都会趋于维持现状;但对手也不是朋友,发生争执的时候也有可能诉诸暴力或战争,而对手非敌人的身份又使采用暴力或战争手段的目的并不是要毁灭对方,而是争夺优势位置,因此暴力的力度会有限制。而基于朋友角色的康德文化则使行为体培育出朋友关系的身份和认同,而且将对方的利益内化为共同体的利益,将别人的安全视为自己的安全,并产生助人和利他行为[①]。

康德文化描述的身份认同属于集体身份与认同(collective identity),这是身份认同发展的一种高级阶段或高级形式。作为一种认知过程,随着认同的深入,自我和他者的界限会逐渐变得模糊起来。温特认为,"完全的认同是很难产生的。但是,认同总是涉及扩展自

---

① 温特. 国际政治的社会理论[M]. 上海:上海人民出版社,2000:313-383.

我的边界使其包含他者。"①这时他者成为自我的延伸,认同跨越行为体的"知识"边界,将他者纳入自我的身份界定中,建立更为广泛的身份共同体、利益同心圆。这种跨越是自我身份社会化的过程,其结果是属于群体的国际集体认同的出现。集体认同是由行为主体之间的共有知识、观念或话语建构起来的。当行为体之间的关系模式超越了竞争与合作,不仅不以对方为敌,而且将对方的利益内化为共同体的利益,并由此建立了新的合作观念②。在集体身份下,行为体具有"群我"的意识,将群体的幸福本身作为目的,从而帮助行为体克服困惑利己主义者的集体行动难题③。

五、国家间集体认同的形成

温特把形成集体认同的因素概括为四个主变量:相互依存、共同命运、同质性(homogeneity)、自我约束(self-restraint)④。相互依存即互动对一方产生的结果取决于其他各方选择的状态。在集体身份中,相互依存是客观存在的,但相互依存是一个程度问题,而且与具体问题领域联系在一起,并且不是总能在不同问题领域之间进行转换,比如经济领域相互依存程度的提高可能不会对安全领域产生外溢效用。共同命运是指每个行为体的生存、健康、幸福取决于整个群体的状况。集体身份中,共同命运也是一个客观条件,与基于双方互动的相互依存不同的是,共同命运是由把双方作为一个群体对待的第三方建构的,对于具有共同命运的行为体而言,互信是形成集体身份的重要条件。同质性也叫相似性,行为体可以在团体身份(行为体在基本组织形态、功能、因果权力等方面的相同性)和类别身份(在一个给定团体身份中的不同类别,如政权类型)方面相似。同质性可以通过减少冲突和增加自我与他者相互视为同一群体成员的能力来促进一致观念的形成。自我约束是一种亲社会行为,指削弱自我的利己边界,并将这一边界扩大到能够包括他者的范围,但需要在行为体克服了被将要与之认同的行为体吞没的担心后才能得以进展。

就基于集体认同的共同体而言,鲍曼认为共同体具有一个基本功能:为其共同体成员提供生活的某种确定性和安全,而身居其中的成员则维系着一种紧密的社会关系,相互依存、信任和互助⑤。奥德勒则认为共同体主要有三个基本特征:一是具有共同的价值观,二是成员国之间能够进行多方位的直接的互动,三是共同体表现出一定程度的互惠和利他主

---

① 温特.国际政治的社会理论[M].上海:上海人民出版社,2000:287.
② 孙溯源.集体认同与国际政治——一种文化视角[J].现代国际关系,2003:38-44.
③ 温特.国际政治的社会理论[M].上海:上海人民出版社,2000:423.
④ 温特.国际政治的社会理论[M].上海:上海人民出版社,2000:430-452.
⑤ 鲍曼.自由[M].长春:吉林人民出版社,2005:10.

义①。随着认同机制的进一步发展，共同体将会形成制度化的机制，国际制度包含的一系列共同认知和规范原则，会成为成员国在这一领域制定政策、进行交往的指导原则，会塑造国家行为体的国家认同及其以认同定义的国家利益，从而最终促成成员国对共同命运达成共同认知。

在共同体成员的交往过程中，国家可以保留自己的差异感和独特感，与此同时，同其他国家和国际制度交织在一起，分享共同身份中的核心要素，成为某个集团的成员。在不同领域，国家的认同和身份是多层的，其认同程度和范围也不尽相同。国家的认同并非静止不变，随着时间的变动和国家交往的深入，国家会相互比较，重新定位，自我归类，并实现国家的重新认同②。

在集体认同和共同体形成过程中，一个最大的问题就是成员国面临着"互信陷阱"，即任何国家都担心被自己自愿信任和认同的"朋友"在政治上控制，在领土上吞并，在外交中欺骗。建构主义认为，要解决这一困境，长期良性互信实践基础之上的依靠道德自律培养起来的集体认同至关重要，比军事霸权或契约束缚都更有效③。

此外，在集体身份认同形成过程中，集体身份与利己身份也会常常形成冲突。温特认为，达到可以为他者牺牲自己基本需求的完全认同是罕见的。个体需要满足自己的基本需求，这些需求在不同程度上与群体需求发生冲突，就会使个体本能地担心自己的需求被群体的需求所淹没④。

奥德勒提出过共同体形成的三个梯级假定。第一梯级基于技术进步、经济因素、外来威胁，这些客观因素构成基础性因素。第二梯级基于权力结构、制度、社会学习，是共同体结构的发展因素。在共同体形成过程中，大国因其政治进步、经济发展和安全责任而产生出一种权威磁场，吸引他国加入核心国家主导的共同体。制度则帮助加强沟通和联系，并促进互信，甚至达成新的共识，培育出集体认同。社会学习则包括以社会沟通为主的社会学习，主动以国际制度规范自身实践的社会学习，以及认同效仿核心国家的社会学习。第三梯级就是最终达成互信与集体认同。

---

① ADLER E, BARNETT M. Security communities [M]. Cambridge: Cambridge University Press, 1998: 30-31.
② AUSTIN W G, MONTERET S W. The social psychology of intergroup relations [M]. Calif.: Brooks/Cole, 1979: 33-47.
③ 郭树勇. 建构主义的"共同体和平论"[J]. 欧洲, 2001(2): 18-25.
④ 温特. 国际政治的社会理论 [M]. 上海: 上海人民出版社, 2000: 424.

第三章
西方媒体看中国的他者框架与西方话语霸权

☆ 一、框架理论
☆ 二、影响国际新闻报道框架的因素
☆ 三、他者化的中国：西方社会塑造中国形象的长期框架
☆ 四、总结

一、框架理论

新闻框架与媒体如何建构现实有关。框架被认为是人们认知、解释、呈现事务的架构。高夫曼认为社会事件原本散布各地,彼此无所归属,必须通过符号转换才能成为与个人有关联意义的主观认知,这种符号转换的过程就是框架的基础,因此框架是人们将社会真实转换为主观思想的重要凭据,是人们或组织对事件的主观解释与思考结构。人们根据框架组织经验、调整行动,否则言无所据,行无所指[①]。

总而言之,框架是对引导社会活动的组织原则的体现。因此,各种形式的人类经验及其"记录"(如新闻生产)都是被框架所作用。高夫曼认为人类不论用什么方法诠释任何现实状况,都离不开对现实的框架,这种"社会已有认知的基本框架用来帮助人们理解社会活动。"贝格和拉克曼则指出,人们将关于现实的集体经验进行分类,运用这些分类去处理新的信息和经验,并赋予其意义[②]。

第一次将框架概念运用于新闻学的是塔奇曼在其著作《制造新闻》中的论述。塔奇曼认为,记者并不是自发地就有能力就报道什么、如何报道做出一系列决策。新闻工作是被一系列具体的组织工作常规所指引,其中包括在报道新闻事件时对既有"框架"的运用。

塔奇曼强调了新闻工作常规在生产新闻框架中的作用。她认为这种工作方式一直在展示某些观点,同时也一直在阻挡了解其他观点的尝试。因此,通过框架,新闻成为一扇认识世界的窗口,这个窗口在"有趣的工作步骤"中产生,最终成为框限认知的一种手段[③]。

恩特曼认为就事实的选择和突出而言,"框架就是选择现实的一些方面,并使其在一个传播的文本中显著呈现,这样的方式能够提升受众对相关问题的关注度,催生更多的解释和道德评价"[④]。

坦卡德也认为框架是新闻内容的中心思想,是一个强调、排除和精致化的过程,为受众提供新闻议题的情景脉络[⑤]。结果就是,受众在新闻报道的引导下,容易倾向于重视事务的

---

① GOFFMAN E. Framing analysis: an essay on the organization of experience [M]. New York: Harper and Row, 1974.
② BERGER P, LUCKMAN T. The social construction of reality [M]. Garden City, New York: Doubleday-Anchor, 1967.
③ TUCHMAN G. Making news: a study in the construction of reality [M]. New York: Free Press, 1978.
④ ENTMAN R M. Framing toward clarification of a fractured paradigm [J]. Journal of communication, 1993, 43(4): 51-58.
⑤ TANKARD J, HENDRICKSON L, SILBERMAN J, et al. Media frames: approaches to conceptualization and measurement [A]. Annual Conference of the Association for Education in Journalism and Mass Communication, Boston, 1991.

某一个方面,关注某些问题,以某一种方式理解问题,而把其他都忽略掉了。

从媒介社会学的角度来看,媒体通过框架来架构事件的真相并展现给受众,并通过新闻框架来影响受众的认知基模,即接受、处理和储存信息的方式,限制了受众主观认识世界的活动,从而忽略了框架外的世界。

传播学者吉特林也论证了框架的存在。他认为,即便一个特定事物也有无数值得注意的细节,框架就是由默认的理论所构成的选择、强调和呈现的原则,借此告诉人们存在什么、发生了什么、其中什么事至关重要[1]。因此,大众传媒的新闻报道并不是对现实的"镜子式"反映,而是根据一定的新闻立场和新闻价值标准对各种事实进行取舍的选择和加工的过程,实际上也是一种对现实世界的"重构",或是"建构"。具体来看,对新闻框架的研究涉及对新闻的选择、加工,涉及对新闻文本和意义的建构过程的研究。

美国学者加姆森则形象地将"框架"分为两类:一指"界限"(boundary),如摄像机之镜头,镜头的作用是将重要的予以取用,将不重要的予以排除,犹如画框的作用;一指诠释社会现象的"架构"(building frame),即以此解释、转述或评议外部世界。前者代表了取材的范围,后者则是显示意义的结构[2]。

恩特曼还进一步说明了框架的几个作用。①问题界定:对问题进行定义,这通常需要依赖文化机制观来衡量;②问题归因:诊断问题的缘起,辨明相关影响因素;③道德评估:进行道德判断,评价因果关系;④提供建议:不仅提供并证明解决问题的方法,还预判其效果[3]。恩特曼的定义进一步说明了框架是一种充满诠释意味和价值判断的过程,框架并不是基于个人的价值观,而是基于社会生产的普遍概念和传统认知[4]。

二、影响国际新闻报道框架的因素[5]

就国际新闻而言,很明显国际新闻的报道受制于国家特定的政治经济现实,并为其在国际政治、经济中所处的位置和扮演的角色所制约[6];同时国家权力精英也力图借助传媒表达推进国家利益、促进国家意志的合法化。因此记者和媒体在重构国际世界,以及对国际新闻事实进行选择、强调和呈现的过程中会受到本国的社会制度、价值体系和国家

---

[1] GITLIN T. The whole world is watching [M]. Berkeley: University of California Press, 1980.
[2] 黄旦. 传者图像:新闻专业主义的建构与消解 [M]. 上海:复旦大学出版社, 2005: 233-234.
[3][4] ENTMAN R M. Framing toward clarification of a fractured paradigm [J]. Journal of communication, 1993, 43 (4): 51-58.
[5] 本部分内容系整合本人论文《影响国际新闻报道的因素——几种不同的研究视角》的研究(《江淮论坛》2007年第5期)而来。
[6] 罗以澄,司景新. 集体记忆、文化身份与国家利益的多重建构——中国和日本大众传媒有关中日关系报道的文化思考 [C]//2005东北亚传播学国际研讨会东北亚的文化交流论文或提要集. 北京, 2005: 40-49.

利益的影响，也就是说媒体的新闻框架制约于一国的意识形态和国家利益框架。沃斯伯恩曾在其著作《国际新闻的社会建构：我们在谈论他们，他们在谈论我们》一书中指出，一些主流新闻价值观在支配并建构着美国媒体的国际新闻报道。这些新闻价值观包括种族中心主义（ethnocentrism）、利他主义民主观（altuistic democracy）、责任资本主义（responsibe capitalism）、反垄断主义（antitrustism）、个人主义（individualism）、温和主义（moderatism）、国家领袖（national leadership）[1]。而在国际关系紧张尤其是国家利益严重冲突时，政府、媒体与公众都表现出一种共识，即不再秉承新闻客观和公正原则，而是与政府的立场保持高度一致和国家利益至上。这无疑影响了媒体在国际报道中的报道角度、内容和主题的选择。因此美国媒体监督政府的新闻传统也会消失在国家利益对抗的边界上。

　　从社会心理学角度分析，媒体则具有"与本民族（国家）认同"的爱国主义共识。在国际场合，记者们必须一致对外，当祖国与别国发生冲突时，记者一般总是站在自己国家一边，赞同、支持政府政策，捍卫本国的名誉、尊严、权力。比如美国新闻界对古巴导弹危机、美国入侵巴拿马和入侵格林内达，以及海湾战争的报道，都是站在政府的一边，表现出国家认同的爱国主义。两位社会心理学家佛嘉斯和奥爵斯考尔研究发现，美国记者在报道国际事务时，还往往夸大本国与别国的差别，而且倾向于强调本国优势，淡化本国弱势。当某个方面本国比不上他国时，记者或者干脆避开那个题目，或者寻找一个新的角度来报道。比如报道日本经济成功的例子时，要加上日本环境污染严重、住房紧张，日本人只知工作不知休息、生活方式单调来证明还是美国好[2]。

　　政府也往往对媒体的国际报道框架施加了重要的外部影响。政府首先可以通过法律约束媒体报道，尤其是在战争时期。比如美国1917年颁布的《间谍法》、1918年颁布的《煽动法》都对言论有所规定。一战期间，美国公共新闻委员会主席克里尔还牵头制定了《战时美国定期报刊规程》，将新闻分为三类以进行不同程度的控制。到第二次世界大战，罗斯福总统则根据《第一战争权力法》设立了新闻检查局，并发布了《美国报界战时行为准则》。政府还能够利用信息源优势控制信息。首先可以通过一些手段限制媒体接近信息源。尽管越南战争号称新闻报道较为充分，记者的行动往往还是受到军方限制。海湾战争中，政府对媒体规定了集体采访制度，由公共关系军官陪同经过挑选的记者前往经过挑选的战区采访，真正能够目睹事实真相的记者为数寥寥。伊拉克战争中运用的"嵌入式"报道则在貌似给记者提供方便的表象下，用严格的战场采访规则把报道限制在了一个非常有

---

① WASBURN F C. The social construction of international news: we are talking about them, they are talking about us [M]. Wesport, Connecticut, London: Praeger, 2002: 11-19.
② 俞燕敏，鄢利群. 无冕之王与金钱——美国媒体与美国社会 [M]. 北京：中国社会科学出版社, 2000: 205-206.

限的"范围"内,记者不能独自行动,一切采访必须记录在案。其次,政府还可以通过向媒体提供大量信息,引导媒体报道走向。政府总是通过有选择地公布对己有利的消息,隐瞒不利消息,来影响新闻报道。比如在一战和二战中美国政府分别成立了公共新闻委员会和战时新闻局,负责发布消息、供稿及规划有关对外宣传活动。难怪格莱伯认为美国国际新闻的报道主要就来源于政府的几个机构,包括白宫、外交部和五角大楼①。为此,《华盛顿邮报》记者奥斯汀曾经悲叹,"我们被锁在小小的新闻编辑室里。我们的电话只连接着白宫的各个部门,电话的使用权完全掌握在他们手里。我们得到的全是安排好了的活动——记者招待会、新闻发布会、前去拍照等。"此外,政府还能以国家安全为名,利用权力限制媒体的报道。"9·11"以后,美国政府就以"国家安全"为由,加强了对媒体的管制,美国媒体出现"舆论一律"的现象。伊拉克战争前,美国权威的专业周刊《编辑和出版》公布了它对50家美国主流报纸的调查,结论是,大多数报纸选择了布什的战争。美国的电视频道,则从ABC的《铁腕对待伊拉克》,到FOX的《向恐怖主义宣战》,基本上自"9·11"开始就都选择了和布什站在一起。

从媒介机构的中观层面来看,媒介所有权、其所处市场环境、媒体实力、媒体的工作文化、媒体新闻观、媒体通讯社稿源的集中程度等,都会对国际新闻报道的框架走向产生影响。研究者认为,媒体作为社会机构,受到其自身政治经济特征的局限,阿特休尔在其著作*Agents of Power*中就表示所有权的归属会带来影响,因为谁出钱,就吹出"谁的调子"。此外,媒体作为生产组织不是一个封闭的系统,它必须时时对自己所处的市场环境做出反应。媒体组织所处城市的规模、人口受教育的程度、家庭收入水平、市场竞争的程度、移民的多寡等国际新闻的市场需求因素都会影响国际新闻的报道。比如,少数族裔移民的增多和影响的增大会对该国国际新闻的选择及态度有所影响。由于国际新闻报道成本较高,其运作就会受到媒体实力的影响。实力因素包括媒体规模、通讯社信息资源的可获得性、国际新闻部的员工数量、驻外机构的多寡和驻外记者的数量等。媒体工作文化,也就是媒体组织内部的氛围、共享观念和具体的工作惯例也会对国际新闻报道产生影响。媒体的新闻规则会影响其对国际新闻价值的判断,也会影响其报道侧重和风格。国际新闻受重视的程度决定了媒体对国际新闻报道的人员及资源的投入。甚至通讯社稿源的集中程度也会产生影响,如果媒体总是依赖有限的几家通讯社的供稿,其视野、选题、风格和角度就会大受局限,可供选择的通讯社越多,报纸国际新闻所报道的地区、主题乃至文体、手法就会越丰富。

---

① GRABER D A. Mass media and american politics[M]. 4th ed. Washington D.C.: Congressional Quarterly Press, 1993: 374.

编辑记者的个人特质也是影响国际报道框架选择的重要因素。首先，个人信仰是一大影响因素，如记者个人的政治信仰或宗教信仰。利希特尔等学者在实地调查的基础上指出美国大报和主流电视媒体的记者与美国普通大众相比，更崇尚自由主义观点，也更有反宗教的倾向[1]。记者个人对新闻的态度，比如记者的新闻价值观以及对专业主义理想的追求等等都会影响对国际新闻的选择和处理。其次，记者编辑的个人经历会影响国际报道的判断。如个人的学历、出国经历等背景会影响记者编辑对国际新闻的兴趣及价值判断。在国外长大并接受教育的经历往往会影响其对国际新闻的理解。再次，记者编辑的个人能力也是重要影响因素。国际新闻比其他报道需要更强的能力和技巧，记者编辑的相关专业知识、国际新闻源的挖掘能力和编辑能力等会影响其报道的内容架构与方向。驻外记者在截稿时间压力下准确报道并挖掘深度的能力绝非一日之功，一个有驻外记者经历的国际新闻编辑与只会编发通讯社稿的编辑更有着天壤之别。

从宏观格局来看，世界体系和国家关系格局深刻影响着国际报道框架。这些因素主要与新闻事件发生的外部环境和背景相关，主要包括：①国家自身特点因素，如政治、社会、经济、地理特点。杜普利曾做实证研究，分别测量了一国在美国上市的股票证券、人均国民生产总值、人口、语言的易翻译性、识字率、报纸的可获得性、进出口额、与美国的地理距离、人口密度以及国家位于哪个洲等因素与一国被报道情况的关系[2]。一般普遍认为影响因素集中在贸易、人口以及国民生产总值上。②两国联系和互动关系。其中有研究证明历史上的殖民关系、国家间利益关系、语言及文化关系、地缘政治关系等都是影响因素。如海斯特的研究就认为文化的接近性是一个重要因素[3]，也有研究发现加拿大英语报纸和法语报纸的国际新闻报道呈现泾渭分明的态势，这支持了海斯特的观点。另外，对亚洲和西欧国家媒体作研究的学者发现，如果非洲和阿拉伯国家与这些国家处于同一殖民集团，那么它们被报道的可能性更大。③报道条件。它主要指被报道国所具备的国际新闻报道基础设施和人力资源等因素。研究发现一国的国家通讯社情况、通信卫星设施，以及驻该国的国际新闻机构情况（包括国际通讯社、报纸和电视台的分支机构）等，都会影响对该国的报道。基于上述国际关系格局和外部环境的影响，有学者由此探讨出宏观国际传播结构的特点，即西方国际媒体在全球新闻生产和流通中占据主导地位，政治和经济的不平等带来国际信息生产与流通过程中的不平等结构，这进一步加强了跨国支配，使得发达国家把文化价值观和信仰强加给第三世界国家。

---

[1] LICHTER R, STANLEY R, LICHTER L. The media elite [M]. Bethesda, Md: Adler and Adler, 1986.
[2] DUPREE J D. International communication: view from "a window on the world" [J]. Gazette, 1971, 17(4): 224-235.
[3] HESTER A. Theoretical considerations in predicting volume and direction of international information flow [J]. Gazette, 1973, 19(4): 239-247.

也有学者从新闻事件的角度出发,分析事件如何由于本身的不同特性给媒体带来不同的新闻价值,从而影响被报道的情况。舒梅克等人发现外国新闻越具反常性就越有被美国媒体报道的可能性。他们给出的两大测量反常性的指标得到了人们的认同:①社会现状层面的反常性,即事件会在多大程度上影响事件发生地的社会现状;②规范层面的反常性,即这一事件如果在美国发生,会在多大程度上冲击美国的社会规范①。加尔顿和鲁格则认为如果国际新闻事件符合以下要求就更有可能被报道:频率(frequency)、门槛(threshold)、清晰度(unambiguity)、意义(meaningfulness)、协同度(consonance)、非预期性(unexpectedness)、持续性(continuity)、组合程度(composition)、与精英国家有关(relevance to elite nations)、与精英人物有关(elite people)、个人化(persons),以及负面性(negativity)②。彼得森进一步发现富有意义、符合国家精英主义以及负面性起着尤为重要的作用③。也有学者发现有美国参与的国际事件更有可能被报道④。

三、他者化的中国:西方社会塑造中国形象的长期框架⑤

他者化的"东方主义框架"长期以来是西方媒体报道中国的逻辑起点。国际社会长期以来西强东弱的格局导致西方社会审视东方的"他者"视角。这种视角的思想根源就是根深蒂固的欧洲中心论。西方人怀着欧洲帝国主义的自满心态,将西方居高临下的"自我"的眼光投向作为"异域"他者的东方。他们认为,东方与西方的关系呈现文明与野蛮、高尚与低贱、强大与弱小、理性与感性、中心与边缘、普遍与个别等不同变化形式,但西方永远代表前者,东方或被殖民民族永远代表后者⑥。这种非此即彼的"二元对立"被媒介固化后,进一步加强了西方世界的凝聚力。在西方媒体国际新闻报道呈现"他""我"关系的过程中,作为共识的意识形态被强化,对非西方国家和民族的报道都有一种霸权性质和偏见意识,萨义德在《东方学》一书中将这种他我关系论述为一种权力关系,其实质是"西方用以

---

① SHOEMAKER P J, CHANG T K, BREADLINGER N. Deviance as a predictor of newsworthiness: coverage of international events in the U.S. media[C] // MELAUGHLIN(M L.) Communication Yearbook, 10. Newbury Park, Ca: Sage, 1986: 348-365.
② GALTUNG J, RUGE M. The structure of foreign news[J]. Journal of peace research, 1965, 2(1): 64-91.
③ PETERSON S. International news selection by the elite press: a case study[J]. Public opinion quarterly, 1981, 45(2), 143-163.
④ HESTER A. The news from Latin America via a world news agency[J]. Gazette, 1974, 20(2): 82-98. 另见: VILANILAM J. Foreign policy as a dominant factor in foreign news selection and presentation: case study of two geographically and culturally distant press systems of the world[J]. Gazette, 1983, 32(2): 73-85.
⑤ 本部分内容整合了本人《国家利益与国际舆论——美国涉华舆论实证研究》(中国传媒大学出版社,2009)中的部分文献研究。
⑥ 严怡宁. 影响国际新闻报道的因素——几种不同的研究视角[J]. 江淮论坛, 2007(5): 124-130.

控制、重建和君临东方的一种方式"①。西方的"自我"通过建立对"他者"的知识,来彰显"自我"相对于"他者"的权力。而在西方媒体权力话语中的"他者"形象则存在着被定型的危险,这种定型在西方霸权支撑下,很难被颠覆②。

西方媒体对中国的"他者化"框架,也是这种不平等的"他我"权力关系的体现。历史上西方的中国形象服务于西方,随着西方的需要和欲望而变化,这是西方权力话语的具体表现。

(一)古代中国:被定义为遍地黄金的东方乐土

西方人最初对古代中国的认识主要通过商业活动和传教,中国则被西方称为"丝绸"之国,由此可以看出西方人对东方文明古国的向往。马可·波罗根据17年旅华经历撰写的《马可·波罗游记》所展现的中华物质文明和文化图景震惊了西方世界,之后几个世纪,西方人都对中国有着"遍地黄金的东方乐土"的深刻印象,中国被当作学习和模仿的对象。可以说这也是中国人相对于中世纪欧洲的绝对异质性所带来的某种传奇性。

"在法国,18世纪第一个元旦,法国王室举办化装舞会,参加者竟不约而同地化装成中国人,以显示自己德操高雅。1756年春分那天,法国路易十四,仿饰康熙皇帝扶犁扬鞭、下地耕种,昭示老百姓勤奋劳作以慰天灵。总之由于传教士们的推波助澜,在17至18世纪欧洲上流社会和知识分子,对于中国有景慕风从之势"③。这一时期,西方舆论中的中国形象总体而言是比较正面的。

(二)近代中国:被视为封闭、落后之地和巨大的危险

从明朝中叶到鸦片战争前,中国实行闭关锁国政策,中国鸦片战争之后,中国门户又被迫开放,欧洲列强大肆分享在中国的既得利益,各种身份的西方人也大量涌入,撰写了大批有关中国的报道和书籍。较长时期内中国逐渐失去了那个令人羡慕的东方乐土的光环,中国的封闭、落后受到鄙视,"劣等民族""黄祸"论此起彼伏。

欧洲思想启蒙的抬头使得西方文化界对中国的封闭专制开始质疑。法国思想家孟德斯鸠在他的巨著《论法的精神》中,对中国这个"既无法律又无规章"的"专制帝国"进行了批判,认为"中国是一个专制国家,它的原则是恐怖"。英国作家笛福在《鲁滨逊漂流记》中则主观地认定"中国人不诚实"。1795年,斯当东出版的《英使谒见乾隆记》以马嘎尔尼使团在华经历为"根据",向欧洲展示了一个"几百年或上千年都没有进步"的"泥足

---

① 萨义德. 东方学[M]. 北京:三联书店,1999:4.
② 林岩. 全球化中的他者:后冷战时期西方媒体中的中国人研究[D]. 上海:上海外国语大学,2012.
③ 邱世兵. 中国国际舆论环境的历史变迁——略论西方的中国观的演变[J]. 牡丹江师范学院学报(哲学社会科学版),2006(1):50-52.

巨人"的形象。黑格尔在其1807年出版的《精神现象学》中,认为中国是一个极古老的专制国家,在自身的发展道路上陷于困境……只有在他人的逼迫下,经过被筛选之后,才能被带入历史进程之中①。在中国传教22年的美国传教士明恩溥1894年出版的《中国人的素质》一书,则如是描述中国人的形象:长辫小脚、不守时刻、不懂礼貌、不讲公德,等等。费正清曾评价,美国人心目中对中国的映像的幻灭,是由一本读者甚多的著作来加以完成的,即明恩溥所著《中国人的素质》②。美国的老牌中国通甘露德1923年发表的《中国的毛病何在》一书,则明确提出中国人是个"劣等民族"③。

"黄祸论"最早在俄国无政府主义者米哈伊尔·亚历山大罗维奇·巴枯宁1873年出版的《国家制度和无政府状态》一书中有直白的阐述,他认为中国是"来自东方的巨大危险",并将危险归咎于中国可怕的人口与移民。他甚至还上书沙皇建议"着手征服东方","如果真的要从事征服,为什么不从中国开始呢?"1895年起德国皇帝威廉二世和俄国沙皇尼古拉二世就所谓的"黄祸"问题不断交流,威廉二世声称"教化欧洲大陆,并捍卫欧洲,使它不被庞大的黄种人入侵",是"伟大的任务"④。威廉二世还特意请画家克纳科弗斯创作了油画《世界各民族,保护你们最珍贵的财产》(又称为《黄祸图》),并下令印刷广为散发。"黄祸论"最直接的后果,便是美国1870年间爆发了排华浪潮,在美国的华人遭受了各种歧视与虐待。1882年美国还通过了《排华法案》,清政府也曾出面干涉,但收效甚微。辜鸿铭为此尝试批评西方国家的不公和偏见,他在《文明与混乱》一文中批评德国皇帝威廉二世,指出推崇"黄祸论"纯粹是沙文主义观念,是西方政治霸道的体现。

(三)20世纪上半叶:呈现贫困、坚韧、追求光明,随后又令西方失望的形象

20世纪初,从传教士、军人、政客的报道到小说诗歌,西方文化表述的中国形象,基本是贫困、肮脏、混乱、残暴、危险的地狱。但是在这一时期,中国也受到西方的影响,旧有社会秩序被动摇,一批寻求现代化的中国知识分子开始向西方学习,追求"德先生"(民主)和"赛先生"(科学)。于是西方对贫穷落后但又开始学习西方的中国逐渐怀有一种混合了同情、恩赐、理解和喜爱的感情,认为中国开始觉醒,"一个新中国正从古代迷信枷锁中解放出来"⑤,认为中国是一个理想的可以接受教化的"孩子"。这个时期赛珍珠的畅销小说《大地》成为反映西方对华认知的代表性作品。小说塑造了一群善良、纯朴、吃苦耐劳

---

① 李朝全. 西方妖魔化中国的历史[EB/OL]. http://news.xinhuanet.com/edu/2008-05/05/content_8108185.htm.
② 明恩溥. 中国人的素质[M]. 上海:学林出版社,2001:332.
③ 邱世兵. 中国国际舆论环境的历史变迁——略论西方的中国观的演变[J]. 牡丹江师范学院学报(哲学社会科学版),2006(1):50-52.
④ 彭怀东. 从"黄祸论"到"中国威胁论"[J]. 真理的追求,1997(4):25-29.
⑤ 孔华润. 美国对中国的反应[M]. 上海:复旦大学出版社,1989:65.

的中国农民，展示了他们对土地的依恋、对美好生活的向往以及与自然环境、丑恶人性顽强搏斗的精神。随着中国的政治发展，关注中国"觉醒"的西方又开始关注中国的政治，斯诺的力作《红星照耀中国》则让西方看到了中国的政治现实。

随着日本发动侵华战争，中国和美、英、苏同处于世界反法西斯联盟的中心地位，中国逐渐成为西方舆论中"崛起的英雄"。西方的报刊不断在头版醒目位置大量报道中国的抗日战争，中国英勇抵抗日本法西斯侵略的形象逐渐树立了起来，中国民众争取民族独立和民族解放的精神感动了世界。以美国的《时代》《幸福》《生活》三大杂志为代表的西方媒体，同情地描绘中国政府和国民党军队，塑造了一个可爱可敬的中国形象。1938年，《时代》杂志甚至把蒋介石和宋美龄评为年度先生和夫人，杂志还给予他们"最为开明、爱国和能干的统治者""为捍卫西方文明菁华而战"等盛誉①。"八·一三"的上海防御战和南京大屠杀则使得西方公众既钦佩中国军队，又对日本侵华暴行感到愤怒，媒体对中国的战争报道充满了"以极大的勇气在极其不利的条件下战斗"的词句②。《纽约时报》在1941年12月9日的一篇社论中这样描述中国，"我们有像中国那样忠诚的战友，它有着取之不尽的人力资源……中国依靠其吃苦耐劳、足智多谋的人民，将十倍地报偿我们以前给它的援助"。

不过随着抗日战争的胜利，国民党和共产党的冲突成为中国社会的主要矛盾，西方一方面存在对中共的意识形态偏见，一方面也不满国民党政府的腐败无能。中国领导人和人民的英雄形象"破灭"了，西方对中国的蔑视心理开始抬头，随着共产党取得节节胜利，西方对中国的失望和怀疑加深。

这个阶段西方对中国不论是怀有同情、赞赏还是失望、怀疑的态度，都是一种居高临下俯视他者的眼光，彰显的是西方的优越感。

(四)中华人民共和国的建立：被视为共产主义威胁

中华人民共和国成立之后，西方对中国的舆论进一步趋向负面。中国被当作共产主义阵营中的一员，西方对华政策成为遏制共产主义"扩张"政策的一部分。红色中国在西方想象中，意味着专制和邪恶，威胁现实世界和人们的观念与信仰。

西方舆论出于对共产主义的畏惧，认为"邪恶的共产主义颠覆网，已将中国网入其中，并将它不幸的人民导入歧途"③。中国被视作"苏联的一部分"，被"共产主义"化后被引往远离过去美德的方向。1955年10月10日《纽约时报》上的一篇文章中如此写道，"中国大陆

---

① 谢勒. 20世纪的美国与中国[M]. 北京：三联书店, 1985: 3.
② 伊萨克斯. 美国的中国形象[M]. 北京：时事出版社, 1999: 234.
③ 谢勒. 20世纪的美国与中国[M]. 北京：三联书店, 1985: 173-174.

被一群外人以一种外来的思想征服了,这种思想价值与中国传统关于幸福生活的观念全然无关……在过去时代里,儒家伦理学已经成为可敬的中国人性格的一部分。个人忠诚、家庭孝悌,已成为中国社会的核心,但共产主义世界却容不下这些优良品质,容不下幽默与慷慨,容不下忍耐与善良,容不下荣誉与热情。"理查德·沃克于1955年出版的《共产主义统治下的中国》充斥了"镇反""洗脑"这类词汇,定下了西方关于中国极权政治形象的基调。在西方公众心目中,中国是一个"巨大的、敌对的国家,谁也不知道那里发生了什么事,一想起来就害怕""中国是世界上最大的危险"[①]。

朝鲜战争爆发后,西方大众传媒则充斥着关于"中国鬼子和朝鲜鬼子"进行"人海战术"的描述,散布中国是一个"赤色匪群"的谣言。《纽约时报》(1951年4月25日)的一篇报道则惊讶于以"人海"攻势进攻的纯粹步兵与"联合国军"的较量。

总体而言,中国在这个阶段的形象就是一个与西方资本主义阵营对立的,充满"赤色恐怖"、"野心勃勃"的国家,对西方而言中国已是一个巨大的"赤色威胁"。

(五)1972—1989:塑造向西方重新开放和靠拢的中国

1972年中美恢复外交关系后,中国被西方世界视作重新向西方靠拢。中西之间的政治与意识形态紧张关系得到缓和,尤其是在中国实行改革开放政策之后,中国在西方媒体中获得了"有前途"的形象和更为"正面"的报道。

波士顿大学国际关系系副教授富·斯密斯在回忆当时的美国电视画面时这样说,"瞧,一打开美国电视,就会看到,所有的中国人都要成为美国人了。"Dorogi认为这一具体时期的美国报道关注邓小平领导下的国家的改革主义的特征(the reformist nature),同时对这一时期的中国政治文化特征进行了淡化[②]。中国出现的一系列新变化——允许私人经营、年轻人跳迪斯科、妇女留披肩发、穿牛仔裤超短裙,获得了西方媒体的无限好感。一位西方记者是这样描绘美国媒体对华报道的演变过程的:在20世纪70年代,当美国记者在北京一下飞机,他对接他的翻译说,"带我去采访动物园,看大熊猫。"在80年代,当美国记者在北京一下飞机,他对接他的翻译说,"带我去迪斯科舞厅。"

1985年美国《时代》周刊评选邓小平同志为年度风云人物,当期特辑介绍了中国近年来多方面的深刻变化,长达28页,附有以儿童为中国未来象征的精美画刊。中国的改革总体受到称赞,而且被提到世界历史的高度,西方舆论认为中国的改革是一项伟大试验,将产生深远的影响。

[①] STEELE A T. The American people and China[M]. New York: McGrall-Hill Book, 1966: 61.
[②] DOROGI T L. Tainted perceptions: liberal-democracy and American popular images of China[D]. Las Vegas: University of Nevada, 2000.

总体而言，这一时期的西方媒体涉华报道被学者认为是一个"浪漫化"和"天使化"的阶段。

(六)20世纪90年代到21世纪初：中西意识形态对立带来被"妖魔化"的中国

20世纪90年代初，由于中国坚持走社会主义道路，同时冷战结束后苏联这个西方的长期对手消失了，中国于是成为西方的对立面和"假想敌"。意识形态框架下被"妖魔化"的中国，成为这一时期中国在西方媒体的典型形象。

张健挺等的研究表明，从1996年到2000年的包括《纽约时报》、《华尔街日报》、《时代》周刊等在内的美国主流媒体，关于中国负面与正面报道的比例高达30比1[①]。美国学者里斯对2000—2002年美国四家主流报纸的研究也发现了对中国进行负面报道的根深蒂固的偏见[②]。

这一阶段，西方媒体充斥着关于中国人权、政治、安全等方面的各种负面报道，台湾问题与西藏问题也被反复炒作。中国成为一个永远也不可能改变的东方专制社会。刘继南与何晖指出，西方是在先入为主的价值观主导下对新闻事实进行主观性选择，在冷战思维延续下"保持受众对'假想敌'的固有观点和抨击兴趣"[③]。

中国形象在20世纪80年代和90年代的反复恰恰反映了以西方为中心的"他者"框架。中国的改革开放在最初被认作是靠近西方之举，中国形象就蒙上了浪漫的正面色彩，当西方认为中国没有真正靠近他们，却成为冷战结束后坚持走社会主义道路、与西方体制背道而驰的代表，中国就成了西方眼中的"坏孩子"，形象一落千丈。

(七)21世纪近20年：中国实力发展后的"中国威胁论"

近10余年，随着中国国力的增强和国际地位的提升，一方面西方媒体关注中国的经济腾飞，重视与中国的经贸往来，注目中国各方面的发展，一方面又对中国的高速发展呈现出超越西方之势感到恐慌，"中国威胁论"也在反复出现。一个明显的趋势是，当中国的经济实力逐渐显现，曾在20世纪90年代和21世纪初充斥于西方媒体的关于中国政治与意识形态威胁的报道开始减少，而经济贸易威胁以及军事与战略威胁方面的报道逐渐抬头。有学者分析了2006年上半年12家西方主流媒体关于"中国威胁论"的舆情动态，涉及416篇相关文章。结果发现，中国经济被外媒视为最主要的威胁，其次是资源与环境问题、地缘政治

---

① 张健挺,蔡克平.负传播的集体无意识解构[J].新闻与传播研究,2003,11(4):61-65.
② LISS A. Images of China in American print media: a survey from 2000 to 2002[J]. Journal of contemporary China, 2003, 35(12): 299-318.
③ 刘继南,何晖.镜像中国——世界主流媒体中的国家形象[M].北京：中国传媒大学,2006:33.

与军事威胁,而"软实力威胁"也进入了外媒的视野①。

2008年,中国突破了被视为国家成长阶段经济转折点的"人均GDP3000美元"这一指标。西方由此认为中国正在从"世界工厂"转变成"世界市场",持续了多年高增长的中国经济无论是在量上还是质上都将迎来一个重大"转折期"。西方记者阿施托施·舍沙巴拉亚认为,2025年当中国的经济总量达到美国的一半,这对于"美国治下的和平"将是一个"难以估量的逆流"②。

美国《时代》周刊2009年8月17日发表题为《中国模式》的署名文章更是明确指出,"北京的崛起是对美国的一种特定挑战。与20世纪后50年造成经常奇迹并在经济上成为美国的挑战的日本、德国不同,中国不是民主国家,也不是华盛顿的坚实同盟"③。英国《金融时报》2010年8月18日发表了名为《中国排第二,然后开始计算》的文章。该文指出,中国取代日本成为世界第二大经济体,这标志着自1968年日本取代西德以来,"第一次出现了一个新的国家,觊觎着美国的宝座"。

在这样的氛围下,近年来的钓鱼岛问题、南海问题等都被西方媒体炒作为中国对周边国家的军事和领土威胁。有学者对《纽约时报》钓鱼岛问题报道进行了研究,认为2010年该报有关中日撞船事件的报道是"中国威胁论"的集中和具体化呈现,报道指责中国推进领土主张,甚至暗示中国民用渔船与军方关系密切④。2015年,美国国防部发表《涉华军事与安全发展报告》,渲染"中国军事威胁论"的基调,对中国提升军力表示关注,并称中国在南海有关行动造成地区"局势不稳"。西方媒体则加入所谓中国在南海构成军事威胁的大合唱,污蔑中国捍卫领土的行为是"进攻性行为"。这种有失公允的做法受到了加拿大滑铁卢大学政治学教授戴维·韦尔奇的公开批驳。美国外交政策分析师本·雷诺兹也公开撰文批评《纽约时报》严重夸大中国对本地区其他国家和美国构成的威胁。他说"用有选择性的内容和真假参半的报道描述美中在南海对抗并以此误导美国公众是美国国防部干的事情,不该出自媒体之手……这只会造成美中人民的对立。我们有责任纠正这些错误和危险的论调"⑤。

对中国实力崛起的担忧还使威胁论的覆盖范围逐渐扩大,"中国计算机黑客威胁论""食品安全威胁论""环境威胁论""科技威胁论"等此起彼伏。夹杂在威胁论的声音中,间或也有"崩溃论""责任论"的论调。"崩溃论"声称中国经济发展模式遭遇到巨大

---

① 吴飞.流动的中国国家形象:"中国威胁论"的缘起与演变[J].南京社会科学,2015(9):7-16.
② 张健雄."中国威胁论"的新演变[J].人民论坛,2008(5):24-25.
③ 吴飞.流动的中国国家形象:"中国威胁论"的缘起与演变[J].南京社会科学,2015(9):7-16.
④ 李松蕾.1981—2010《纽约时报》关于钓鱼岛问题的论调变化分析——从"民族主义"到"中国威胁论"[J].新闻与传播研究,2014(9):65-83.
⑤ 凌朔.南海真相不容西式"刀笔"歪曲——八论南海仲裁案及南海问题[EB/OL].http://www.xinhuanet.com/world/2016-07/06/c_1119175505.htm.

挑战，并可能引发一系列社会和政治危机。"责任论"则关注中国在国际社会中应承担的"责任"，敦促中国成为国际体系中"负责任"的"利益攸关方"。二者都是"中国威胁论"的延伸，前者折射出西方中心主义者无法在心理上接受非西方世界的崛起，希望看到中国在挑战面前"一蹶不振"；后者则暗含着要求中国承担更多国际责任（甚至是超出能力范围的责任），从而达到遏制中国发展的目的，看上去似乎比较温和，实际是要促使中国按照西方意图进行政策调整，维护现行以西方为核心的国际体系，内含西方国家重塑中国在国际社会的地位和角色的企图。

中国的崛起，在西方看来某种程度上挑战了以美国为首的西方主导国际社会的格局，有改变全球实力分布的潜在可能。中国的崛起还使人们认识到一个不同于西方模式的发展道路，使西方开始担心中国模式将在全世界推广，中国的价值观可能最终取代西方价值观。英国学者马克·里欧纳德指出，中国道路正日益打破美国企图使整个世界"美国化"的梦想，"北京的崛起业已改变经济和军事势力的平衡，此刻又在改变世界对政治、经济和秩序的想法"①。

近两年西方媒体的这种声音更加明显。美国《时代》周刊、《纽约客》，法国《世界报》，德国《明镜周刊》等西方主流媒体陆续发表以《中国赢了》《让中国再次伟大》《中国，强国崛起》《当中国说了算的时候》《觉醒的巨人》等为标题的文章。明镜周刊的封面则是"Xing lai!"两个黄色拼音和一个感叹号，字符右上角有一颗黄色五角星，底色是中国国旗的红色，封面下方的副标题是"为什么中国已经是一号超级大国——给西方的一个信号"。这些文章认为经过40年的惊人发展，中国已站在世界中心，中国的崛起正在改变世界格局，有的甚至认为中国的崛起是对现有国际秩序与价值观的颠覆，西方却不知自己面临怎样的挑战，西方必须"醒来"。在这样的基调下，人们发现新一波"中国威胁论"又强势袭来，有人搜索了谷歌新闻2017年10月18日至2018年3月10日的相关英文报道，剔除相关性有限的文章，共得到主题论述"中国威胁"的报道41篇，显示出西方对中国新时期的发展道路和蓝图的警惕②。

同时，西方还推出了一个中国"锐实力"的新概念。"锐实力"一词最早出现在《澳大利亚金融评论报》2017年6月的一篇文章里。2017年11月，美国《外交事务》杂志刊发《锐实力的意义：威权国家如何投射影响力》一文，"锐实力"首次被正式提出并使用。随后美国国家民主基金会2017年12月5日发表一份名为《锐实力：日益增长的威权影响力》的报告，对中国通过各类人文交流、文化活动、教育项目以及传媒和信息项目等方式，在世界各地尤

---

① 杨婷，陈曙光. 霸权的终结与世界秩序的重建——兼评"中国威胁论"[J]. 广东社会科学, 2016 (5): 71-78.
② 崔远航. 十九大以来西方媒体眼中的"中国威胁论"：特点与趋势分析[J]. 对外传播, 2018 (4): 13-15.

其是拉美和东欧一些新兴国家的媒体、学术界、文化界和智库扩大影响的做法横加指责，将中国和俄罗斯的正常公共外交活动比作攻击西方民主价值观的"刀尖"和"针尖"。紧随其后，英国《经济学人》杂志发表了封面专题文章《锐实力：中国影响力的新模式》，也阐述了类似的概念。在西方的概念下，"锐实力"既不像硬实力那样具有强制性，也不是"软实力"那样的"魅力攻势"，而是"专制政权"胁迫、操纵外国人的观点，最终达到塑造价值观、制度认同的目标①。"锐实力"并非严谨的学术概念，而是他者思维框架下，西方精英阶层在面对全球变局时的焦虑，体现出西方世界尤其是美国对其全球领导权可能会"旁落"的担忧。

四、总结

在世界体系转型过程中，在长期的西方中心框架及对中国等新兴大国崛起威胁西方中心地位存有担忧的双重作用下，西方舆论对中国的警惕和偏见还会在较长时间内存在。但随着中国在世界影响的扩大，与世界其他国家交往的增加，西方国家以外的国际社会也越来越关注中国。这些国家，尤其是一些发展迅速的新兴国家，其国际影响力也在日益增强，同时它们还有着改变旧有国际秩序，争取新兴国家和发展中国家国际地位和话语权的强烈诉求。

一直以来，国内的国际传播研究对非西方国家关注较少，但这些正在增强的声音越来越不容忽视。在中国面临百年未遇世界大变局之际，我们需要关注世界体系转型期间非西方国家尤其是新兴国家的涉华舆论和态度，从而准确了解中国国际传播的大环境和面临的发展新趋势，进而把握提升中国国际传播能力的新机遇。

---

① 柳丝. 警惕西方"锐实力"舆论陷阱[J]. 瞭望, 2018(6): 16–17.

第四章
金砖国家媒体中的中国：
十五年的媒介认知研究

☆ 一、金砖国家在世界体系转型中的身份与利益
☆ 二、研究思路和方法
☆ 三、巴西媒体对华认知
☆ 四、俄罗斯媒体对华认知
☆ 五、印度媒体对华认知
☆ 六、金砖媒体对沪认知分析
☆ 七、金砖国家对华认知研究总结

一、金砖国家在世界体系转型中的身份与利益

金砖国家的概念是2001年美国高盛公司全球经济部主管吉姆·奥尼尔在研究报告中涉及全球经济增速最快的国家巴西、俄罗斯、印度和中国时,将四国英文首字母集合在一起发明的(BRIC)。2010年12月的金砖峰会上,南非也被正式吸纳入金砖合作机制。2011年三亚峰会上正式签署《金砖国家银行合作机制金融合作框架协议》,为了深化金砖合作机制建设,2015年则正式成立金砖国家新开发银行。金砖国家已被视作新兴经济体的代表,国际货币基金组织认为在发达经济体受金融危机困扰之际,以金砖国家为代表的新兴经济体正成为"世界经济稳定的来源"。随着新兴国家的实力增强及其对世界体系转型的共同诉求,即谋求建立金砖国家与现有国际体系和各大国之间的开放透明的对话合作机制,建立更为民主、更为公平的多极国际秩序[①],金砖国家已逐渐从一个被创造的概念向机制化发展,其合作开始向经济领域以外延伸,试图代表发展中国家利益,共同施加对全球问题和全球治理的影响,这一点早在2009年哥本哈根气候大会中金砖国家持有共同立场时就已充分体现。

目前金砖国家已成为一个国际性的战略力量,并形成了以领导人峰会为主干的有效合作机制,以为实现共同的利益诉求达成共同的行动。金砖国家在金砖合作机制的框架中获得了集体身份的色彩,而共同体身份的构建有赖于在机制化深度发展的基础上形成共同认知。目前金砖国家合作机制正经历着从"侧重经济治理、务虚为主"的"对话论坛"(dialogue forum)向"政治经济治理并重、务虚和务实相结合"的"全方位协调机制"(full-fledged mechanism)的重要转型,金砖国家新开发银行和外汇储备库等金融合作项目成为重要抓手[②]。金砖国家正沿着机制化建设的方向稳步前进。

随着金砖合作机制的发展,中国希望发挥主导作用并团结其他几国,使得金砖国家能够发挥一定的国际经济议程上的话语权,成为G20会议中非西方的核心组织,继续增大新兴国家的发言权,发挥它作为谈判战略缓冲区的作用[③],以推动国际体系的改革。

尽管金砖国家在努力朝机制化方向发展,但由于该机制发展时间不长,从金砖概念诞生至今只有二十年左右的历史,目前应该说主要还是完成了一个结构上的组合,国家间合

---

① 樊勇明. 金砖国家合作与亚洲多元发展[J]. 复旦学报(社会科学版),2013(6):151-157.
② 朱杰进. 金砖国家合作机制的转型国际观察[J]. 2014(3):59-73.
③ 安替. 金砖国家的概念在缓慢政治化[N]. 经济观察报,2011-04-18(16).

作协调的成熟度远不及北约或八国集团这样的组织或机制,其合作模式仍在探索中。

从体系内部看,金砖国家最重要的合作前提是各国都处于快速发展,在世界体系中处于相似位置,在国际社会中有着相似的诉求,也面临着类似的问题和挑战。最重要的是金砖国家都希望能够推动全球治理的改革,加大发展中国家的发言权。当然金砖国家之间的差异也是显而易见的,其政治制度、文化、具体发展模式各不相同。相似的国际经济地位使得各国存在着发展竞争,如中国和印度在资源和市场方面竞争激烈,二者也被国际社会普遍视作竞争对手。此外,中国与印度及俄罗斯的地缘关系复杂,甚至一度存在边境冲突。就经济发展表现而言,俄罗斯被认为与中、印、巴的表现差距较大,摩根士坦利甚至一度认为应让经济快速发展的印尼取代俄罗斯在金砖国家的地位。中国则被认为具有领先优势,美国彼得森国际经济研究所所长弗雷德·伯格斯登甚至提出G2概念,即中美共治之说。就社会政治制度而言,印度和巴西则更加接近西方的模式,更为西方所认可和接受。

综上所述,金砖合作机制仍在发展过程中,并且国家差异较大,甚至有一种论调怀疑金砖国家的"内部凝聚力",将之比喻为一块缺少"泥浆"的砖。因此许多人认为集体身份对金砖各国的黏性仍然是有局限的。

二、研究思路和方法

(一)研究对象

媒体既被共识构建,也能够进一步构建共识。媒体产品往往将认同与政治经济结构相联系,引导社会的价值取向和归属感。尤其在民众参与度较低的国际问题上,主流媒体在反映国际互动中的身份与认同,以及进一步构建国家间身份与认同的过程中都发挥着重要作用,最终影响大众的认知和态度。因此为深入剖析金砖国家在与中国互动过程中对彼此身份的认知和对中国的认同,本文选取了三个主要金砖国家最重要的、国际报道最权威的两份主流报纸对中国的报道为研究样本,它们是巴西的《圣保罗页报》《环球报》,俄罗斯的《消息报》《独立报》,以及印度的《印度时报》《印度斯坦时报》。由于南非为第二批加入,合作历史的跨度不及上述三国,因此没有纳入研究对象。

巴西《圣保罗页报》(*Folha de Sao Paulo*)是巴西发行量最大的报纸,也是南美洲发行量最大的报纸,成立于1921年,是一家有着近百年历史的老报,其立场相对较为自由、激进。巴西《环球报》(*O Globo*)创刊于1925年,是拉丁美洲最大的传媒集团——巴西环球集团最重要的报纸,它不仅是里约热内卢的第一大报,也是巴西甚至拉美最有影响力的高级报纸之一。俄罗斯《消息报》(*Izvestia*)创刊于1917年3月,曾被认为是俄罗斯最老牌和最权威的报纸之一。苏联解体后,《消息报》成立报业联合体,转为自主经营,尽管发行量比苏联时期有所下降,但该报仍然是俄罗斯读者阅读的主要报纸之一,属于严肃报刊,注重对国内外要闻的报道,具有较强的权威性。《独立报》(*Nezavisimaya Gazeta*)是俄罗斯本地较为著名的报刊,报道信息量较大,报道犀利有深度,在基于事实的情况下给出自己深刻独特的看法,很受民众欢迎。《印度时报》(*The Tims of India*)是反映印度政府观点的英文对开日报,为全球发行量最大的英文报纸。印度时报的读者主要为知识分子、商人、官员。《印度斯坦时报》(*Hindustan Times*)也是印度颇有影响力的英文报纸,在新德里出版,由印度最大资本家比拉家族控制。该报支持国大党(英迪拉派)政府,读者数仅次于《印度时报》。在印度,英文报纸的读者多为中产阶级以上的人群,该群体受教育程度、经济收入以及社会地位都相对较高。《印度斯坦时报》是伴随着印度的独立运动诞生的,一直奉行向读者提供真实而公正的报道,政治立场相对中立,以正直而高质量的报道享誉印度。

(二)抽样方法

本研究的时间段为1998年至2012年共15年,这一时间段涵盖了中国与世界密切互动的起步、加速及深入发展等不同阶段,同时也涵盖了金砖国家从一个概念起步到逐渐开始探索机制化合作的过程。

本研究运用构造周抽样法(即在一年时间里从不同的星期里随机抽取星期一至星期日的样本,并把这些样本构成"一个周"的抽样方法),在每一年中抽取两个构造周的时间段,然后以"中国"为关键词在Factivia媒体数据库中搜索该时间段内对象媒体的相关报道,得到巴西媒体报道439篇、俄罗斯媒体报道155篇,以及印度媒体报道430篇。为使分析进一步精准,内容分析的单位以文章段落为主,最终得到巴西媒体报道3301段、俄罗斯媒体1038段、印度媒体3239段。

(三)研究指标

媒体报道内容编码的量化指标主要包括以下三个。

1. 媒体认知内容指标

报道数量:报道数量能够体现重视程度,本研究中报道篇数与段落数量都能够被统计。

时间分布:每篇报道的日期被记录,其他指标与时间指标进行交叉就可以分析一些变量的时间变化。

报道话题:根据每个段落报道的主要内容判断,以解释金砖媒体的关注范畴。

行为主体:每个段落中涉及的主要行动者,以关注金砖媒体的具体观察点。

消息源：每个段落中涉及的所有消息来源，以揭示金砖媒体的信息判断因素。

内容的时间框架：每个段落报道的时间属性，考察金砖媒体对过去、现在或未来事件/情况的回顾、反映和展望。

2. 媒体认知态度指标

报道内容的性质：为了进一步揭示金砖媒体的关注趋势，本研究设置了报道内容是否具有冲突性质的指标。这里的冲突性质并非一定是激烈的对抗，而是指两个以上利益主体之间由于不一致的目标引起的竞争、争议、纠纷或冲撞，是一种自然存在的互动过程[①]。

对中国的态度倾向：指对中国的描述、印象或是态度显示出正面、负面或中立的情绪倾向，以考察金砖媒体认知中国的整体心态。

赋予中国的国际角色：国际角色分为和平、威胁及混合模糊，以考察金砖媒体如何看待中国在国际上发挥的作用。

3. 国际框架指标

为研究金砖媒体涉华报道的国际视野，研究专门设置该指标，记录报道涉及的其他国家、地区及国际组织。

新闻标题和关键词也被记录，以进一步分析报道内容。此外，鉴于金砖国家概念中较强的经济属性以及双边贸易对两国经济关系的敏感性，巴西、俄罗斯、印度与中国的双边贸易数据也作为媒体内容研究的参照。数据来源于联合国贸易商品统计。

三、巴西媒体对华认知

（一）中国与巴西的交往关系

随着中国改革开放以及恢复民主政府的巴西实行发展经济的计划，20世纪90年代中期至21世纪初，在中巴关系稳步发展的基础上两国双边经贸往来开始增加。2003年以后，随着积极推动中巴关系的巴西总统卢拉的执政，尤其是2004年卢拉总统与胡锦涛主席实现两国互访后，双边关系进入迅速发展阶段。卢拉政府始终将发展与中国的关系置于巴西外交政策的优先位置。在两国关系中经贸关系居于显著地位，2009年中国取代美国成为巴西最大的贸易伙伴。

---

① HOROWITZ D L. Ethnic groups in conflicts [M]. Berkeley: University of California Press, 2000; TING-TOOMEY S. Face concerns in interpersonal conflict: a cross-cultural empirical, test of the face negotiation theory [J]. Communication research, 2003, 30(6): 599-624.

随着中国与巴西各自实力的显著增强，以及2008年金融危机以后西方发达国家颓势的显现，世界格局的转型和新兴大国的概念逐渐显现，中国和巴西在国际关系中的身份都开始从"外围国家"向"中心国家"转化，并由于这些共性开始具有"金砖国家"的共同身份，在主张国际关系民主化和世界多极化，呼吁建立国际政治经济新秩序方面开展了更深入广泛的合作。

值得注意的是，中巴两国地理距离遥远，分属东西两个半球，不具有地理上的亲缘性，语言、文化差异较大，政治体制也不同。尽管经贸关系发展较快，但双边贸易结构失衡，巴西向中国主要提供资源性的原料，如钢铁、大豆，中国则向巴西提供多种多样的工业化产品，巴西担心"沦为中国的原材料供应地"和出现"去工业化趋势"。中国产品的进入使得巴西企业的市场缩水，因此"中国威胁论"也时有抬头。双方制造业产品则在第三方市场上形成竞争，巴西企业认为自己遭到了威胁。因此在卢拉总统重视与中国的关系的同时，巴西国内也有一些不同的声音，比如限制中国在巴西的投资，防止中国"买下"巴西，摆脱对中国的依附，等等。卢拉之后的巴西政府更加强调"平等互惠"的对华关系。此外，"入常"问题长期以来一直是巴西政府的重要诉求，因此获得中国在"入常"上的支持是巴西对两国关系的重要期望，但是巴西国内反对派却认为这方面的努力收效甚微，对此有所不满。

（二）巴西媒体认知研究发现

1. 从世界眼中的中国到中巴互动框架中的中国

（1）巴西媒体对华关注随两国互动关系而变

巴西媒体对中国的关注明显随两国互动的加深而增加（见图4-1）。2004年以前，两家报纸每年在两个建构周内的涉华报道多在15篇及150段以下（2002年因世界杯两国体育交流增加，报道量达到29篇、216段）。2004年显然成为关注度的一个分水岭。卢拉政府的亲华政策，尤其是两国在2004年的领导人互访使得关注度跃升，当年报道数量达到38篇和321段，此后每年建构周内的报道数量大多都稳定在25篇及200段以上，量多的年份能超过50篇及400段。

（2）经济话题具有压倒性优势

从具体涉华话题分布来看，巴西媒体对经济领域的重视不言而喻。经济话题的占比具有绝对优势，涉及段落达到38%（见表4-1），而其余各类话题均没有超过8%，即使与两国交往有关的政府和外交话题也只有6.6%。巴西媒体涉华报道对经济话题的重视与卢拉政府的政策倾向相关。2004年卢拉政府作出承认中国市场经济地位的承诺，经济领域的合作也成为卢拉几次访华的主要议题。因此，很明显2004年卢拉总统与胡锦涛主席互访之后，

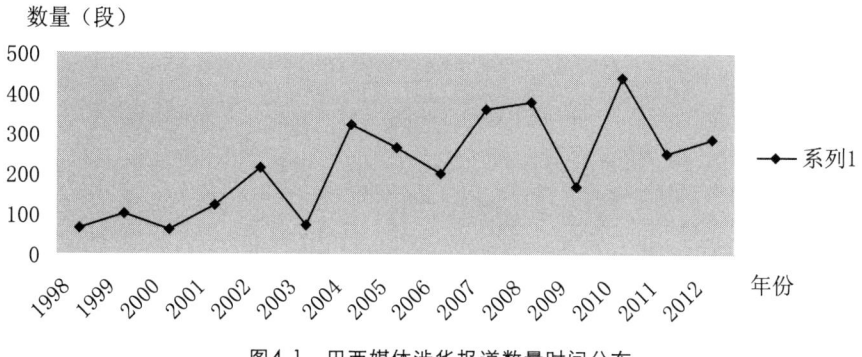

图4-1 巴西媒体涉华报道数量时间分布

巴西媒体涉华的经济话题开始异军突起，以往每年不超过20段，当年却跃升至171段。此后的8年中，除了2008年为71段（受到奥运会等事件影响，但经济话题仍在当年占比最多），每年都超过100段，高居历年各类话题之首。

表4-1 巴西媒体涉华报道话题

报道话题	频率	占比	报道话题	频率	占比
政府和外交	219	6.6%	劳工	29	0.9%
政治	129	3.9%	医疗保健	107	3.2%
地方政府	2	0.1%	宗教	13	0.4%
领土主权	109	3.3%	民族关系	7	0.2%
人权与民主	113	3.4%	环境	26	0.8%
经济贸易财政	1253	38.0%	人口	16	0.5%
军事国防安全	168	5.1%	土地住房	28	0.8%
教育	12	0.4%	社会动荡	81	2.5%
娱乐	44	1.3%	旅游交通	34	1.0%
体育	237	7.2%	人情味	254	7.7%
科技	47	1.4%	灾难	53	1.6%
能源	50	1.5%	文化艺术	148	4.5%
法律道德	97	2.9%	不适用	25	0.8%
			总计	3301	100.0%

对照15年间的中国与巴西双边贸易数据则可以看出，巴西媒体涉华报道的发展走势，尤其是经济话题的走势与两国经贸往来的走势基本吻合。2004年中巴双边贸易首次突破100亿美元大关，之后基本都是一路走高（见图4-2）。因此可以看出中国巴西的交往发展非常明显地体现在经贸领域，巴西媒体的关注点也随之集中在经贸领域。

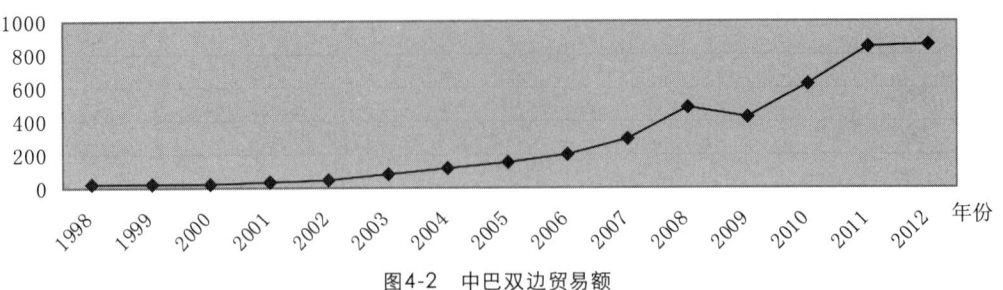

图4-2 中巴双边贸易额

(3) 其他话题变化: 安全民主领域由高走低, 人情味、体育领域受到持续关注

经济话题以外, 段落总比例超过5%的话题包括政府和外交、体育、人情味以及军事国防安全话题。从历时性的变化来看, 2003年以前, 军事国防安全、政府和外交、人权与民主、人情味及体育话题的涉及比例都时常超过经济话题。军事国防安全和人权与民主话题在2003年以前被较多关注, 军事国防话题最多时涉及段落的比例接近50%（见表4-2）, 时常突破10%, 人权与民主话题也经常在10%~15%之间。很明显, 20世纪90年代末到21世纪初, 巴西媒体对中国的审视受到了当时的国际格局以及中国与世界的关系, 尤其是中美关系的影响。继东欧剧变之后, 20世纪90年代以美国为首的西方世界时以"人权问题"发难, 意识形态分歧较大, 同时"中国威胁论"的调子也甚嚣尘上, 摩擦不断, 贸易摩擦、"间谍"案、中国使馆被炸案、撞机案不断引发世人关注。而当时与中国交往并不频繁的巴西在彼时的国际格局下, 其视线明显被近邻美国牵动, 对人权与民主、安全问题以及中国台湾问题等关注有加, 尤其是中美互动成为重要聚焦点。

然而, 之后随着两国交往的密切和外交重点向经济领域的倾斜, 军事国防安全和人权与民主话题的比例明显开始下降, 报道呈现较低的关注。军事国防安全话题的段落比例最多只在6%左右, 人权与民主话题除了在刚刚增加接触的2004年达到9%左右, 其余年份也都在6%以下, 因此最终军事国防安全和人权与民主话题在14年间的整体比例低于体育、人情味及政府和外交话题。值得注意的是体育话题与人情味话题在2003年以前有时会达到较高比例, 体育内容甚至曾经在举办世界杯的2002年高达44%（见表4-2）, 人情味话题在2002年也接近20%, 2000年则接近30%。之后即使经济领域的关注被大大提升, 但这两类话题的比例并没有出现断崖式的萎缩, 反而是这两类话题每年都较为均衡和有规律地出现, 成为除经济话题之外出现频率相对较高的话题。体育话题在北京举办奥运会的2008年接近16%（见表4-3）, 平时也时常接近8%, 人情味话题则常常在10%左右, 有时接近15%。可以看出体育交流、社会民情这两个较为软性的话题并不那么容易受到国际关系变化的左右, 即使在受西方影响较大的年代, 作为体育大国的巴西对中巴在体育领域的交集（如排球比赛、女篮比赛等）仍自然而然地倾注了一定的关注, 对于中国这个遥远国度的社会、民情和文化等也一直不乏兴趣。当然此后两国交往的密切客观上增进了这两方面相互交流和了解,因此关于中巴足球友好赛、足球明星在华受追捧、世界杯在中国的传播,以及对中国美食、社会风貌等方面的报道不时在巴西媒体出现。

表4-2 巴西媒体涉华话题时间分布(1998—2005)

话题		报道年份							
		1998	1999	2000	2001	2002	2003	2004	2005
政府和外交	计数	5	14	1	19	31	0	8	31
	出版日期中的占比	7.9%	13.9%	1.6%	15.7%	14.4%	0.0%	2.5%	11.8%
政治	计数	6	13	1	6	4	3	38	1
	出版日期中的占比	9.5%	12.9%	1.6%	5.0%	1.9%	4.2%	11.8%	0.4%
地方政府	计数	0	0	0	1	0	0	0	0
	出版日期中的占比	0.0%	0.0%	0.0%	0.8%	0.0%	0.0%	0.0%	0.0%
领土主权	计数	1	0	18	4	1	4	7	4
	出版日期中的占比	1.6%	0.0%	29.0%	3.3%	0.5%	5.6%	2.2%	1.5%
人权与民主	计数	10	0	5	17	5	0	29	2
	出版日期中的占比	15.9%	0.0%	8.1%	14.0%	2.3%	0.0%	9.0%	0.8%
经济贸易财政	计数	14	12	3	2	8	20	171	141
	出版日期中的占比	22.2%	11.9%	4.8%	1.7%	3.7%	28.2%	53.3%	53.6%
军事国防安全	计数	8	48	3	22	16	4	2	17
	出版日期中的占比	12.7%	47.5%	4.8%	18.2%	7.4%	5.6%	0.6%	6.5%
教育	计数	0	1	1	0	0	0	1	0
	出版日期中的占比	0.0%	1.0%	1.6%	0.0%	0.0%	0.0%	0.3%	0.0%
娱乐	计数	0	0	0	0	1	3	1	13
	出版日期中的占比	0.0%	0.0%	0.0%	0.0%	0.5%	4.2%	0.3%	4.9%
体育	计数	12	0	0	5	95	8	9	1
	出版日期中的占比	19.0%	0.0%	0.0%	4.1%	44.0%	11.3%	2.8%	0.4%
科技	计数	0	5	0	4	0	9	5	0
	出版日期中的占比	0.0%	5.0%	0.0%	3.3%	0.0%	12.7%	1.6%	0.0%
能源	计数	0	0	0	0	1	0	1	0
	出版日期中的占比	0.0%	0.0%	0.0%	0.0%	0.9%	0.0%	0.3%	0.0%
法律道德	计数	0	0	0	2	0	0	5	9
	出版日期中的占比	0.0%	0.0%	0.0%	1.7%	0.0%	0.0%	1.6%	3.4%
劳工	计数	0	0	1	0	1	0	1	0
	出版日期中的占比	0.0%	0.0%	1.6%	0.0%	0.5%	0.0%	0.3%	0.0%

续表

话题		报道年份							
		1998	1999	2000	2001	2002	2003	2004	2005
医疗保健	计数	0	0	0	22	0	14	0	17
	出版日期中的占比	0.0%	0.0%	0.0%	18.2%	0.0%	19.7%	0.0%	6.5%
宗教	计数	0	1	0	2	2	0	0	0
	出版日期中的占比	0.0%	1.0%	0.0%	1.7%	0.9%	0.0%	0.0%	0.0%
民族关系	计数	0	0	0	0	0	0	0	0
	出版日期中的占比	0.0%	0.0%	0.0%	0.0%	0.0%	0.0%	0.0%	0.0%
环境	计数	0	0	0	0	0	0	0	0
	出版日期中的占比	0.0%	0.0%	0.0%	0.0%	0.0%	0.0%	0.0%	0.0%
人口	计数	0	0	0	0	0	0	0	0
	出版日期中的占比	0.0%	0.0%	0.0%	0.0%	0.0%	0.0%	0.0%	0.0%
土地住房	计数	0	0	1	0	0	0	0	6
	出版日期中的占比	0.0%	0.0%	1.6%	0.0%	0.0%	0.0%	0.0%	2.3%
社会动荡	计数	0	7	0	0	2	0	12	1
	出版日期中的占比	0.0%	6.9%	0.0%	0.0%	0.9%	0.0%	3.7%	0.4%
旅游交通	计数	0	0	9	0	2	0	1	0
	出版日期中的占比	0.0%	0.0%	14.5%	0.0%	0.9%	0.0%	0.3%	0.0%
人情味	计数	1	0	17	0	42	1	4	4
	出版日期中的占比	1.6%	0.0%	27.4%	0.0%	19.4%	1.4%	1.2%	1.5%
灾难	计数	0	0	0	0	3	0	0	3
	出版日期中的占比	0.0%	0.0%	0.0%	0.0%	1.4%	0.0%	0.0%	1.1%
文化艺术	计数	5	0	1	14	1	4	26	13
	出版日期中的占比	7.9%	0.0%	1.6%	11.6%	0.5%	5.6%	8.1%	4.9%
不适用	计数	1	0	1	1	0	1	0	0
	出版日期中的占比	1.6%	0.0%	1.6%	0.8%	0.0%	1.4%	0.0%	0.0%
总计	计数	63	101	62	121	216	71	321	263
	出版日期中的占比	100.0%	100.0%	100.0%	100.0%	100.0%	100.0%	100.0%	100.0%

表4-3 巴西媒体涉华话题时间分布（2006—2012）

话题		报道年份						
		2006	2007	2008	2009	2010	2011	2012
政府和外交	计数	12	16	6	2	35	24	15
	出版日期中的占比	6.0%	4.5%	1.6%	1.2%	8.0%	9.6%	5.3%

续表

话题		报道年份						
		2006	2007	2008	2009	2010	2011	2012
政治	计数	0	21	10	3	14	2	7
	出版日期中的占比	0.0%	5.8%	2.6%	1.8%	3.2%	0.8%	2.5%
地方政府	计数	0	0	0	1	0	0	0
	出版日期中的占比	0.0%	0.0%	0.0%	0.6%	0.0%	0.0%	0.0%
领土主权	计数	0	11	42	3	8	0	6
	出版日期中的占比	0.0%	3.1%	11.1%	1.8%	1.8%	0.0%	2.1%
人权与民主	计数	12	3	9	0	9	0	12
	出版日期中的占比	6.0%	0.8%	2.4%	0.0%	2.1%	0.0%	4.2%
经济贸易财政	计数	123	153	71	112	165	120	138
	出版日期中的占比	61.2%	42.6%	18.7%	66.3%	37.7%	47.8%	48.4%
军事国防安全	计数	0	4	14	0	14	16	0
	出版日期中的占比	0.0%	1.1%	3.7%	0.0%	3.2%	6.4%	0.0%
教育	计数	1	3	0	0	5	0	0
	出版日期中的占比	0.5%	0.8%	0.0%	0.0%	1.1%	0.0%	0.0%
娱乐	计数	1	7	1	0	4	10	3
	出版日期中的占比	0.5%	1.9%	0.3%	0.0%	0.9%	4.0%	1.1%
体育	计数	13	6	60	0	2	19	7
	出版日期中的占比	6.5%	1.7%	15.8%	0.0%	0.5%	7.6%	2.5%
科技	计数	1	0	0	0	16	2	5
	出版日期中的占比	0.5%	0.0%	0.0%	0.0%	3.7%	0.8%	1.8%
能源	计数	0	12	3	4	11	12	5
	出版日期中的占比	0.0%	3.3%	0.8%	2.4%	2.5%	4.8%	1.8%
法律道德	计数	7	2	14	10	18	18	12
	出版日期中的占比	3.5%	0.6%	3.7%	5.9%	4.1%	7.2%	4.2%
劳工	计数	0	1	4	6	13	0	2
	出版日期中的占比	0.0%	0.3%	1.1%	3.6%	3.0%	0.0%	0.7%
医疗保健	计数	0	4	19	19	0	8	4
	出版日期中的占比	0.0%	1.1%	5.0%	11.2%	0.0%	3.2%	1.4%
宗教	计数	2	0	0	1	0	0	5
	出版日期中的占比	1.0%	0.0%	0.0%	0.6%	0.0%	0.0%	1.8%
民族关系	计数	0	0	0	0	7	0	0
	出版日期中的占比	0.0%	0.0%	0.0%	0.0%	1.6%	0.0%	0.0%

续表

话题		报道年份						
		2006	2007	2008	2009	2010	2011	2012
环境	计数	0	23	2	1	0	0	0
	出版日期中的占比	0.0%	6.4%	0.5%	0.6%	0.0%	0.0%	0.0%
人口	计数	0	0	1	0	15	0	0
	出版日期中的占比	0.0%	0.0%	0.3%	0.0%	3.4%	0.0%	0.0%
土地住房	计数	0	2	19	0	0	0	0
	出版日期中的占比	0.0%	0.6%	5.0%	0.0%	0.0%	0.0%	0.0%
社会动荡	计数	0	7	41	2	0	1	8
	出版日期中的占比	0.0%	1.9%	10.8%	1.2%	0.0%	0.4%	2.8%
旅游交通	计数	0	6	4	0	11	0	1
	出版日期中的占比	0.0%	1.7%	1.1%	0.0%	2.5%	0.0%	0.4%
人情味	计数	4	30	34	5	54	16	42
	出版日期中的占比	2.0%	8.4%	8.9%	3.0%	12.3%	6.4%	14.7%
灾难	计数	10	6	5	0	24	0	2
	出版日期中的占比	5.0%	1.7%	1.3%	0.0%	5.5%	0.0%	0.7%
文化艺术	计数	12	41	14	0	6	2	9
	出版日期中的占比	6.0%	11.4%	3.7%	0.0%	1.4%	0.8%	3.2%
不适用	计数	3	1	7	0	7	1	2
	出版日期中的占比	1.5%	0.3%	1.8%	0.0%	1.6%	0.4%	0.7%
总计	计数	201	359	380	169	438	251	285
	出版日期中的占比	100.0%	100.0%	100.0%	100.0%	100.0%	100.0%	100.0%

综上所述，中巴交往加深之前，中国对于巴西舆论界而言只是一个遥远的大国，由于互动和自身相关利益的缺位，巴西对中国的认同受到了国际舆论，尤其是邻近大国美国的影响。彼时的中国更多的时候只是世界眼中的中国，或者只是西方世界眼中的中国，而非相对于巴西的中国，因此一个与巴西缺乏交集的中国在巴西媒体上更多呈现了与西方世界的冲突。是互动的深入使得巴西开始真正从自身的视角审视中国，互动过程中的主要利益——经济利益则决定了中国被巴西媒体呈现的主要是经济的一面，同时互动的增加也提升了巴西媒体了解中国社会的兴趣。

2.巴西媒体视野中的矛盾中国

从巴西媒体报道内容的性质来看，冲突性内容占据了主要比例，段落占比超过60%（见图4-3），其次是混合或模糊性质的内容，占比25%，非冲突的内容最少，比例在13%左右。从媒体的行业习惯来看，通过矛盾冲突凸现新闻价值是市场化媒体吸引受众眼球的一种常见做法。

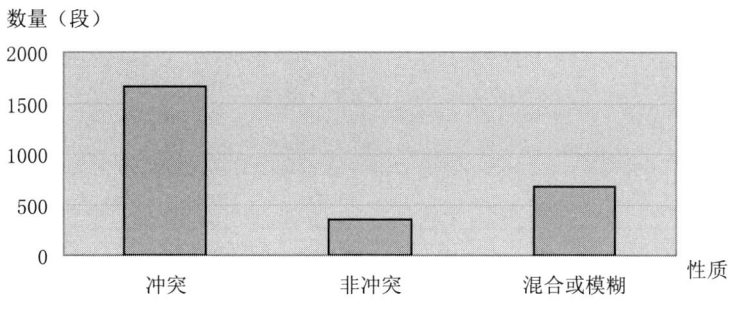

图4-3 巴西媒体涉华报道内容的性质

从巴西对中国的认知需求来看，与中国加深接触前，中西（中美）摩擦牵扯了巴西媒体的关注，而随着中国的逐渐崛起，以及巴西与中国交往的加深，中国与世界其他国家（包括巴西）的竞争与矛盾逐渐吸引巴西媒体关注，有时甚至引发担忧。国际范畴的矛盾涉及面较广，巴西媒体向来关注的经济矛盾是一大重点，如中国与巴西的贸易及产业竞争、汇率矛盾、某些中国产品在巴西的信任危机，中国与谷歌、丰田、星巴克等在华外企的矛盾，中国在全球经济框架如G20、IMF中遭遇的矛盾冲突问题等。国际政治问题也时有牵扯，如朝鲜问题、中日领土争端、自然资源之争，以及伴随中国实力增长"中国威胁论"的时而浮现。

中国与巴西同为发展较快的新兴经济体，发展过程中同样面临着众多国内的复杂矛盾和问题。相似的发展程度使中国具有参照系的作用，巴西媒体因此也较为关注转型发展中的中国出现的内部问题以及政府对问题的处理方式。经济领域仍然是一大关注点，包括国内的经济过热或经济放缓问题，经济发展中的能源问题、产品质量问题等。同时巴西媒体也关注中国在社会管理方面的各种问题，包括劳动者权益问题、城市管理问题、灾难应对问题、生育问题、官僚主义问题、新闻道德问题等都进入了巴西媒体的报道视野。

3. 赋予中国偏正向的国际角色及认同

从巴西媒体对中国扮演的国际角色的认知来看，中国单纯的威胁角色比例很小，段落比例只占6.8%（图4-4），和平角色和混合或模糊角色比例较为接近，前者近46%，后者近48%。可见巴西对中国的国际角色总体是偏正向认同的，但这种认同也具有一定的复杂性。

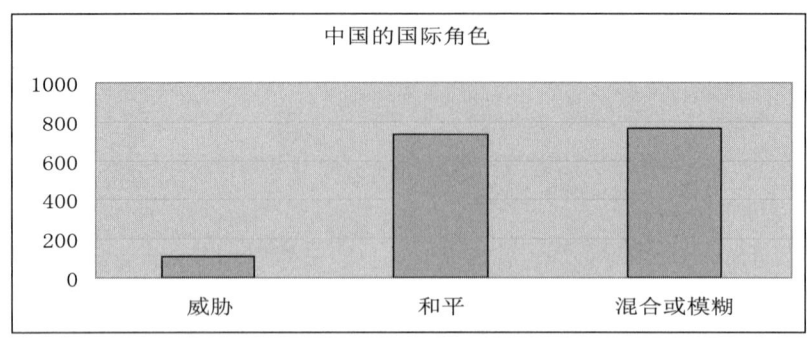

图4-4 巴西媒体对中国国际角色的认知

对中国态度倾向的趋势也与中国国际角色的认知大致吻合。报道的态度倾向以中性为主，段落占比近70%（见图4-5）。正面倾向较负面倾向更高，占比近18%，负面在12%左右，与西方国家往往负面倾向大于正面倾向的趋势有明显区别。

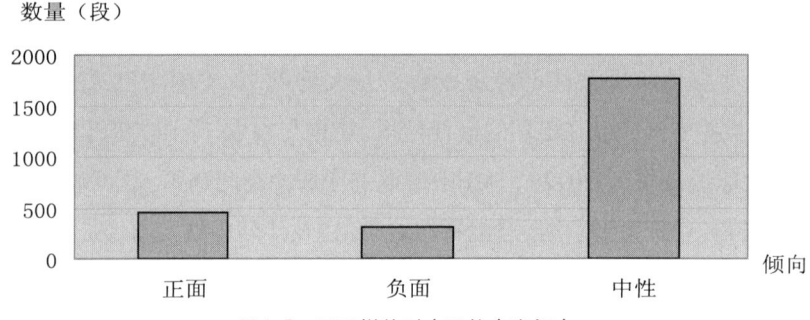

图4-5 巴西媒体对中国的态度倾向

具体来看各类话题的国际角色和态度倾向（见表4-4、4-5）。尽管巴西媒体本着客观中立的专业主义原则，各类话题的报道倾向基本都以中性为主，混合角色也偏多，但具体探究其和平/威胁角色及正面/负面倾向的分布，不同话题又呈现出不同趋势。

政府外交类的宏观问题，和平角色大大超过威胁角色（46.9%、2.5%），比例上接近混合角色（50.6%），这个话题的正面倾向也明显超过负面（21.7%、3.6%）。中巴交往的侧重点——经济话题也是如此，和平与威胁角色分别占比58.6%和5.4%，甚至明显超过混合角色（36%），正负倾向也显示同样趋势（21.2%、9.2%）。因此可以看出，在总体的互动框架层面，巴西媒体对中国的国际角色认定以及对中国的态度倾向是比较积极正面的。此外在一些比较软性的发展及社会话题上，和平角色的认定及正面倾向的分布趋势也比较明显，这包括教育、娱乐、体育科技、旅游、人情味、文化艺术等话题，这些话题的国际和平角色还明显超过了混合角色，说明对中国在软性领域的国际交往的认同度还是较高的。

表4-4 巴西媒体各类报道话题中对中国国际角色的认知

报道话题		中国国际角色			合计
		威胁	和平	混合或模糊	
政府和外交	计数	4	76	82	162
	报道话题中的占比	2.5%	46.9%	50.6%	100.0%
政治	计数	2	10	41	53
	报道话题中的占比	3.8%	18.9%	77.4%	100.0%
地方政府	计数	0	0	1	1
	报道话题中的占比	0.0%	0.0%	100.0%	100.0%
领土主权	计数	2	1	66	69
	报道话题中的占比	2.9%	1.4%	95.7%	100.0%
人权与民主	计数	7	5	64	76
	报道话题中的占比	9.2%	6.6%	84.2%	100.0%
经济贸易财政	计数	36	389	239	664
	报道话题中的占比	5.4%	58.6%	36.0%	100.0%
军事国防安全	计数	39	13	50	102
	报道话题中的占比	38.2%	12.7%	49.0%	100.0%
教育	计数	0	2	1	3
	报道话题中的占比	0.0%	66.7%	33.3%	100.0%
娱乐	计数	0	8	6	14
	报道话题中的占比	0.0%	57.1%	42.9%	100.0%
体育	计数	3	69	30	102
	报道话题中的占比	2.9%	67.6%	29.4%	100.0%
科技	计数	1	11	7	19
	报道话题中的占比	5.3%	57.9%	36.8%	100.0%
能源	计数	0	21	5	26
	报道话题中的占比	0.0%	80.8%	19.2%	100.0%
法律道德	计数	9	4	26	39
	报道话题中的占比	23.1%	10.3%	66.7%	100.0%
劳工	计数	0	4	7	11
	报道话题中的占比	0.0%	36.4%	63.6%	100.0%
医疗保健	计数	1	16	7	24
	报道话题中的占比	4.2%	66.7%	29.2%	100.0%
宗教	计数	0	2	7	9
	报道话题中的占比	0.0%	22.2%	77.8%	100.0%

续表

报道话题		中国国际角色			合计
		威胁	和平	混合或模糊	
民族关系	计数	0	0	3	3
	报道话题中的占比	0.0%	0.0%	100.0%	100.0%
环境	计数	0	11	2	13
	报道话题中的占比	0.0%	84.6%	15.4%	100.0%
人口	计数	0	0	0	0
	报道话题中的占比	0.0%	0.0%	0.0%	0.0%
土地住房	计数	0	8	0	8
	报道话题中的占比	0.0%	100.0%	0.0%	100.0%
社会动荡	计数	5	2	26	33
	报道话题中的占比	15.2%	6.1%	78.8%	100.0%
旅游交通	计数	0	8	5	13
	报道话题中的占比	0.0%	61.5%	38.5%	100.0%
人情味	计数	1	40	57	98
	报道话题中的占比	1.0%	40.8%	58.2%	100.0%
灾难	计数	0	1	1	2
	报道话题中的占比	0.0%	50.0%	50.0%	100.0%
文化艺术	计数	0	36	29	65
	报道话题中的占比	0.0%	55.4%	44.6%	100.0%
不适用	计数	0	0	3	3
	报道话题中的占比	0.0%	0.0%	100.0%	100.0%
总计	计数	110	737	765	1612
	报道话题中的占比	6.8%	45.7%	47.5%	100.0%

但是一些西方语境中长期负面色彩较浓的话题，包括利益冲突和意识形态分歧的领域，如军事国防安全，人权与民主话题，虽然不是报道重点，但一旦涉及，其威胁角色和负面倾向都大于和平角色和正面倾向，尤其是军事国防安全话题，威胁角色是和平角色的3倍以上。民族关系、宗教问题话题，以及与政治制度、政党等有关的政治话题以报道国内事务为主，负面倾向也较明显。其中民族关系话题的负面倾向甚至超过中性倾向（57.1%、42.9%）（见表4-5），正面倾向则为零比例。而一些本身关于社会负面事件的方面，如与社会案件有关的法律道德、社会动荡也相应表现出威胁角色和负面倾向更多的趋势。

表4-5 巴西媒体各类报道话题的态度倾向

报道话题		对中国的态度倾向			合计
		正面	负面	中性	
政府和外交	计数	36	6	124	166
	话题中的占比	21.7%	3.6%	74.7%	100.0%
政治	计数	6	14	57	77
	话题中的占比	7.8%	18.2%	74.0%	100.0%
地方政府	计数	0	1	0	1
	话题中的占比	0.0%	100.0%	0.0%	100.0%
领土主权	计数	0	4	94	98
	话题中的占比	0.0%	4.1%	95.9%	100.0%
人权与民主	计数	7	33	64	104
	话题中的占比	6.7%	31.7%	61.5%	100.0%
经济贸易财政	计数	208	90	681	979
	话题中的占比	21.2%	9.2%	69.6%	100.0%
军事国防安全	计数	9	39	68	116
	话题中的占比	7.8%	33.6%	58.6%	100.0%
教育	计数	3	1	4	8
	话题中的占比	37.5%	12.5%	50.0%	100.0%
娱乐	计数	6	1	23	30
	话题中的占比	20.0%	3.3%	76.7%	100.0%
体育	计数	24	7	92	123
	话题中的占比	19.5%	5.7%	74.8%	100.0%
科技	计数	15	2	16	33
	话题中的占比	45.5%	6.1%	48.5%	100.0%
能源	计数	10	0	37	47
	话题中的占比	21.3%	0.0%	78.7%	100.0%
法律道德	计数	5	26	56	87
	话题中的占比	5.7%	29.9%	64.4%	100.0%
劳工	计数	2	4	20	26
	话题中的占比	7.7%	15.4%	76.9%	100.0%
医疗保健	计数	17	26	53	96
	话题中的占比	17.7%	27.1%	55.2%	100.0%
宗教	计数	1	2	7	10
	话题中的占比	10.0%	20.0%	70.0%	100.0%

续表

报道话题		对中国的态度倾向			合计
		正面	负面	中性	
民族关系	计数	0	4	3	7
	话题中的占比	0.0%	57.1%	42.9%	100.0%
环境	计数	11	2	8	21
	话题中的占比	52.4%	9.5%	38.1%	100.0%
人口	计数	0	0	16	16
	话题中的占比	0.0%	0.0%	100.0%	100.0%
土地住房	计数	8	0	11	19
	话题中的占比	42.1%	0.0%	57.9%	100.0%
社会动荡	计数	5	20	49	74
	话题中的占比	6.8%	27.0%	66.2%	100.0%
旅游交通	计数	11	1	8	20
	话题中的占比	55.0%	5.0%	40.0%	100.0%
人情味	计数	33	21	146	200
	话题中的占比	16.5%	10.5%	73.0%	100.0%
灾难	计数	0	2	40	42
	话题中的占比	0.0%	4.8%	95.2%	100.0%
文化艺术	计数	35	3	74	112
	话题中的占比	31.3%	2.7%	66.1%	100.0%
不适用	计数	1	2	11	14
	话题中的占比	7.1%	14.3%	78.6%	100.0%
总计	计数	453	311	1762	2526
	话题中的占比	17.9%	12.3%	69.8%	100.0%

4. 行动与声音：官、商凸显之下兼顾普通人的行动和专业独立意见

中国和巴西作为相隔距离遥远，不具有地缘、民族以及文化、语言亲缘性的国家，相互之间的交往与两国的外交政策有很大关系，某种意义而言是由政府主导推动了两国在21世纪以后的加速接触。因此国家中央层面的举动受到重点关注，媒体既从宏观角度关注政府举措，也有对中央官员个人具体言行的呈现。其中中央政府的行为主体比例为24.5%（见表4-6），以中国境内为主（15.4%）；中央官员（12.4%）也有不少，以境外为主（7.5%）。与对中央举措的关注相匹配，反映国家决策层面的宏观意见的中央政府消息源也最多，总占比23.4%。基于消息来源具体化的需要，其中中央官员（近14%）的消息源多于中央政府部门（9.6%）（见表4-7），境内外的分布则与行为主体的分布趋势一致，官员以境外居多

(9.2%),政府部门以中国境内居多(6.1%)。中巴交往乃基于经济交往的发展,因此经济交往的具体角色承担者,双方企业以及其他国际企业也成为受关注的行为主体。企业行为主体占比13%,境内外参半。切身利益受到中巴经济往来影响的商务人士则占据不少消息源比例(10%左右),也是境外居多(5.3%)。

表4-6 巴西媒体对不同行为主体的关注

行为主体身份		行为主体国别					合计
		境内的中国身份	境外的中国身份	境内的外国身份	境外的外国身份	不详	
中央官员	计数	64	7	19	136	0	226
	总数的占比	3.5%	0.4%	1.0%	7.5%	0.0%	12.4%
政界资深人士	计数	2	8	0	30	0	40
	总数的占比	0.1%	0.4%	0.0%	1.6%	0.0%	2.2%
地方政府官员	计数	11	0	1	5	0	17
	总数的占比	0.6%	0.0%	0.1%	0.3%	0.0%	0.9%
公务人员	计数	4	1	2	10	0	17
	总数的占比	0.2%	0.1%	0.1%	0.5%	0.0%	0.9%
文体人士	计数	26	12	29	107	0	174
	总数的占比	1.4%	0.7%	1.6%	5.9%	0.0%	1.4%
商务人士	计数	14	6	3	17	2	42
	总数的占比	0.8%	0.3%	0.2%	0.9%	0.1%	2.3%
媒体人士	计数	16	0	8	18	1	43
	总数的占比	0.9%	0.0%	0.4%	1.0%	0.1%	2.4%
知识分子	计数	41	11	0	43	3	98
	总数的占比	2.3%	0.6%	0.0%	2.4%	0.2%	5.4%
学生	计数	10	0	0	0	0	10
	总数的占比	0.5%	0.0%	0.0%	0.0%	0.0%	0.5%
农民	计数	1	0	0	0	0	1
	总数的占比	0.1%	0.0%	0.0%	0.0%	0.0%	0.1%
工人	计数	7	0	0	0	0	7
	总数的占比	0.4%	0.0%	0.0%	0.0%	0.0%	0.4%
商贩	计数	9	3	5	1	0	18
	总数的占比	0.5%	0.2%	0.3%	0.1%	0.0%	1.0%
军事安全人士	计数	11	0	0	3	0	14
	总数的占比	0.6%	0.0%	0.0%	0.2%	0.0%	0.8%

续表

行为主体身份		行为主体国别					合计
		境内的中国身份	境外的中国身份	境内的外国身份	境外的外国身份	不详	
宗教人士	计数	1	0	0	7	0	8
	总数的占比	0.1%	0.0%	0.0%	0.4%	0.0%	0.4%
异见者	计数	33	22	0	2	0	57
	总数的占比	1.8%	1.2%	0.0%	0.1%	0.0%	3.1%
普通老百姓	计数	111	8	10	30	1	160
	总数的占比	6.1%	0.4%	0.5%	1.6%	0.1%	8.8%
国际组织人员	计数	1	0	1	11	0	13
	总数的占比	0.1%	0.0%	0.1%	0.6%	0.0%	0.7%
非政府组织人员	计数	1	0	0	0	0	1
	总数的占比	0.1%	0.0%	0.0%	0.0%	0.0%	0.1%
中央政府及部门	计数	279	5	2	160	0	446
	总数的占比	15.3%	0.3%	0.1%	8.8%	0.0%	24.5%
地方政府及部门	计数	12	1	0	1	0	14
	总数的占比	0.7%	0.1%	0.0%	0.1%	0.0%	0.8%
军事/国防/公安/安全单位	计数	9	0	0	7	0	16
	总数的占比	0.5%	0.0%	0.0%	0.4%	0.0%	0.9%
媒体	计数	15	0	0	10	0	25
	总数的占比	0.8%	0.0%	0.0%	0.5%	0.0%	1.4%
学校	计数	0	0	0	2	0	2
	总数的占比	0.0%	0.0%	0.0%	0.1%	0.0%	0.1%
医院	计数	2	0	0	0	0	2
	总数的占比	0.1%	0.0%	0.0%	0.0%	0.0%	0.1%
研究机构	计数	1	0	0	3	0	4
	总数的占比	0.1%	0.0%	0.0%	0.2%	0.0%	0.2%
非政府组织	计数	1	2	1	8	0	12
	总数的占比	0.1%	0.1%	0.1%	0.4%	0.0%	0.7%
企业	计数	106	8	12	108	2	236
	总数的占比	5.8%	0.4%	0.7%	5.9%	0.1%	13.0%
国际组织	计数	0	0	5	24	0	29
	总数的占比	0.0%	0.0%	0.3%	1.3%	0.0%	1.6%
不详	计数	49	3	0	33	4	89
	总数的占比	2.7%	0.2%	0.0%	1.8%	0.2%	4.9%

续表

行为主体身份		行为主体国别					合计
		境内的中国身份	境外的中国身份	境内的外国身份	境外的外国身份	不详	
总计	计数	837	97	98	776	13	1821
	总数的占比	46.0%	5.3%	5.4%	42.6%	0.7%	100.0%

表4-7 巴西媒体涉华报道的消息源

消息源身份		消息源国别					合计
		境内的中国消息源	境外的中国消息源	境内的外国消息源	境外的外国消息源	不详	
中央官员	计数	40	11	12	126	0	189
	总计的占比	2.9%	0.8%	0.9%	9.2%	0.0%	13.8%
政界资深人士	计数	8	2	0	30	0	40
	总计的占比	0.6%	0.1%	0.0%	2.2%	0.0%	2.9%
地方政府官员	计数	10	1	0	4	0	15
	总计的占比	0.7%	0.1%	0.0%	0.3%	0.0%	1.1%
公务人员	计数	28	5	6	31	0	70
	总计的占比	2.0%	0.4%	0.4%	2.3%	0.0%	5.1%
文体人士	计数	8	1	9	42	0	60
	总计的占比	0.6%	0.1%	0.7%	3.1%	0.0%	4.4%
商务人士	计数	27	12	22	73	8	142
	总计的占比	2.0%	0.9%	1.6%	5.3%	0.6%	10.3%
媒体人士	计数	14	0	1	35	0	50
	总计的占比	1.0%	0.0%	0.1%	2.5%	0.0%	3.6%
知识分子	计数	67	24	28	174	12	305
	总计的占比	4.9%	1.7%	2.0%	12.7%	0.9%	22.2%
学生	计数	9	1	0	0	0	10
	总计的占比	0.7%	0.1%	0.0%	0.0%	0.0%	0.7%
工人	计数	2	0	0	0	0	2
	总计的占比	0.1%	0.0%	0.0%	0.0%	0.0%	0.1%
商贩	计数	15	4	1	1	0	21
	总计的占比	1.1%	0.3%	0.1%	0.1%	0.0%	1.5%
军事安全人士	计数	5	0	0	7	0	12
	总计的占比	0.4%	0.0%	0.0%	0.5%	0.0%	0.9%

续表

消息源身份		消息源国别					
		境内的中国消息源	境外的中国消息源	境内的外国消息源	境外的外国消息源	不详	合计
宗教人士	计数	2	0	0	4	0	6
	总计的占比	0.1%	0.0%	0.0%	0.3%	0.0%	0.4%
异见者	计数	8	10	0	1	0	19
	总计的占比	0.6%	0.7%	0.0%	0.1%	0.0%	1.4%
普通老百姓	计数	19	2	3	7	0	31
	总计的占比	1.4%	0.1%	0.2%	0.5%	0.0%	2.3%
中央政府及部门	计数	84	1	1	46	0	132
	总计的占比	6.1%	0.1%	0.1%	3.3%	0.0%	9.6%
地方政府及部门	计数	2	0	0	2	0	4
	总计的占比	0.1%	0.0%	0.0%	0.1%	0.0%	0.3%
军事/国防/公安/安全单位	计数	2	0	0	12	0	14
	总计的占比	0.1%	0.0%	0.0%	0.9%	0.0%	1.0%
媒体	计数	42	13	8	61	0	124
	总计的占比	3.1%	0.9%	0.6%	4.4%	0.0%	9.0%
学校	计数	0	0	0	1	0	1
	总计的占比	0.0%	0.0%	0.0%	0.1%	0.0%	0.1%
研究机构	计数	3	1	0	8	0	12
	总计的占比	0.2%	0.1%	0.0%	0.6%	0.0%	0.9%
非政府组织	计数	2	0	0	6	0	8
	总计的占比	0.1%	0.0%	0.0%	0.4%	0.0%	0.6%
企业	计数	10	0	0	22	0	32
	总计的占比	0.7%	0.0%	0.0%	1.6%	0.0%	2.3%
国际组织	计数	1	0	1	23	0	25
	总计的占比	0.1%	0.0%	0.1%	1.7%	0.0%	1.8%
非政府组织人员	计数	2	0	0	6	0	8
	总计的占比	0.1%	0.0%	0.0%	0.4%	0.0%	0.6%
国际组织人员	计数	2	0	1	15	1	19
	总计的占比	0.1%	0.0%	0.1%	1.1%	0.1%	1.4%
不详	计数	4	0	0	5	14	23
	总计的占比	0.3%	0.0%	0.0%	0.4%	1.0%	1.7%
总计	计数	416	88	93	742	35	1374
	总计的占比	30.3%	6.4%	6.8%	54.0%	2.5%	100.0%

除了重点关注官方以及商界的行动和意见，巴西媒体也兼顾了中国发展过程的微观细节，因此普通人的活动也是较明显的关注对象。普通老百姓（8.8%），加上工人、农民、商贩、学生等具有具体身份的普通百姓（总共2%左右），百姓身份的行动主体在10%左右，以境内为主。但是从消息源角度来看，普通百姓并没有成为主要发声渠道，相对专业的独立意见占据了重要比例。其中一大代表是知识分子群体。知识分子的行为举动虽不是最受关注的焦点（5.4%，境内外参半），但以观察家、分析家角色出现的专业人士成为受重视的消息源（22.2%），以提供进一步的分析意见，以境外居多（近13%，超过一半）。占比紧接专业人士之后的是媒体消息源（9.0%），境外占比略多。可以看出，除了重视利益直接相关的消息源，巴西媒体也非常重视独立的意见来源，以期为两国互动的利害得失给出更客观的意见。

5. 巴西媒体审视中国的世界框架：传统体系影响仍在，新型机制概念亦抬头

巴中两国国际体系都同样经历着从"外围国家"向"中心国家"的过渡，从巴西媒体涉华报道中涉及的国家和组织来看，其审视中国的世界框架受到了这种身份转变过程的影响，当然中巴互动的增加也是重要影响因素。

（1）具体国家地区分布趋势

首先，巴西媒体对中国的审视紧扣巴西自身的身份视角。在报道涉及的国家地区里，巴西排名第一，共有803段，这与中巴互动交往的日益密切有重要关系，巴西媒体不仅及时报道两国来往的新闻，对中国与世界交往的解读也往往会放入巴西的利益视角。比如有关中国银行应对全球金融危机措施的报道就涉及巴西的表现和反应，关于中国超越日本成为第二大汽车市场的报道也提到了巴西汽车生产和市场的情况。

其次，传统发达国家仍体现了较大影响。美国作为世界头号强国以及邻近巴西的强国，涉及数量仅次于巴西本国，共有740段。中国与美国的交往、互动牵动着巴西媒体的视线，不论是美国遏制中国时期的敌对做法，还是两国经济贸易往来的发展，抑或是中美在国际舞台的合作、交锋，都为巴西媒体所关注。可以说对中国的认知贯穿着巴西对中巴美之间互动与利益的认识。除了美国，同属发达国家之列的西欧国家以及亚洲的日本，也被较多提及。涉及西欧国家的报道总计355段，其中英国、德国、法国几个西欧大国排在涉及量的前列，分别为107段、60段和59段，显示出西欧大国的传统影响力。日本在亚洲国家中是提及最多的，达到137段，这一方面与日本的经济实力和国际地位有关，另一方面也与中日之间的地缘及敏感关系有关。

出于地缘关系，巴西媒体的涉华报道中，南美国家的概念也比较明显，涉及南美国家的段落总计达到73段，其中阿根廷、委内瑞拉、墨西哥排在前三位，涉及篇幅分别为24段、15段和9段，体现了区域国家影响力以及石油经济对报道视角的影响。

随着金砖概念的发展，巴西媒体体现出对金砖国家的关注。对印度的报道达到96段，

俄罗斯也有76段，而后期加入金砖概念的南非由于其国际影响力与俄罗斯、印度的差距，以及与中国和巴西都缺乏地缘关系，提及量与前两者有较大落差，只有5段。

此外，由于一些牵扯中国的国际纷争受到关注，如科索沃战争、朝核问题、伊朗问题等，对南联盟地区、朝鲜、韩国、伊朗等国都有一定涉及，朝鲜、韩国都在40段左右，南联盟和伊朗都超过20段。这类国际视角显示出了中国的国际角色和作用。

中国的台湾和香港地区在涉及地区发展前途命运的重大事件时颇受关注。中国台湾在所谓"公投"前后，中国香港在回归伊始以及中国台湾问题敏感时期涉及度都较高。另外中国的经济发展话题也常会牵涉香港。从总量来看，中国台湾地区共有176段，中国香港地区共有112段。

（2）区域和集体机制概念的体现

巴西媒体的涉华报道体现了其对于世界体系的划分与发展的鲜明意识，报道呈现出不少集体组织的概念。

首先，报道中能看到传统的地理及政治文化概念带来的世界体系划分，比如欧洲、欧盟、北约、亚洲、东盟、西方、东方等。其中传统的中心体系，如欧洲、欧盟、西方，都涉及相对较多，分别为46、33和31段，北约由于在科索沃战争中的强势表现，也达到了24段，亚洲作为中国的重要地缘区域涉及也相对稍多，共有43段。对于巴西自身所处的美洲尤其是南美地区提及也较多，共有29段，且有不同的组合概念，如美洲、南美、拉美、中美、加勒比地区。传统的全球治理机制也仍然受到重视，比如涉及协调各国关系的联合国及其相关组织的段落共有43段。

除了传统的地理及政治文化概念，巴西媒体随着近年来世界体系格局的变化，涉华报道显示出对新型国际集体概念的关注，尤其体现出对逐渐崛起的相对于传统发达国家体系的新兴国家组织的重视。除了根据传统的中心边缘体系划分的概念如发达国家、发展中国家，以及南共体等在涉华报道中有所体现之外，近年来更能体现世界体系多极变动的新型组织概念G+X在巴西媒体中的出现频率更高，其中更能反映这种趋势的二十国集团（G20）的提及量已明显超过相对传统的西方七国集团（G7），颇有争议的中美俄概念（G3）也被巴西媒体涉及。中巴皆为代表成员的象征边缘向中心突破的组织概念更被频频提及，新兴市场国家开始作为集体概念出现（7段）、"金砖国家"作为集体组织的出现频率更高（22段）。

此外，巴西媒体还体现出对经济导向集体组织的关注，共有60余段涉及经济组织，如世界贸易组织23段、国际货币基金组织17段、亚太经合组织9段、世界银行8段、石油输出国组织3段、拉美经济委员会1段、加勒比经济委员会1段、美洲开发银行1段等，体现出其审视中国的世界图谱里的经济因素。

（三）小结

中国和巴西的互动进程改变了相互的身份，并接着改变认同视角。巴西对中国的认知从借助西方视角的遥远的观望，随着互动的逐渐密切和了解中国愿望的加强，不断习得对中国的认识，从而转变为互动伙伴视角的密切关注。

在这一互动过程中，由于经贸互动是中巴关系的主要导向，因此经济利益也成为中巴之间身份和认同的主导因素。经济的互动关系，贸易的增长，产业的竞争，企业的进驻，各自经济形势对相互的影响，以及全球经济变动无不影响巴西对中国的认知，进而作用于认同。同时双边在度过经贸发展的初始阶段后，经贸合作进入纵深发展，相互利益的交汇增多，相互利益纠纷与矛盾也不断浮现，将使巴西对中国的认知进一步复杂化。

与经济因素相比，由于距离的遥远，地缘、政治、文化等因素在中巴互动关系中的作用并不突出，对认同的影响也相对较弱。不过从巴西媒体中体育交流以及社会民情方面话题的持续呈现可以看出巴西对两国社会文化交流的兴趣。这类交流应该在打造两国共同体身份，塑造认同的过程中进一步加强。尤其是两国民间交流，目前明显不足，这体现为巴西媒体中反映的普通人的声音较少。中巴互动应从政治、经济精英为主导的格局逐渐迈向普通人广泛参与的互动关系，这将有利于普遍认同的塑造。

巴西与中国互动的一个重要诉求在于共同倡导更加民主和多元的国际经济体系，以促进新兴经济体的发展，保护发展中经济体的利益。可以看到巴西涉华报道对新型国际组织以及世界体系的发展具有较多关注。金砖国家从一个经济概念，通过举行系列会谈、建立峰会机制以及设立金砖银行，逐渐拓展为具有实际战略意义的国际政治实体。因此对巴西而言，尽管已有世界格局，尤其是西方大国对其认知仍存在重要影响，但是应该相信巴西对世界体系转型的诉求将随着金砖国家机制的成熟和向纵深发展越来越显著，这一诉求也将对其身份和认同起到越来越明显的作用，并影响其对中国的认知和判断。巴西与中国的相似世界体系地位和改变世界格局的共同努力会赋予中国更加鲜明的集体身份色彩。

从奥德勒的阶梯论视角来看，巴西对中国的认同已从第一阶梯的基于技术经济的基础共同体因素，迈向第二阶梯的基于权力结构、制度、社会学习的共同体发展因素。在金砖机制发展的过程中，中国和巴西都正在建立新型国际制度的努力中习得规范和各自身份。在这一过程中，中国应在政治进步、经济发展和安全责任等方面发挥大国作用，吸引包括巴西在内的他国对共同体的认同，最终迈向互信与集体认同，当然这会需要一个长期的良性互信实践的基础。

四、俄罗斯媒体对华认知

（一）中国与俄罗斯的交往关系

俄罗斯作为非西方的重要大国，与中国接壤，边界线达7300多公里，与中国具有重要的地缘关系。俄罗斯与中国的双边关系发展经历了四个阶段。第一阶段是20世纪50年代的同盟时期，当时中国同苏联结盟，同属社会主义阵营。60—70年代中苏进入对抗时期，出现意识形态的分歧和国家间矛盾，关系不断恶化，边界形势十分紧张，出现长达20年的在政治、军事和外交等方面的长期对抗。80年代以后国际形势和中苏两国国内情况发生的巨大变化，使得双方都萌生改善关系的愿望，最终两国关系逐步正常化，重新回到正轨。90年代以后中俄进入关系发展时期，两国关系不断迈上新台阶，被视为中俄关系的历史最高点。

从中俄两国的合作基础来看，俄罗斯在苏联解体以后，国际地位急剧下降，综合国力明显衰弱；而美国的全球安全战略，尤其是其重返亚太战略和北约东扩，使中俄具有共同抵御美国的需要。因此两国都有加强合作的愿望，政治关系迅速升温。从经济来看，两国经济具有较强的互补性，经贸合作具有广阔空间，经贸关系发展迅速，能源合作尤其是一大重点。两国在作为新兴经济体迅速发展的情况下，具有转型国家的共同诉求，在打造多极世界，促使国际治理机制转型方面具有共同的利益。

但是中俄关系发展并不是一切都风平浪静，仍存有消极因素的影响。其中一个很重要的原因在于，苏联解体导致俄罗斯国力衰弱，以及中国的迅速发展在俄罗斯人心中形成强大的心理落差，并由此带来对中国的密切关注和疑虑，其对华政策也是既有战略合作的需求，又有防范的一面。其中"中国威胁论"就时有浮现，包括中国人口扩张论，即担心中国人进入俄罗斯会改变其民族成分，最后占据了俄罗斯土地，因此俄罗斯即使经济低迷也不愿意向中国高度开放。中国经济扩张论在俄罗斯也有一定的市场，俄有不少人士十分顾忌在经济上对中国有过多的依赖，担心中国商品对俄罗斯市场的冲击。另外出于大国心态和地缘政治的关系，俄罗斯也对中亚和东亚的主导权落入中国手中非常警惕，防范心态比较明显。

（二）俄罗斯媒体认知研究发现

1. 报道数量的时间变化：2008年以后显著提升

从段落数量看，从1998年至2012年，俄罗斯媒体十五年间的报道数量虽然有起伏，但总体来看是呈现走高趋势。2008年构造周内的报道段落首次突破100段（见图4-5），之后连续几年的段落数量都保持在高位，都超过100段，2010年则达到141段，而之前大部分年份都不超过50段。从报道的篇章数量来看，1999至2007年构造周内的报道篇章基本都在10篇以下，2008年以后则都在12篇以上，有时甚至超过20篇。2008年世界金融危机的爆发暴露了老牌资本主义国家以及原有国际机制的问题，俄罗斯从此更加重视新兴经济体在建立国际经济新秩序中的重要作用，因此战略重心开始逐渐东移，亚太战略不断受到重视。在此战略结构调整中，中国作为紧邻的新兴大国，其重要性被凸显，俄罗斯媒体对中国的关注度和报道量也随之明显上升。

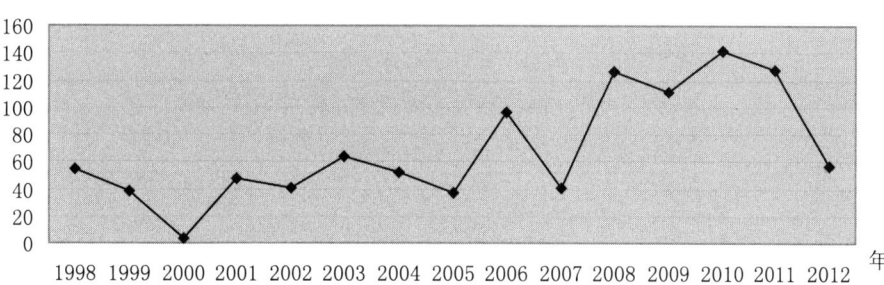

图4-5 俄罗斯媒体涉华报道数量时间分布

2008年以前，有两个报道量有所攀升的年份——2003年首次突破10篇报道，达到11篇，段落数也突破60，达到64段；2006年则幅度更明显，达到14篇，96段。20世纪90年代末以来，中俄两国关系一直在朝着务实合作的方向不断进步。这一国家战略框架下，在关乎两国发展方向的时期，俄罗斯媒体对中国的关注度都会相应提升。2003年的中国无论国际国内都是多事之秋，这对两国关系产生影响，从而引发媒体关注。其中一个重要因素是，该年中俄关系因中国政府领导人的人事变动而出现了由江泽民—普京时代到胡锦涛—普京时代的过渡，事关国家外交政策走向，因而引发俄罗斯媒体对两国互动的特别关注。事实表明在新的政府框架下，两国加速了推进关系发展——伊拉克战争的爆发使两国在全球重大问题上有进一步战略协作；中俄还联手促进了两国在地区层面进行战略协作的最重要机制，即上海合作机制的完善，并取得切实成果；两国关系中重要的能源合作领域则出现石油管线建设方面的波折，但两国就此进行了深入磋商。再加上影响面较大的SARS，2003年的报道量有所突破。2006年则是中俄关系正常化发展后的一个小高潮，当年恰逢中俄战略伙伴关系建立十周年，高层领导进行高密度的互访，并且首次举行中国的俄罗斯年并开启俄罗斯的中国年，这对两国拓宽深化合作的长期发展有着重要战略意义。在这一氛围下，2006年的俄罗斯报道出现大幅攀升，构造周内一下飙升至近100段，形成一个小高峰。

2. 经济话题相对受重视，2008年以后更为聚焦

从俄罗斯媒体报道话题的分布来看，经济话题仍是排在首位，占据了27.2%的比例（见表4-8），这与2000年以来中俄经贸合作的快速发展不无关系。从中俄双边贸易数据来看，经贸发展十余年来，贸易额逐年增长，中国也发展成为俄罗斯第一大贸易伙伴，到2012年双边贸易总额达到882亿美元（见图4-6），迈向千亿美元大关。经济话题的重要性能够基本体现两国经贸关系的发展势头。

表4-8 俄罗斯媒体涉华报道话题

报道话题	频率	占比	报道话题	频率	占比
政府和外交	198	19.1%	劳工	8	0.8%
政治	42	4.0%	医疗保健	24	2.3%
地方政府	8	0.8%	宗教	10	1.0%
领土主权	40	3.9%	环境	39	3.8%
人权与民主	9	0.9%	人口	7	0.7%
经济贸易财政	282	27.2%	土地住房	13	1.3%
军事国防安全	114	11.0%	社会动荡	19	1.8%
教育	5	0.5%	旅游交通	9	0.9%
娱乐	10	1.0%	人情味	6	0.6%
体育	22	2.1%	灾难	1	0.1%
科技	1	0.1%	文化艺术	21	2.0%
能源	114	11.0%	不适用	28	2.7%
法律道德	8	0.8%	总计	1038	100.0%

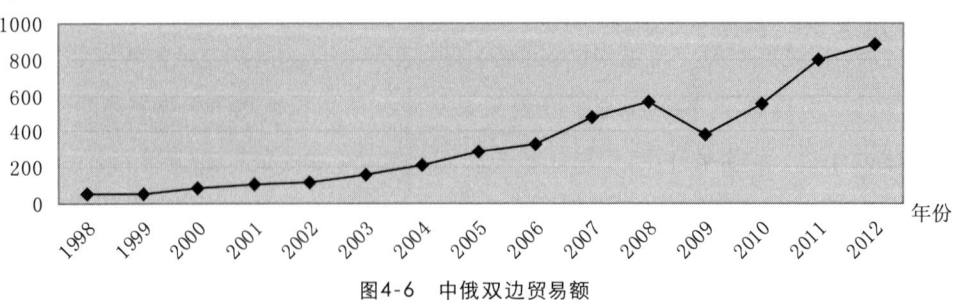

图4-6 中俄双边贸易额

此外，政府外交话题也较受关注，排在第二位，比例近20%。20世纪90年代中后期两国关系正常化以来，中俄各届政府都致力于推动两国关系继续发展，政府间来往密切、互动频繁，因此得到了俄罗斯媒体的重要关注。能源话题与军事国防安全话题并列第三位，

都是11%。能源话题的重要性反映了俄罗斯"能源外交"战略受媒体重视的程度。军事国防安全话题的重要性则体现了两个相邻大国在地缘政治框架下，舆论对安全问题的重视。其他话题占比则都在5%以下，其中政治话题、领土主权及环境话题略多，占比都在4%左右，与俄罗斯对中国领导换届、中国周边领土争端，以及中国环境危机影响俄罗斯的关注有关，体现了地缘政治的影响。

另外还可以清晰地看出，西方媒体通常比较重视的人权与民主话题在俄罗斯媒体占比很小，而且明显低于巴西与印度媒体报道中的占比，可见中俄意识形态的接近使得这类话题的关注度较低。

鉴于中国和俄罗斯经济的快速发展，经济是两国互动及俄罗斯对中国关注的重要方面，但总体来看还不具有压倒性的关注优势，有些年份也出现了经济话题比例低于其他话题的情况。比如1998年的构造周内经济话题的比例就远远低于政府外交话题（60%，18.4%），2002年经济话题占比低于政府和外交、领土主权和军事国防安全话题，比例仅为7.4%，2003年低于政府和外交话题（25%、18.8%），2004年则低于能源、军事、政府和外交话题。2007年以后经济话题一直保持在比例第一的位置，基本都在30%左右，2010年甚至超过50%。说明2008年前后开始，经济领域开始稳定地居于俄罗斯媒体关注中国的重点了。以上媒体报道表现与中俄关系在较长阶段"政热经冷"的状况有关，尽管2000年以来中俄贸易不断发展，但经济合作的发展长期以来一直不及政治合作的发展高度。经济合作的数量以及规模都没有达到应有的高度。反观政治关系领域，两国实现了跨越式发展，两国关系达到前所未有的高水平，从苏联解体后中俄之间的互视"友好国家关系"发展到当前的"全面战略协作伙伴关系"，在重大国内国际问题上，尤其是对世界形势、世界格局、反恐、反分裂以及地区安全与合作方面都持相同或相似的立场和观点。当然随着两国合作的深化，经济合作的重要性日益凸现，2007年的双边贸易数据显示，贸易总额增幅当年超过150亿美元，增幅创新高。而2008年的金融危机，更突出了深化经贸合作、共同改变国际经济和金融体制的重要性，在当年经济危机的一片哀歌中，中俄双边贸易不降反升，不仅总额迈上500亿大关，而且达到了569亿美元的较高水准。2008年以后俄罗斯媒体报道在经贸领域的进一步集中，反映了这种深化经济合作的需要。

3. 俄罗斯"大国"框架下审视中国的国际矛盾

俄罗斯媒体报道中虽然冲突性质的段落占据第一的比例，占比为57.6%（见图4-7），但与非冲突性质的段落占比差距没有巴西媒体那么大，非冲突报道为34.2%。性质混合或模糊的段落占比8.2%。由此可见，虽然新闻媒体往往倾向于通过矛盾冲突反映社会变动，但在中俄关系正常化后，两国对深化关系的推动以及两国在许多立场和利益的一致性，使得俄罗斯媒体更多地看到了中国积极发展的方面。

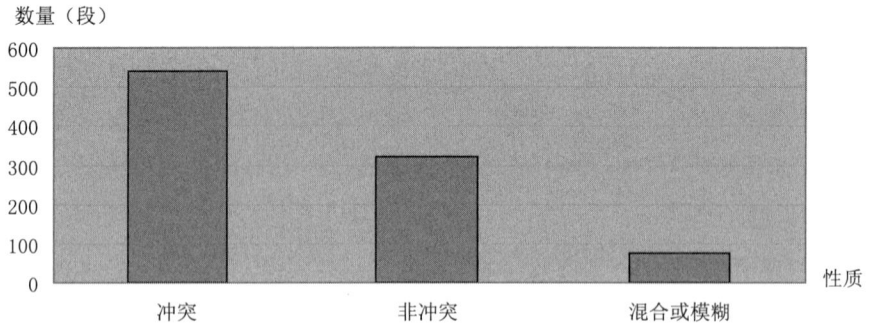

图4-7 俄罗斯媒体涉华报道内容的性质

具体来看俄罗斯媒体的冲突报道,冲突矛盾的内容主要体现在以下几方面。

首先,俄罗斯在与中国互动过程中的一些矛盾和担忧受到了媒体舆论关注。中俄之间经贸、能源互动展开后,双方之间的利益摩擦以及由此带来的中国人口的流入都会引起俄罗斯媒体的关注和担忧。比如《消息报》和《独立报》都报道了中国有毒玩具进入俄罗斯市场的问题。中俄之间在能源问题上的一些拉锯也引发俄罗斯媒体关注,如《消息报》报道《中国人决定天然气价格》、《俄罗斯政府开始处理中国公司"侵略"俄罗斯市场事件》(关于石油输送问题)。对中国人及中国产品进入俄罗斯市场,以及经贸合作带来中国人口流入俄罗斯远东地区,俄罗斯媒体体现了明显的担忧,《独立报》尤其显示了对这方面的关注。《独立报》的《中国日用品遍布俄罗斯市场》将中国产品出口至俄罗斯视为中国的经济扩张和威胁,《涅瓦河岸的"唐人街"》《中国人逼近乌拉尔》《倒爷背后的"三位一体"》《新型西伯利亚唐人街》等一系列报道都反映了媒体对中国贸易移民人口进入远东地区以及引发冲突的担忧,"中国人口扩张论"跃然纸上。《消息报》的报道《俄罗斯关闭中国在莫斯科的大市场》则直接反映了中国商品进入俄罗斯后引发的冲突。

其次,俄罗斯一心恢复大国地位的心态以及与中国的地缘政治关系,使得媒体非常关注中国崛起后可能产生的对地区的控制权,并担心因此产生对俄罗斯地区权力的威胁。俄罗斯媒体尤其显示了对中亚地区的这种担心。《消息报》有报道关注中国与塔吉克斯坦之间的领土问题。《独立报》也报道了中国与吉尔吉斯斯坦的领土纠纷。而在对中国和乌克兰加强合作的报道中,《消息报》则担心中乌加强关系会构成对中俄关系的威胁。在一篇关于上海合作组织的报道中,《消息报》更是直接表达了对中国领导亚洲的担忧。这种对地区威胁的担忧还延伸到地区资源领域,《消息报》的一篇关于西伯利亚水资源的报道明确将中国视为地区资源的威胁。除了中亚地区,俄罗斯对中国进入其长期比较看重的欧洲地区也有所担忧,《消息报》的一篇报道对中国在欧洲非常活跃,经济上有能够援助欧洲的能量感到不安。

此外,在中国面临的矛盾冲突中,俄罗斯媒体非常关注曾经长期作为俄罗斯争霸对手,也是目前唯一超级大国的美国与中国之间存在的矛盾。无论是政治及意识形态方面的,还是领土及周边安全问题的,或是经济利益冲突上的,甚至是同为安理会成员国在国际问题上的分歧,俄罗斯媒体都非常关注。其中地区安全问题上,美国插手亚太地区尤其是中国周边以遏制中国的冲突被表现得最为集中,超级大国与崛起大国在地区主导上的冲突被鲜明树立,如《中国反帝海军舰队》《美国将组建反华联盟》等报道。另外,《中国正在摆脱美元束缚》《中方拒绝美国参议院提出的同西藏代表谈判的决议》《中国反对插手叙利亚事务》等报道则直接反映了中美经济、政治及国际事务方面的矛盾,而俄罗斯媒体对于中国入世、纪念尼克松访华、习近平访美的报道中,也都反复提及如人权问题等意识形态矛盾、中美在亚太地区的安全利益矛盾、汇率问题等经济矛盾,以及西藏、中国台湾问题等政治分歧。

在中美俄三角大国关系中,俄罗斯的反美立场是明显的,同时中美之间的制衡与俄罗斯关注的亚太地区政治格局走向有密切关系,在这样的利益框架下,俄罗斯媒体将注意力聚焦于中美矛盾上。

除了以上几个主要方面的矛盾冲突,中国驻南联盟使馆被炸、中俄珍宝岛冲突的历史回顾、中国与日本的领土之争、中国面临的国际反倾销、中国东北化学泄漏事故对俄罗斯的环境影响等问题都在构造周内被报道。但是相比而言,中国国内发展的矛盾冲突很少被俄罗斯媒体报道,可以看出俄罗斯媒体对中国的报道是在鲜明的国际框架,尤其是在俄罗斯自身的"大国"框架下审视中国与俄罗斯及其他国家的互动。

4. 俄罗斯媒体偏正向的对华认知

就俄罗斯媒体对中国的报道倾向而言,中性倾向占主要比例,达到61.4%(见图4-8),正面倾向则略多于负面倾向,占比分别为20.7%和17.9%。中国国际角色也是以混合或模糊为主,占到了65%(见图4-9),与威胁角色(13.3%)相比,和平角色所占比例更多(21.7%),二者相差超过8%的比例。

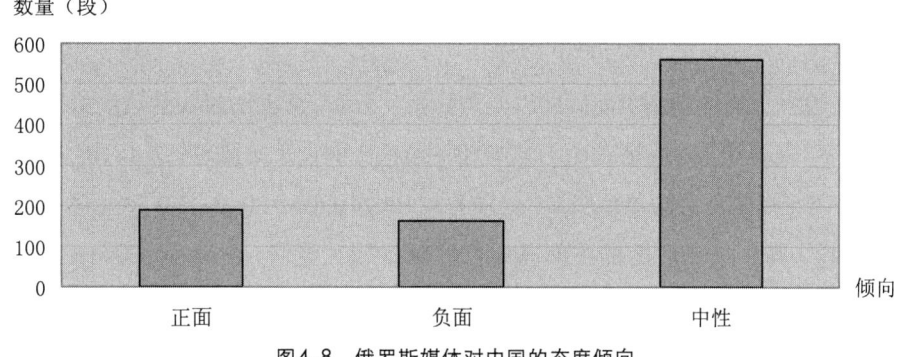

图4-8 俄罗斯媒体对中国的态度倾向

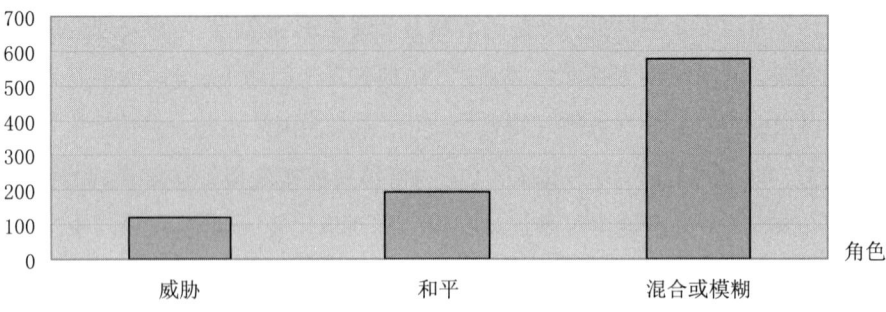

图4-9 俄罗斯媒体对中国国际角色的认知

值得注意的是,尽管冲突事件和话题能够使报道更有张力并赢得市场眼球,但俄罗斯媒体不乏看好中国以及中俄合作的正面报道,比如《独立报》报道《中国沿着俄罗斯的道路发展》就体现了中俄在很多方面的相似性,以及俄罗斯对中国的认同。这类报道在西方媒体报道中是比较少见的。更多站在正面立场上报道中国的具体案例如下表4-9所示。

表4-9 俄罗斯媒体涉华正面报道

俄罗斯媒体涉华正面报道
《中国古人比英国发明家更超前》
《奥运冠军霍尔金娜说"中国人和俄罗斯人永远是兄弟"》
《说汉语》
《沿着牡丹江》(两国边境友好关系)
《金正日正在放下武器》(中国在区域安全中的作用)
《梅德韦杰夫:"我退休后要学中文"》
《最好的螺丝刀在中国》
《香港:小例子、大能量》
《赞同德米特里·特列宁》(报道中俄友谊)
《"阿克龙"股份公司协调委员会主席:中俄关系前景看好》

具体来看报道话题的正负面倾向以及国际角色分布,从占比较大的话题来看,政府外交、经济财贸、能源话题,都是正面形象与和平角色比例大于负面(见表4-10)。这三类话题中和平角色与威胁角色的差距明显,分别为32.8%对9.4%、30.3%对9.5%、14.2%对3.8%(见表4-11)。其中经济话题的正面倾向依旧保持较大优势,正面占比31.4%,负面占比11.4%。政府外交及能源话题的正面倾向的优势则相对略有缩小,正负比例分别为26.2%对11.2%、14.3%对11.4%。军事国防安全及领土主权话题都是负面倾向明显偏多,与正面倾向相比,分别为22.4%对8.2%、23.1%对5.1%。在国际角色方面,领土主权的和平与威胁角色

持平，均为13.5%；而军事国防安全话题则明显威胁角色多于和平角色（23.5%、14.3%）。政治话题则没有体现正面倾向，除了中性倾向，负面倾向为31.4%。政治问题的国际角色也是威胁角色多与和平角色（7.4%对3.7%）。环境话题方面则是负面倾向与威胁角色比例最高，甚至大大超过中性倾向和模糊角色，这与中国东北发生化学品泄漏流入松花江，威胁俄罗斯环境安全，媒体报道对此表示担心有关，其中负面倾向和威胁角色占比63.2%和59.5%，中性倾向和模糊角色分别为26.3%和35.1%；正面倾向与和平角色分别为10.5%和5.4%。

表4-10 俄罗斯媒体各类报道话题的态度倾向

报道话题		对中国的态度倾向			合计
		正面	负面	中性	
政府和外交	计数	49	21	117	187
	报道话题中的占比	26.2%	11.2%	62.6%	100.0%
政治	计数	0	11	24	35
	报道话题中的占比	0.0%	31.4%	68.6%	100.0%
地方政府	计数	0	1	5	6
	报道话题中的占比	0.0%	16.7%	83.3%	100.0%
领土主权	计数	2	9	28	39
	报道话题中的占比	5.1%	23.1%	71.8%	100.0%
人权与民主	计数	1	3	3	7
	报道话题中的占比	14.3%	42.9%	42.9%	100.0%
经济贸易财政	计数	74	35	127	236
	报道话题中的占比	31.4%	14.8%	53.8%	100.0%
军事国防安全	计数	8	22	68	98
	报道话题中的占比	8.2%	22.4%	69.4%	100.0%
教育	计数	1	1	3	5
	报道话题中的占比	20.0%	20.0%	60.0%	100.0%
娱乐	计数	2	0	4	6
	报道话题中的占比	33.3%	0.0%	66.7%	100.0%
体育	计数	10	0	11	21
	报道话题中的占比	47.6%	0.0%	52.4%	100.0%
科技	计数	1	0	0	1
	报道话题中的占比	100.0%	0.0%	0.0%	100.0%
能源	计数	15	12	78	105
	报道话题中的占比	14.3%	11.4%	74.3%	100.0%

续表

报道话题		对中国的态度倾向			合计
		正面	负面	中性	
法律道德	计数	0	3	3	6
	报道话题中的占比	0.0%	50.0%	50.0%	100.0%
劳工	计数	0	3	4	7
	报道话题中的占比	0.0%	42.9%	57.1%	100.0%
医疗保健	计数	3	3	14	20
	报道话题中的占比	15.0%	15.0%	70.0%	100.0%
宗教	计数	0	2	6	8
	报道话题中的占比	0.0%	25.0%	75.0%	100.0%
环境	计数	4	24	10	38
	报道话题中的占比	10.5%	63.2%	26.3%	100.0%
人口	计数	0	2	5	7
	报道话题中的占比	0.0%	28.6%	71.4%	100.0%
土地住房	计数	5	2	5	12
	报道话题中的占比	41.7%	16.7%	41.7%	100.0%
社会动荡	计数	1	4	14	19
	报道话题中的占比	5.3%	21.1%	73.7%	100.0%
旅游交通	计数	1	0	6	7
	报道话题中的占比	14.3%	0.0%	85.7%	100.0%
人情味	计数	4	0	2	6
	报道话题中的占比	66.7%	0.0%	33.3%	100.0%
灾难	计数	0	0	1	1
	报道话题中的占比	0.0%	0.0%	100.0%	100.0%
文化艺术	计数	4	0	10	14
	报道话题中的占比	.3	.0	.7	1.0
总计	计数	185	158	548	891
	报道话题中的占比	20.8%	17.7%	61.5%	100.0%

表4-11 俄罗斯媒体各类报道话题中对中国国际角色的认知

报道话题		中国国际角色			合计
		威胁	和平	混合或模糊	
政府和外交	计数	17	59	104	180
	报道话题中的占比	9.4%	32.8%	57.8%	100.0%

续表

报道话题		中国国际角色			合计
		威胁	和平	混合或模糊	
政治	计数	2	1	24	27
	报道话题中的占比	7.4%	3.7%	88.9%	100.0%
地方政府	计数	0	0	6	6
	报道话题中的占比	0.0%	0.0%	100.0%	100.0%
领土主权	计数	5	5	27	37
	报道话题中的占比	13.5%	13.5%	73.0%	100.0%
人权与民主	计数	2	1	3	6
	报道话题中的占比	33.3%	16.7%	50.0%	100.0%
经济贸易财政	计数	22	70	139	231
	报道话题中的占比	9.5%	30.3%	60.2%	100.0%
军事国防安全	计数	23	14	61	98
	报道话题中的占比	23.5%	14.3%	62.2%	100.0%
教育	计数	0	0	5	5
	报道话题中的占比	0.0%	0.0%	100.0%	100.0%
娱乐	计数	0	2	4	6
	报道话题中的占比	0.0%	33.3%	66.7%	100.0%
体育	计数	0	7	15	22
	报道话题中的占比	0%	32%	68%	100%
科技	计数	0	0	1	1
	报道话题中的占比	0.0%	0.0%	100.0%	100.0%
能源	计数	4	15	87	106
	报道话题中的占比	3.8%	14.2%	82.1%	100.0%
法律道德	计数	3	0	3	6
	报道话题中的占比	50.0%	0.0%	50.0%	100.0%
劳工	计数	2	0	5	7
	报道话题中的占比	28.6%	0.0%	71.4%	100.0%
医疗保健	计数	1	1	19	21
	报道话题中的占比	4.8%	4.8%	90.5%	100.0%
宗教	计数	2	1	5	8
	报道话题中的占比	25.0%	12.5%	62.5%	100.0%
环境	计数	22	2	13	37
	报道话题中的占比	59.5%	5.4%	35.1%	100.0%

续表

报道话题		中国国际角色			合计
		威胁	和平	混合或模糊	
人口	计数	1	0	6	7
	报道话题中的占比	14.3%	0.0%	85.7%	100.0%
土地住房	计数	1	4	6	11
	报道话题中的占比	9.1%	36.4%	54.5%	100.0%
社会动荡	计数	3	1	15	19
	报道话题中的占比	15.8%	5.3%	78.9%	100.0%
旅游交通	计数	1	0	6	7
	报道话题中的占比	14.3%	0.0%	85.7%	100.0%
人情味	计数	0	5	1	6
	报道话题中的占比	0.0%	83.3%	16.7%	100.0%
灾难	计数	0	0	1	1
	报道话题中的占比	0.0%	0.0%	100.0%	100.0%
文化艺术	计数	0	4	9	13
	报道话题中的占比	0.0%	30.8%	69.2%	100.0%
总计	计数	111	192	565	868
	报道话题中的占比	12.8%	22.1%	65.1%	100.0%

相对较为软性的人文社会话题，如娱乐、体育、科技、旅游、艺术、人情味等都是正面形象比例大于负面形象；就国际角色而言，这些话题也大部分体现和平角色。西方语境中负面偏多的宗教问题、人权民主问题、劳工问题、人口问题，以及本身反映社会问题的法律道德问题、社会动荡问题等都是负面倾向和威胁角色明显大于正面倾向及和平角色。地方政府话题则体现了负面倾向比例更高的趋势，国际角色全部为模糊。而有些话题如法律、劳工、人口、宗教等完全没有体现正面倾向，除了宗教话题，这些话题也未体现和平角色。

可以看出，俄罗斯媒体在中俄关系发展的总体框架和主要方向上是持正面和乐观态度的，对外交互动、经贸和能源合作的反映都比较积极。其在利益点较为敏感的军事、领土及环境问题上警惕较高。而西方话语较为负面的领域虽然不是俄罗斯媒体的关注重点，但态度还是受到了西方话语长期运作的影响，报道蒙上更多的负面色彩。

5. 行动主体和消息源：中央政府主导行动，独立意见受重视

俄罗斯媒体关注的行为主体主要是中央政府层面，因此很明显中俄之间的互动还是政府主导的，媒体关注的中国动向也是以政府层面的动向为主。其中作为集体身份的中央政府占比排第一，为48.6%（见表4-12），中国政府及境外政府基本参半，境内稍多；个人身

份出现的中央官员占行为主体的比例为17.1%,中国境外略多于境内,排在占比第二位。二者合计,中央层面行为主体达到65.7%,具有绝对压倒性优势比例。这与中俄关系发展从政治层面起步有关,尽管经济领域以及其他层面互动在不断加强,但其发展程度以及受关注程度仍显不足。在这一氛围下,俄罗斯媒体中商界的行动主体虽然仅次于政界(企业占比7.3%,加上商务人士的2.9%,合计10.2%),与中央政府层级的比例差还是相当的大。排在商界之后的行为主体为普通百姓,占比4.5%,国内外基本参半,这与俄罗斯媒体对中国人口流入俄罗斯远东地区的关注有关。占比超过2%的行动主体还有地方政府、军事安全部门,其余都在2%以下。

表4-12 俄罗斯媒体对不同行为主体的关注

行为主体身份		行为主体国别					合计
		境内的中国身份	境外的中国身份	境内的外国身份	境外的外国身份	不详	
中央官员	计数	43	15	11	59	0	128
	总数的占比	5.7%	2.0%	1.5%	7.9%	0.0%	17.1%
政界资深人士	计数	1	0	0	6	0	7
	总数的占比	0.1%	0.0%	0.0%	0.8%	0.0%	0.9%
地方政府官员	计数	5	0	0	3	0	8
	总数的占比	0.7%	0.0%	0.0%	0.4%	0.0%	1.1%
公务人员	计数	3	1	3	4	0	11
	总数的占比	0.4%	0.1%	0.4%	0.5%	0.0%	1.5%
文体人士	计数	5	0	1	6	0	12
	总数的占比	0.7%	0.0%	0.1%	0.8%	0.0%	1.6%
商务人士	计数	4	1	0	13	4	22
	总数的占比	0.5%	0.1%	0.0%	1.7%	0.5%	2.9%
媒体人士	计数	3	0	0	0	0	3
	总数的占比	0.4%	0.0%	0.0%	0.0%	0.0%	0.4%
知识分子	计数	0	0	0	7	2	9
	总数的占比	0.0%	0.0%	0.0%	0.9%	0.3%	1.2%
学生	计数	1	1	0	0	0	2
	总数的占比	0.1%	0.1%	0.0%	0.0%	0.0%	0.3%
农民	计数	0	1	0	0	0	1
	总数的占比	0.0%	0.1%	0.0%	0.0%	0.0%	0.1%
工人	计数	0	1	0	1	0	2
	总数的占比	0.0%	0.1%	0.0%	0.1%	0.0%	0.3%

续表

行为主体身份		行为主体国别					合计
		境内的中国身份	境外的中国身份	境内的外国身份	境外的外国身份	不详	
商贩	计数	0	13	0	0	0	13
	总数的占比	0.0%	1.7%	0.0%	0.0%	0.0%	1.7%
军事安全人士	计数	3	0	1	3	0	7
	总数的占比	0.4%	0.0%	0.1%	0.4%	0.0%	0.9%
宗教人士	计数	0	0	0	4	0	4
	总数的占比	0.0%	0.0%	0.0%	0.5%	0.0%	0.5%
异见者	计数	8	0	0	1	0	9
	总数的占比	1.1%	0.0%	0.0%	0.1%	0.0%	1.2%
普通老百姓	计数	14	6	0	14	0	34
	总数的占比	1.9%	0.8%	0.0%	1.9%	0.0%	4.5%
中央政府及部门	计数	195	11	1	152	3	364
	总数的占比	26.0%	1.5%	0.1%	20.3%	0.4%	48.6%
地方政府及部门	计数	4	7	0	12	0	23
	总数的占比	0.5%	0.9%	0.0%	1.6%	0.0%	3.1%
军事/国防/公安/安全单位	计数	9	2	0	4	0	15
	总数的占比	1.2%	0.3%	0.0%	0.5%	0.0%	2.0%
媒体	计数	4	0	0	2	0	6
	总数的占比	0.5%	0.0%	0.0%	0.3%	0.0%	0.8%
学校	计数	1	0	0	1	0	2
	总数的占比	0.1%	0.0%	0.0%	0.1%	0.0%	0.3%
非政府组织	计数	2	0	0	1	0	3
	总数的占比	0.3%	0.0%	0.0%	0.1%	0.0%	0.4%
企业	计数	25	3	0	27	0	55
	总数的占比	3.3%	0.4%	0.0%	3.6%	0.0%	7.3%
国际组织	计数	0	1	5	4	0	10
	总数的占比	0.0%	0.1%	0.7%	0.5%	0.0%	1.3%
非政府组织人员	计数	1	0	0	0	0	1
	总数的占比	0.1%	0.0%	0.0%	0.0%	0.0%	0.1%
总计	计数	331	63	22	324	9	749
	总数的占比	44.2%	8.4%	2.9%	43.3%	1.2%	100.0%

从消息源来看，鉴于报道以中央政府层面的行动为主，中央层面的消息源占据了不小的比例，个人身份出现的中央官员占比23.3%（见表4-13），以中国境外消息源为主，与俄罗斯本国消息源的易接近性有关，但以集体身份出现的中央政府消息源比例不高（3.3%）。值得注意的是，俄罗斯媒体有关中国的报道中，对较为独立的意见来源比较重视，知识分子的消息源占比排名第一，比例为25%，超过了官员的声音，其中大部分是中国境外消息源，也就是以俄罗斯本国的知识分子为主。媒体层面的消息源也占据了不少比例，作为机构的媒体消息源占比16%，个人身份出现的媒体人士消息源也有6.4%，二者小计也超过了20%。俄罗斯媒体涉华报道对独立专业意见的青睐说明对中俄两个相邻大国走出历史阴霾，不断向前发展关系的重视，同时也说明两国关系发展的复杂因素较多，因此动用了更多权威的信息资源和专业分析，对中国的发展及两国关系进行深层解读。

表4-13 俄罗斯媒体涉华报道的消息源

消息源身份		消息源国别					合计
		境内的中国消息源	境外的中国消息源	境内的外国消息源	境外的外国消息源	不详	
中央官员	计数	21	5	3	69	1	99
	总计的占比	5.0%	1.2%	0.7%	16.3%	0.2%	23.3%
政界资深人士	计数	1	0	0	1	1	3
	总计的占比	0.2%	0.0%	0.0%	0.2%	0.2%	0.7%
地方政府官员	计数	0	1	0	10	0	11
	总计的占比	0.0%	0.2%	0.0%	2.4%	0.0%	2.6%
公务人员	计数	2	0	1	0	0	3
	总计的占比	0.5%	0.0%	0.2%	0.0%	0.0%	0.7%
文体人士	计数	0	0	0	7	0	7
	总计的占比	0.0%	0.0%	0.0%	1.7%	0.0%	1.7%
商务人士	计数	5	1	4	25	0	35
	总计的占比	1.2%	0.2%	0.9%	5.9%	0.0%	8.3%
媒体人士	计数	0	0	0	27	0	27
	总计的占比	0.0%	0.0%	0.0%	6.4%	0.0%	6.4%
知识分子	计数	10	1	1	87	7	106
	总计的占比	2.4%	0.2%	0.2%	20.5%	1.7%	25.0%
学生	计数	0	0	0	0	0	0
	总计的占比	0.0%	0.0%	0.0%	0.0%	0.0%	0.0%

消息源身份		消息源国别					合计
		境内的中国消息源	境外的中国消息源	境内的外国消息源	境外的外国消息源	不详	
工人	计数	0	0	0	1	0	1
	总计的占比	0.0%	0.0%	0.0%	0.2%	0.0%	0.2%
军事安全人士	计数	1	0	0	6	0	7
	总计的占比	0.2%	0.0%	0.0%	1.4%	0.0%	1.7%
宗教人士	计数	0	0	0	3	0	3
	总计的占比	0.0%	0.0%	0.0%	0.7%	0.0%	0.7%
异见者	计数	1	0	0	0	0	1
	总计的占比	0.2%	0.0%	0.0%	0.0%	0.0%	0.2%
普通老百姓	计数	1	0	0	1	0	2
	总计的占比	0.2%	0.0%	0.0%	0.2%	0.0%	0.5%
中央政府及部门	计数	5	1	0	8	0	14
	总计的占比	1.2%	0.2%	0.0%	1.9%	0.0%	3.3%
地方政府及部门	计数	1	0	0	2	0	3
	总计的占比	0.2%	0.0%	0.0%	0.5%	0.0%	0.7%
军事/国防/公安/安全单位	计数	0	1	0	3	0	4
	总计的占比	0.0%	0.2%	0.0%	0.7%	0.0%	0.9%
媒体	计数	14	2	1	48	3	68
	总计的占比	3.3%	0.5%	0.2%	11.3%	0.7%	16.0%
研究机构	计数	0	0	0	4	0	4
	总计的占比	0.0%	0.0%	0.0%	0.9%	0.0%	0.9%
非政府组织	计数	0	0	0	8	0	8
	总计的占比	0.0%	0.0%	0.0%	1.9%	0.0%	1.9%
企业	计数	1	0	0	4	0	5
	总计的占比	0.2%	0.0%	0.0%	0.9%	0.0%	1.2%
国际组织	计数	0	0	0	8	1	9
	总计的占比	0.0%	0.0%	0.0%	1.9%	0.2%	2.1%
国际组织人员	计数	0	0	0	2	0	2
	总计的占比	0.0%	0.0%	0.0%	0.5%	0.0%	0.5%
非政府组织人员	计数	1	0	0	1	0	2
	总计的占比	0.2%	0.0%	0.0%	0.2%	0.0%	0.5%
总计	计数	64	12	10	325	13	424
	总计的占比	15.1%	2.8%	2.4%	76.7%	3.1%	100.0%

基于两国目前强调发展的经济合作，商界的消息源也得到了一定重视，以个体消息源身份出现的商务人士占比8.3%，加上企业消息源1.2%的比例，商界消息源总量接近10%，与其他领先类别的差距没有行为主体那么大。因此可见尽管经济主体的活动没有占到两国互动的主流，但其对中国发展以及两国关系发展的意见已经受到了媒体的关注。

6. 俄罗斯媒体审视中国的世界框架：大国心态下突出反映亚洲地缘政治

（1）具体国家地区分布趋势

首先俄罗斯媒体依然是突出展现了本国视角，涉及俄罗斯的段落数量最多，达到493段。俄罗斯媒体很显然主要从中俄互动的角度审视中国。其次表现突出的是美国视角，涉及段落达到213段。在相当长的时间里，俄美仍然是相互牵制的重要因素，中国则在大国拉锯中扮演重要角色。俄罗斯希望中国能成为抵御美国的重要力量，同时又不希望中国过于强大，削弱其主导地位，因此俄罗斯媒体对中美之间的拉锯和制衡特别关注，这反映了俄罗斯人的这种对待中、美、俄三角关系的矛盾心态。

受地缘政治的突出影响，俄罗斯媒体涉华报道中涉及亚洲国家地区的数量较大。中国与其他亚洲国家和地区的往来、利益关系、矛盾冲突，以及中国对其他亚洲国家地区的影响都受到关注。尤其是美国与中国在亚太地区的博弈和对峙，使得其他亚洲国家和地区被较多提及。

其中由于日本同为中俄邻国，与中国的关系复杂并时有冲突，而且还是美国在亚洲地区的同盟和被保护国，因此日本是亚洲地区受到关注最多的国家，提及段落达到78段。印度也受到相当的重视，涉及段落达到45段。这与长期以来俄罗斯一直视印度为其在亚洲地区的战略盟友，以及当时俄罗斯力推俄中印三角抗衡美国一超独霸的策略有关。在俄罗斯媒体的报道中还专门涉及了中印俄的概念。中国台湾地区由于中国台湾问题在中美关系中的地位也涉及较多，相关段落38段。中国台湾被俄罗斯媒体视为美国亚太安全战略中遏制中国的重要棋子，由此美国对台军售问题被反复提及，而台湾地区领导人选举以及具体"台独"问题却并没有提及。中国香港则因与中国内地经济发展关系紧密也有较多涉及，段落数有36段。朝鲜、韩国一方面由于属于与俄罗斯较为接近的东亚国家，另一方面因朝核问题对地区安全具有重要影响，再加上中俄在朝核六方会谈中的作用，朝、韩两国都有不少段落被提及，分别为37和20段。

中亚地区也是俄罗斯媒体涉华报道较为关注的地带。中亚国家大部分原来都隶属于苏联。从地缘政治环境来讲，中亚五国对俄罗斯和中国都很重要，这个地区直接连接俄罗斯、中国两个大国与阿富汗、伊朗等热点国家，又地处欧亚大陆结合部，是连接欧亚大陆交通的重要通道，此外中亚地区还是俄美中三国在利益与外交政策方面交织碰撞的敏感地区。中俄倡导的上海合作组织就主要指向与中亚地区的合作，俄罗斯非常重视对这一地区的主导能力。鉴于这一地区的敏感性，俄罗斯媒体也非常关注本国在中亚地区的利益所在。此外，在中俄关系中，中亚地区还有一个非常重要的作用就是中亚地区有丰富的油气资源，主要集中在哈萨克斯坦、乌兹别克斯坦、土库曼斯坦等国。这些国家的能源政策不只对其本国经济及安全有重要影响，还关系到俄美中以及欧盟在中亚地区的博弈。能源外交是俄罗斯发展与中国关系的重要组成部分，俄罗斯也一心希望能够主导中亚能源格局，因此俄罗斯媒体较为重视中亚地区在俄中能源外交中扮演的角色，中亚能源产地国由此被频频提及。其中中亚五国中综合实力最强的，同时也是能源大国的哈萨克斯坦涉及段数最多，达到21段，其次与能源问题直接相关的土库曼斯坦也涉及20段，吉尔吉斯斯坦则因领土问题的报道涉及15段，能源国家乌兹别克斯坦涉及10段，塔吉克斯坦7段，阿富汗因其问题的复杂性牵涉多种国际力量，所以也有9段涉及。此外鉴于历史因素及地缘政治原因，其他一些苏联国家也有所涉及，如乌克兰、白俄罗斯、格鲁吉亚、拉脱维亚、摩尔多瓦等，但与中国问题以及俄中关系的联系并不是很紧密，因此数量都在10段以下，总量亦没有超过20段。

欧洲虽然是俄罗斯过去长期比较看重的区域，但与中国分属俄罗斯不同的战略板块，尤其在中俄关系中不具有牵制作用。因此俄罗斯媒体的涉华报道并没有像对待亚洲国家那样突出对欧洲国家的关注，只是在个别提及中国欧洲之间的经济关系，以及报道中国走向世界的话题时才会有所涉及。其中对欧洲综合实力最强的两个国家英国和德国相对关注最多，分别有18段和16段，瑞士因国际金融问题涉及15段，希腊因奥运话题涉及8段，法国6段，西班牙6段，马耳他5段，其余欧洲国家都在1~2段。

美洲国家除了美国以外，加拿大、墨西哥、阿根廷、巴西几个大国都有所涉及，阿根廷作为石油国家提及数量稍多，巴西虽为金砖国家，但遥远的地域导致其在中俄关系中的敏感度较低，涉及较少。非洲涉及国家数量相比略多，但都是一至两段的零星内容。澳大利亚作为亚太概念涉及5段。

（2）集体机制和区域概念的体现

传统的国际机制仍受关注，在现行国际经济中具有重要作用的机制——世界贸易组织因与中国及发展中国家进入国际经济规则体系有关，有15段涉及，另一国际经济机制国际货币基金组织涉及5段。近年来欧洲国家一体化的努力使得欧洲国家作为整体出现的组织概念欧盟受到相对重视，有关中国与欧洲国家互动的报道中欧盟这一集体概念出现的频率较高，总共涉及13段。北约因曾经与苏联为首的华约长期对峙，也有10段涉及。

在关注反映既有国际秩序的集体机制概念之外，俄罗斯媒体也显示了对新型集体机制的兴趣。其中最能体现俄罗斯地缘利益的上合组织最受媒体重视，共涉及19段，甚至超过了对传统机制的关注。此外，金砖国家、二十国集团等反映新兴国家力量的机制，发展中国家、亚洲发展银行等相关概念，也都有所提及。

集体地域概念与对具体国家的关注比较匹配。亚洲地区仍是重点，同时还细分了几类亚洲概念。亚洲作为整体涉及13段，中亚作为最直接的敏感利益区涉及15段，此外，东南亚5段、东亚3段、南亚1段，概念更为宽泛的亚太有4段。总体来看，涉及亚洲概念的段落总计达到41段。欧洲的地域概念与欧盟作为机制的组织概念受关注度基本持平，涉及11段。非洲、美洲、大洋洲的涉及都很零星，并不是俄罗斯涉华报道中的聚焦地域。

（三）小结

俄罗斯媒体对中国的重视与世界格局的变化有关。在2008年金融危机标志传统中心国家的衰落以及传统国际机制的失灵后，俄罗斯媒体明显越发重视中国的作用。但是中俄作为两个相邻的新兴经济体，以及两个相邻的崛起大国，其身份的认同过程是非常复杂的。在从敌人向伙伴身份的转变过程中，地缘政治中各自力量消长的敏感性，以及国际政治对力量平衡的影响，都对国家间身份认同产生作用。从俄罗斯媒体的涉华报道中可以看出在俄中目前大的战略利益框架一致的情况下，俄罗斯对于中国这一崛起邻国的警惕和疑虑始终存在。

俄罗斯对中国身份认同中有利的一点是两国意识形态利益没有冲突，俄罗斯对中国的认知不会具有西方式的认知偏见和刻板印象，这一点可以很明显地从其媒体报道中反映出来，有时两国甚至会在这一领域共同面对西方，采取一致立场。相反，由于地缘政治的关系，中俄关系框架中目前实际利益对相互认知的影响会比较大。就这一点而言，目前来看两国存在不少实际利益的交汇点，尤其是在反对美国霸权的问题上，战略利益比较一致。经济利益的重要性也开始逐步增长，但仍有很大提升空间。不过实际利益的影响较大意味着认知会随利益格局的变动而变动，比如一旦失去了美国这个共同的对手，就会失去两国力量的平衡点，竞争态势就会凸现，经济交往也是如此，只要稍有摩擦就会影响互信。

因此在中俄的利益框架和合作话语中应该寻找更多超越实际利益的共同点。比如两国应该努力打造新型国际组织和国际机制，改变中心国家独霸国际话语权的格局，创造多极化世界以及与之相关的理念及意识形态。从俄罗斯媒体舆论来看，目前中俄合作话语中的国际机制概念主要侧重区域层面，如上海合作组织等，这一方面对发展睦邻互信与友好关系、巩固地区安全和稳定有着积极意义，但另一方面区域机制的概念仍具有较浓的地缘敏感色彩，容易派生出主导权的问题。因此倡导金砖国家、二十国集团、一带一路等创新的多极化多边国际合作机制，可以在不同合作机制交叉中找到多重合作利益和合作方式，来减少地缘政治敏感带来的大国之争和不信任。此外在继续加强中俄经济合作的深度广度的同时，还应加强中俄之间的社会文化交流，目前这方面的交流还远远不足。只有在政治、经济、文化各方面全方位的合作才能加大两国的关系黏性,形成更具整体性的合作框架,合作关系才能更稳固,从而改变在偏重政治利益一致的单一框架下合作关系的脆弱性。

五、印度媒体对华认知

(一)中国与印度的交往关系

印度与中国的关系发展历程到2012年左右基本可以划分为四个阶段。20世纪50年代是两国关系的蜜月期,中国和印度共同倡导了和平共处五项原则。60年代中印因边界问题发生武装冲突,两国处于对峙状态,关系骤降。70年代两国关系虽出现转机但仍处于紧张状态。80年代末印度总理拉吉夫·甘地访华使两国关系出现重大转折,中印关系正常化基本实现。在90年代进一步快速发展关系的基础上(除了1998年印度核试验使关系发展受挫),进入21世纪以后中印关系发展更快,并全面发展,双方高层互访成果丰硕,经贸合作不断拓展,交流与合作领域持续扩大。

就中印两国的合作前景来看,两国目前有着活跃的经济交往,同时作为两个最大的发展中国家和金砖国家的中坚力量,两国在国际贸易体系、国际金融秩序、全球发展议程、亚太区域一体化等方面的影响显著增加,在推动世界格局转型的过程中有着较多的合作空间,如2009年哥本哈根气候大会中两国的立场一致。多年以来两国最高领导人都有着积极推动双边关系的意愿,不断推进顶层设计,中印最高领导人也将两国关系升级为各自"最重要的双边关系之一",双方在对方外交议程中的位置稳步提前。在世界体系的变局中,中印都在"重新发现"对方,着手构建"中印关系新模式"或"新兴大国相处之道",客观上推动以合作共赢为核心的新型国际关系。印度前总理辛格也指出当两个人口加起来有26亿的大国摆脱束缚、释放创造力的时候,中印关系的影响将会是世界性的。

但是中印关系发展中也有着不少干扰因素。印度在取得国家独立后历届政府均毫无例外地把实现大国梦作为国家的根本战略,号称目标是"争做有声有色的世界大国"。中国在印度的大国梦中则扮演着特殊的角色。虽然一方面印度希望通过发展双边关系扩大印度实力和世界影响力,但是另一方面印度争做一流世界强国的雄心壮志及其对自己捍卫南亚地区势力范围的敏感性,导致印度对中国的一举一动保持警觉。随着中国的崛起和强大,印度国内也存在着关于中国的不同声音,伙伴论、对手论、恐惧论、友好论等等不一而足。作为一个正在强大的邻国,中国时时会被印度视为对自己地位和安全的巨大威胁。此外,中印边界战争仍留有阴影,印度在冲突失利后曾公开指责中国为"扩张主义",认为中国"威胁"印度领土的完整。至今,中印边界问题仍未得到彻底解决,仍是一个不时会浮现出来影响两国互信的"幽灵"。此外中国的核能力也被印度视为威胁,并针对中国走上了核能力转向军用的道路。中国经济在改革开放以后取得飞速发展,由此带来的中印两国综合实力的差距也给印度带来了更大的压力。2012年中国GDP总值和人均GDP都是印度的4倍之多,尽管近年来印度经济发展很快,但与中国仍有较大差距。科技创新方面,中国不断实现重大突破,进一步增强中国的综合实力。这种实力使得印度产生焦虑和不安。西藏问题也是半个多世纪来一直困扰着中印关系的一个重要问题,达赖的"流亡政府"在印度领土上长期存在的事实也是影响两国互信的一大因素。

(二)印度媒体认知研究发现

1. 报道量与两国关系发展热度成正比

印度媒体对中国报道量的变化与中印两国交往的力度,尤其是政府的有力推动有很大关系,两国间的重要活动和重大举措往往能够明显拉动印度媒体的涉华报道。

首先可以看到2000年构造周内的报道量在1998、1999年的基础上出现较大幅度增长,从原来构造周内的一百多段,跃升至近300段(见图4-10)。这与2000年中印交往的实质性发展有很大关系。2000年恰逢中印建交50周年,印度总统纳拉亚南的访华之旅成为中印关系开始升温的标志。双方就大力发展印中友好合作、加强经贸合作和人员交往以及加快核实边境实控线进程等达成了许多共识。2000年7月,中国外长唐家璇应邀访印,双方就具体推动和落实印度总统访华时所达成的共识交换了意见。政府间交往的一系列实质性推动吸引了媒体的关注,构造周内的报道量也因此飙升,2000年接近300段。

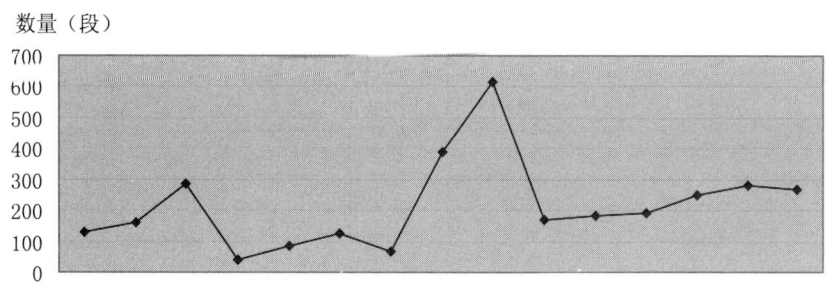

图4-10 印度媒体涉华报道数量时间分布

接着在2003年中印关系又跨出重要一步,2003年6月印度总理瓦杰帕伊对中国进行了里程碑式的访问,其后中印关系得到显著提升。中国正式承认印度对锡金的主权,同时两国开始着手解决边界争端。很明显,在经过2001、2002年报道量的回落后,印度媒体在2003年构造周内的涉华报道又回升至一百多段。2005年中印两国签订了几项协议以加深两国间的政治、文化和经济关系,双方还宣布建立面向和平与繁荣的战略合作伙伴关系。于是印度媒体在当年构造周内的报道一下又跃升至387段。2006年11月，胡锦涛主席对印度进行国事访问。双方发表《联合宣言》，制定深化两国战略合作伙伴关系的"十项战略"。2006年的报道量则飙升至616段。2008年印度领导层频频来访，中印签署《中印关于二十一世纪的共同展望》。2009年中印青年代表团互访，并签署了《中华人民共和国和印度共和国就2010年互办"中国节"和"印度节"的实施协议》，2007至2009年的报道量也都在近200段。2010年中印建交60周年之际，根据2009年签署的协议，两国分别举办"印度节"和"中国节"，吸引了印度媒体关注，报道量上升至近250段。2011年是"中印交流年"，双方开展了一系列活动，同时两国最高领导人也继续互动。2012年"中印友好合作年"启动，双方高层领导频频会见，并签署建立边境事务磋商和协调工作机制的协定。随着互动的频繁和密切，2010~2012年三年中的报道量基本维持在250至300段的区间内。

2. 报道话题：经济话题排首位，政府和外交、军事和国防话题最敏感

（1）经济作为重点领域，媒体的比较竞争意识强

经济话题在印度媒体涉华报道的各类话题中排在首位，段落数量占比近23%（见表4-14）。两国经贸关系是两国往来关系中的重要一面，随着两国关系的改善，经贸互动越发频繁。印度已成为中国在南亚最大的贸易伙伴，也是中国海外工程承包和投资的重要市场。2007年，中国则超越美国成为印度最大的贸易伙伴。国际金融危机后，两国均面临着加快本国经济体制改革、经济发展模式转变的任务，产业发展模式的互补性为扩大中印经济合作提供了充足的发展空间。

表4-14 印度媒体涉华报道话题

话题	频率	占比	话题	频率	占比
政府和外交	628	19.4%	劳工	36	1.1%
政治	225	6.9%	医疗保健	55	1.7%
地方政府	12	0.4%	宗教	98	3.0%
领土主权	139	4.3%	民族关系	60	1.9%
人权与民主	56	1.7%	环境	52	1.6%
经济贸易财政	738	22.8%	人口	5	0.2%
军事国防安全	330	10.2%	土地住房	30	0.9%
教育	39	1.2%	社会动荡	43	1.3%
娱乐	52	1.6%	旅游交通	50	1.5%
体育	128	4.0%	人情味	135	4.2%
科技	120	3.7%	灾难	50	1.5%
能源	61	1.9%	文化艺术	25	0.8%

续表

话题	频率	占比	话题	频率	占比
法律道德	68	2.1%	不适用	4	0.1%
			总计	3239	100.0%

但与巴西和俄罗斯媒体的经济话题占比相比,印度媒体经济话题重要性的凸显性进一步降低。紧接其后的政府和外交话题,占比也将近20%,与经济话题的比例非常接近。排在第三位的则是军事国防安全,比例为10.2%。其他类别里超过5%的是政治话题(6.9%),其余就都在5%以下。剩下的区间内,接近5%的话题为领土主权(4.3%)、人情味(4.2%)以及体育(4%),相互关联的宗教及民族关系合计也接近5%。

比较经济话题时间分布走向(见图4-11)以及中印双边贸易额的发展趋势(见图4-12)则可以看出,21世纪以来随着两国经济交往的发展,每年经济报道的数量(包括比例)都高于20世纪90年代末,但也能够发现二者的走向变化有着较明显的差异,吻合度不是很高。足见经济领域的交往发展并没有成为左右印度媒体涉华报道的绝对性主导力量,其他重要领域的发展变化也在牵动印度媒体的注意力。数据显示,1998、1999、2001、2003、2005、2007、2010年等年份中,经济话题占比均低于政府外交话题,1999、2012年经济话题占比还低于军事国防安全话题。

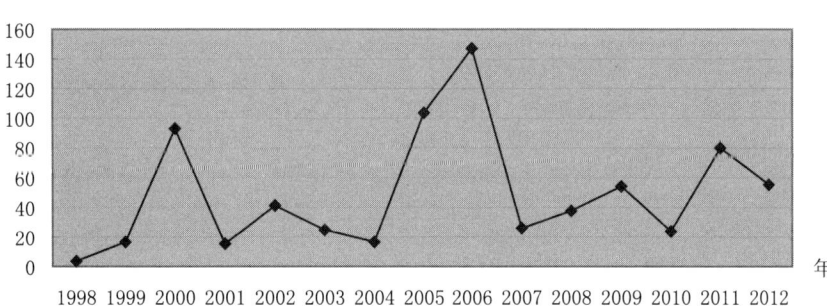

图4-11 印度媒体涉华经济话题时间分布

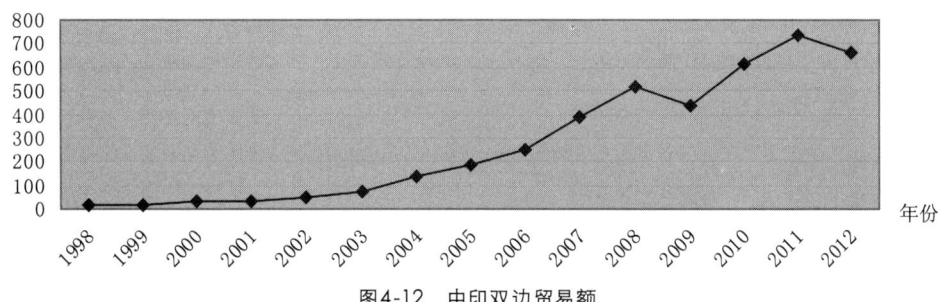

图4-12 中印双边贸易额

具体来看印度媒体在经济领域的涉华报道。首先可以看到中印之间相互的投资、贸易往来成为印度媒体比较关注的方面，比如双边贸易的增长、双方各类产业或企业在对方市场的发展动向等是印度媒体涉华经济报道中最常见的内容，可以看到印度媒体对中印经济合作发展的重视。由于两国比邻，处于世界体系类似位置，印度媒体也很关注中国自身的发展及其对世界的影响，比如中国整体经济或局部产业的增长或衰退、中国的各类经济政策、中国与其他国家的投资贸易往来、中国加入WTO，以及中国经济增长速度对世界金融危机的影响等等。在各类产业中，IT业成为印度媒体报道较集中的产业领域，中国和印度各自以及相互之间在软件以及通信产业方面的发展、合作、竞争都成为印媒关注的对象。中国的华为公司因其在通信领域的瞩目地位尤其为印度媒体所关注，如《华为计划投资100万》《华为推出印度第一部4G手机》《华为推出世界最快智能手机》等报道。对IT业的聚焦与印度自身在IT业尤其是软件领域的快速发展，以及印度政府大力扶持软件产业，希望其走在世界前列的诉求密切相关。

值得注意的是，中印之间类似的世界地位还使得印度媒体显示出对两国经济发展进行比较的偏好。这种比较可以进一步分为几类。

第一类：通过并列、类比表达对两国同时在世界经济体系中取得进步的共同骄傲（见表4-15）。

表4-15　印度媒体关于中印两国共同进步的报道

两国共同进步
《JD Power：中国、印度将成为发展最快的汽车市场》
《Kiran Karnik表示中印可成为世界IT领袖》
《印中拥有巨大私募股本投资潜力》
《亚洲各国面临来自中印的挑战》
《欧美作为高科技产业中心正让步于中印》
《印中经济一齐发展》

第二类：热衷于比较两国实力孰优孰劣，并且报道数量更多（见表4-16）。

表4-16　印度媒体关于中印经济发展比较的报道

印度经济超过中国	中国经济超越印度的威胁	其他比较	比较后的反思
《印度在网络和电子商务便捷方面排名超中国》	《IMF：印度不如中国开放》	《印度电话普及率11.7%，仅为中国一半》	《变中国的威胁为机遇》
	《中国是印度IT行业的真正威胁》		《中国劳动市场给印度的启示》
	《中国玩具排挤本土玩具》		《印度嫉妒中国执行力》
	《IRMA征收中国进口反倾销税》		《IT中心解读中国发展故事》
	《中国进口打击印原料药业》		《印寻求与中国相同法律体系》
	《中国风筝制造商介入本地商人利益》		《300名农民前往中国（学习）》

其中有些表现出对印度在一些方面超过中国的欣喜,但出现频率更高的是对中国超越印度甚至给其带来威胁的警惕和应对手段分析,一些报道甚至延伸到对社会其他方面的比较,有的还以此为起点开展深入的反思。

可以看到,印度媒体将经济合作视为中印两国发展双边关系的亮点,对此给予较大希望,而同时心怀"大国崛起"梦也使得印度媒体对中国这一世界体系地位相似的新兴邻国又抱有一定的竞争意识,合作竞争成为印度媒体理解中国经济的认知框架。

不过,中印两国由于地缘政治、历史纠葛以及相近规模和实力的竞争关系,双边关系中的影响因素较为复杂,经济因素还未呈现压倒性优势。尤其从具体年份的表现来看,有时经济话题还明显不如政府外交话题或军事国防安全话题占比高。2005、2007、2010年的经贸话题占比就低于政府外交话题,2012年则低于军事安全话题。很显然,印度舆论界对两国关系的发展以及牵动两国关系神经的军事及领土安全问题非常敏感,对两国的外交发展、中国中央政府的动向以及中国的军事发展、在边境的军事部署以及中国与印度及其他南亚国家的军事交往都异常关注。

(2)印度媒体敏感于中印关系走向

随着两国对发展印中关系的努力,印度媒体积极探索两国关系的发展走向。这种探索首先表现为媒体力图从高层领导的一举一动、一言一行中寻找信号。因此两国高层领导人的互访成为印度媒体一大报道重点,高层访问中的举措、表现都得到了关注,印度媒体非常积极地对此进行分析和推测,以预测双边关系走向,可见在中印关系的发展中,政府的态度对印度舆论影响较大。较为典型的案例如下表4-17所示。

表4-17 印度媒体关于中印两国高层领导互动的报道

高层领导表现
《李鹏访问班加罗尔》
《胡锦涛保持传统,印度寻求与中国更友好关系》
《胡访印可见积极小细节,无较大行动》
《中印放下分歧》
《普拉纳布·慕克吉会见中国总理温家宝》
《纳·辛格:印中能够推进世界和平》
《穆吉科说中印关系更多的是双边关系》
《印度官员访京,喜返印度》
《穆吉科讨论与华贸易及国防事务》
《部长停止在中国的逗留》

印度媒体的探索尝试还体现为其热衷于对中印关系的整体发展进行分析预测。在重视两国关系发展这一点上，印度媒体与其政府的重视态度是一致的，报道如《和中国关系正常化为必须》《修复工作：中印关系》《中印关系对美至关重要》等都传达出这样的讯息。但也可以看到中印之间的历史纠葛使得印度媒体也通过报道表现出修复和发展关系的复杂性和反复性（见表4-18），一方面印度媒体重视两国为关系正常化和继续发展所作的积极努力，但有时印度媒体又会紧张于前进道路上的困难和问题，甚至产生怀疑，这体现出印度舆论在两国关系发展方面的复杂心态。

表4-18　印度媒体对中印关系的分析报道

发展关系的积极努力	发展关系的困难和问题
《中印关系加强》	《印中对话或将脱轨》
《旧仇建立新关系》	《施压印度加入上海俱乐部》
《中印关系神话》	《通华之路尚未修好》
《印寻求与中更友好关系》	《专家担心中国优越感》
《中印放下分歧》	
《稳定关系》	
《中印将2006年记为友谊之年》	
《另一条中印之路（强调合作）》	

印度媒体对中印发展关系的敏感还延伸至与中印关系有关的其他涉华国际关系，出于地缘政治的敏感，印度媒体尤其关注中国与南亚、东南亚国家及印度洋领域国家之间的关系发展，其中对中国与尼泊尔交往的报道相对比较集中（见表4-19）。

表4-19　印度媒体关于中国与印度影响范围内的国家交往的报道

中国与印度影响范围内的国家交往
《中国因素影响缅甸政策》
《中国就能源、毒品交易与缅甸展开谈话》
《又一位尼泊尔部长访华》
《中国支持尼泊尔》
《尼泊尔提议修建横穿喜马拉雅山脉铁路》
《中国与尼泊尔联手测量珠穆朗玛峰高度》
《资金短缺击倒尼泊尔向中国购买飞机的计划》
《尼泊尔总理避免印中争端》
《巴基斯坦和中国将开通四条新道路》
《中国宣称和巴基斯坦战略关系不针对第三国》
《印度外交伸向中国敏感国家》
《孟加拉国、尼泊尔出口中国免税》
《澳大利亚专注外交关系，不妨碍中澳外交》

(3) 军事、领土话题是重要敏感点

中印关系发展过程中最为敏感的部分就是军事及领土安全问题。可以看到两国的边界问题被印度媒体频频提及,并且态度并不乐观,如报道《中国官员:中印边界问题近期无法解决》《停止喜马拉雅山般的错误》就直截了当地表达了这样的态度。同时印度媒体还反映出对边界问题较强的警惕和不安,中国就边界问题发出的一举一动都深受印度媒体关注。同时媒体也关注印度方面的应对措施,如报道《印度在拉达克区部署高科技船只对抗中国》。这种敏感与两国边界之争的历史阴影不无关系,印度媒体还以专门报道《1962年的幽灵和其他故事》来回顾这段历史。只有为数不多的报道对中国外交在边界问题上的努力有所反映。边界问题的敏感还直接引发了印度媒体对国防和军事问题的关注。对军事的关注会直接聚焦军力及武器的发展和配备动向,其中核武器的发展是一大关注焦点。值得注意的是,军事话题中中国与和印度具有敏感关系的印度南亚邻国,尤其是巴基斯坦的军事交往,常会引起印度媒体的高度关注,特别能触动印度媒体对其南亚安全的敏感神经,在此类报道中中国也呈现出负面的形象。

印度媒体一边关注中国的各类军事动向,一边也关心印度的国防应对,其报道既反映了相对积极的态度和举措,包括印度与中国的军事交流合作,如《印度国防部对中国态度缓和》《印度中国加强国防外交》《国防部长乔治·费尔南德斯访华》等;也关注了印度方面的防范措施,如《Rs 3L cr计划加强印度海军实力》《Bikram Singh将军:军队全副武装应对所有威胁》《军队增加50%军官》等,并进一步展开防范性的整体战略分析,如《印度斯坦时报》深度分析《中国:酸甜参半》一文就从中印、中美以及中国台湾问题角度分析亚太地区中国军事力量的制衡问题,《印度斯坦时报》报道《中国准备与美国开展军事谈话》也进行了类似的区域军事安全分析。还有的报道甚至传递出了军事对抗的信息。

除了上述表现比较突出的话题,西藏"流亡政府"在印度的存在使得西藏问题在中印关系中具有较高的敏感性,印度媒体也时常关注达赖喇嘛、西藏分裂组织、中国政府以及其他国家之间的互动及态度,宗教与民族关系话题比例由此接近5%。而出于对中国综合实力的关注,中国社会发展的各方面也都在印度媒体有所反映,报道出现了各类话题,既包括中国取得的社会进步,也包括社会发展中暴露的各类问题,应该说反映还是比较全面的,体现出印度媒体对中国社会的浓厚兴趣。

3. 经济互动认知向好，领土国防话题集聚负面认知

印度媒体报道中国的事务以冲突性质为最多，占比为38.5%（见图4-13），混合或模糊性质居其次，比例略低于冲突报道，占比32.7%，非冲突事件排在第三，占比28.8%。可以看到，混合或模糊性质的报道也占了不小比例，说明了印度媒体眼中中国的复杂性。对中国的态度倾向依然本着媒体客观性原则，以中性为主，但是就正面和负面倾向的报道比例而言，负面倾向明显超过了正面倾向（22.2%、13.7%）（见图4-14）。就中国的国际角色而言，混合模糊角色比例最高，近40%，和平角色比例紧随其后，与其较为接近，达到36.2%（见图4-15），但是值得注意的是威胁角色也占了不小的比例，与前两者的差距并不大，为24.5%。

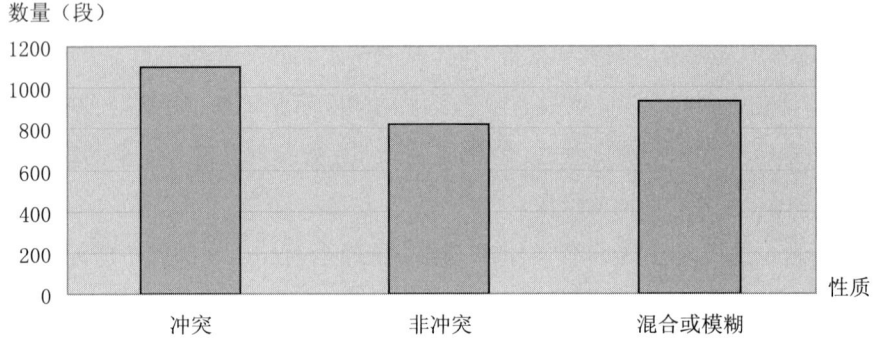

图4-13 印度媒体涉华报道内容的性质

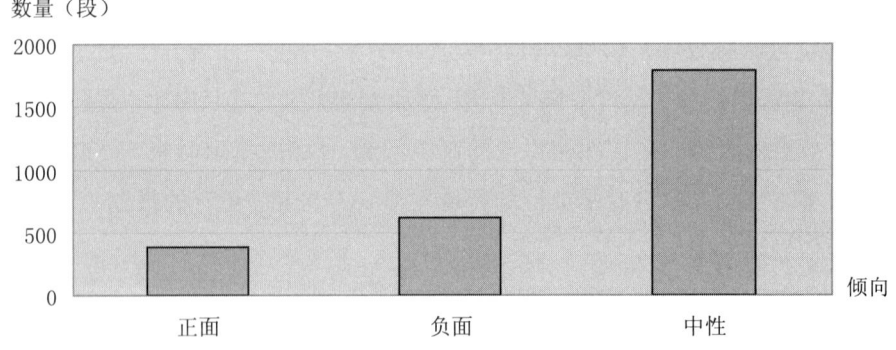

图4-14 印度媒体对中国的态度倾向

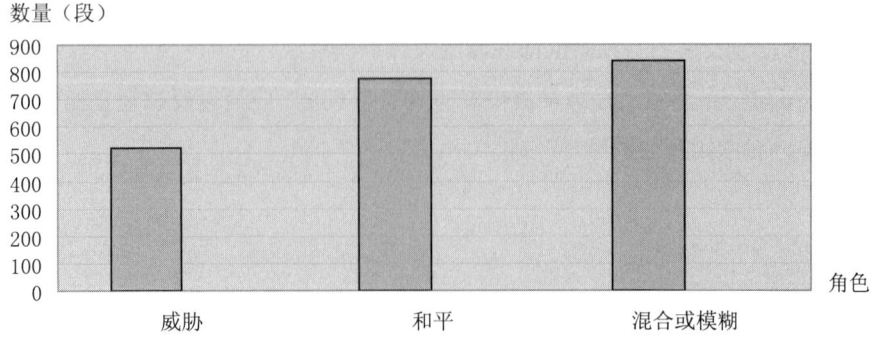

图4-15 印度媒体对中国国际角色的认知

在中性倾向及混合角色为主的大框架下，具体来看各项话题的态度倾向和国际角色分布，尤其是正/负面倾向与和平/威胁国际角色的消长。

首先，可以清楚地看到两国关系的重要方面——经济领域的话题以中性和混合角色为主，正面倾向与和平角色（18.8%、37.3%）也都超过了负面倾向与威胁角色（8.3%、10.7%）（见表4-20、表4-21）。印度媒体对经济领域的积极认知明显超过其整体报道的平均水平，应该说，两国经济关系的拓展是最具亮色和积极意义的。政府和外交话题虽然以和平角色为主（50.7%），但就报道倾向而言，正负面倾向非常接近（正面21.7%、负面19.5%），因此可以说在两国的互动框架中经济领域的互动最为向好。

表4-20 印度媒体各类报道话题的态度倾向

话题		对中国的态度倾向			合计
		正面	负面	中性	
政府和外交	计数	125	112	338	575
	话题中的占比	21.7%	19.5%	58.8%	100.0%
政治	计数	14	36	148	198
	话题中的占比	7.1%	18.2%	74.7%	100.0%
地方政府	计数	0	0	3	3
	话题中的占比	0.0%	0.0%	100.0%	100.0%
领土主权	计数	30	56	50	136
	话题中的占比	22.1%	41.2%	36.8%	100.0%
人权与民主	计数	1	24	24	49
	话题中的占比	2.0%	49.0%	49.0%	100.0%
经济贸易财政	计数	117	52	454	623
	话题中的占比	18.8%	8.3%	72.9%	100.0%
军事国防安全	计数	36	149	83	268
	话题中的占比	13.4%	55.6%	31.0%	100.0%
教育	计数	4	3	21	28
	话题中的占比	14.3%	10.7%	75.0%	100.0%
娱乐	计数	1	1	41	43
	话题中的占比	2.3%	2.3%	95.3%	100.0%
体育	计数	8	12	101	121
	话题中的占比	6.6%	9.9%	83.5%	100.0%
科技	计数	11	7	64	82
	话题中的占比	13.4%	8.5%	78.0%	100.0%

续表

话题		对中国的态度倾向			合计
		正面	负面	中性	
能源	计数	6	9	42	57
	话题中的占比	10.5%	15.8%	73.7%	100.0%
法律道德	计数	0	26	36	62
	话题中的占比	0.0%	41.9%	58.1%	100.0%
劳工	计数	2	11	16	29
	话题中的占比	6.9%	37.9%	55.2%	100.0%
医疗保健	计数	4	4	34	42
	话题中的占比	9.5%	9.5%	81.0%	100.0%
宗教	计数	1	44	24	69
	话题中的占比	1.4%	63.8%	34.8%	100.0%
民族关系	计数	5	21	27	53
	话题中的占比	9.4%	39.6%	50.9%	100.0%
环境	计数	4	10	35	49
	话题中的占比	8.2%	20.4%	71.4%	100.0%
人口	计数	0	0	5	5
	话题中的占比	0.0%	0.0%	100.0%	100.0%
土地住房	计数	4	1	20	25
	话题中的占比	16.0%	4.0%	80.0%	100.0%
社会动荡	计数	0	28	13	41
	话题中的占比	0.0%	68.3%	31.7%	100.0%
旅游交通	计数	3	0	37	40
	话题中的占比	7.5%	0.0%	92.5%	100.0%
人情味	计数	5	8	116	129
	话题中的占比	3.9%	6.2%	89.9%	100.0%
灾难	计数	0	7	40	47
	话题中的占比	0.0%	14.9%	85.1%	100.0%
文化艺术	计数	2	0	17	19
	话题中的占比	10.5%	0.0%	89.5%	100.0%
总计	计数	383	621	1789	2793
	话题中的占比	13.7%	22.2%	64.1%	100.0%

表4-21 印度媒体各类报道话题中对中国国际角色的认知

话题		中国国际角色			合计
		威胁	和平	混合或模糊	
政府和外交	计数	113	289	168	570
	话题中的占比	19.8%	50.7%	29.5%	100.0%
政治	计数	8	49	58	115
	话题中的占比	7.0%	42.6%	50.4%	100.0%
地方政府	计数	0	3	0	3
	话题中的占比	0.0%	100.0%	0.0%	100.0%
领土主权	计数	48	28	30	106
	话题中的占比	45.3%	26.4%	28.3%	100.0%
人权与民主	计数	23	2	15	40
	话题中的占比	57.5%	5.0%	37.5%	100.0%
经济贸易财政	计数	51	177	247	475
	话题中的占比	10.7%	37.3%	52.0%	100.0%
军事国防安全	计数	161	48	57	266
	话题中的占比	60.5%	18.0%	21.4%	100.0%
教育	计数	5	10	9	24
	话题中的占比	20.8%	41.7%	37.5%	100.0%
娱乐	计数	0	4	22	26
	话题中的占比	0.0%	15.4%	84.6%	100.0%
体育	计数	3	37	57	97
	话题中的占比	3.1%	38.1%	58.8%	100.0%
科技	计数	14	17	19	50
	话题中的占比	28.0%	34.0%	38.0%	100.0%
能源	计数	12	14	23	49
	话题中的占比	24.5%	28.6%	46.9%	100.0%
法律道德	计数	7	5	7	19
	话题中的占比	36.8%	26.3%	36.8%	100.0%
劳工	计数	0	5	3	8
	话题中的占比	0.0%	62.5%	37.5%	100.0%
医疗保健	计数	6	4	4	14
	话题中的占比	42.9%	28.6%	28.6%	100.0%
宗教	计数	33	12	37	82
	话题中的占比	40.2%	14.6%	45.1%	100.0%

续表

话题		中国国际角色			合计
		威胁	和平	混合或模糊	
民族关系	计数	10	8	1	19
	话题中的占比	52.6%	42.1%	5.3%	100.0%
环境	计数	8	9	27	44
	话题中的占比	18.2%	20.5%	61.4%	100.0%
人口	计数	0	2	3	5
	话题中的占比	0.0%	40.0%	60.0%	100.0%
土地住房	计数	1	9	1	11
	话题中的占比	9.1%	81.8%	9.1%	100.0%
社会动荡	计数	18	2	9	29
	话题中的占比	62.1%	6.9%	31.0%	100.0%
旅游交通	计数	1	17	0	18
	话题中的占比	5.6%	94.4%	0.0%	100.0%
人情味	计数	2	14	32	48
	话题中的占比	4.2%	29.2%	66.7%	100.0%
灾难	计数	0	2	2	4
	话题中的占比	0.0%	50.0%	50.0%	100.0%
文化艺术	计数	0	8	10	18
	话题中的占比	0.0%	44.4%	55.6%	100.0%
总计	计数	524	775	841	2140
	话题中的占比	24.5%	36.2%	39.3%	100.0%

中印两国关系中最为敏感的领土主权与军事国防安全话题方面，负面倾向比例明显占主导，不仅显著大于正面倾向比例，还超过中性倾向比例，领土主权话题的负面与中性倾向为41.2%和36.8%，军事国防安全的负面倾向比例更显著，已超过一半，与中性倾向分别为55.6%和31%。这两个话题就国际角色而言也是威胁角色明显偏多，大大超出和平与混合角色的比例，其中领土主权话题的威胁比例达到45.3%，和平与混合角色分别只有26.4%、28.3%。军事国防安全的威胁角色则达到了60.5%，和平与混合角色仅为18%和21.4%。因此印度媒体对领土边界问题以及由此问题延伸到的军事国防问题的理解仍然是处于一个对立面的角度，充满了警惕和预防色彩。

处于西方媒体长期负面报道的人权民主、宗教、民族话题，在印度媒体上也体现出负面倾向和威胁角色大于正面倾向与和平角色的趋势。人权民主话题的负面与中性倾向比例持平,皆为49%,正面倾向比例只有微不足道的2%;该话题的威胁角色则明显超过混合角色,分别为57.5%、37.5%,正面倾向只有5%。宗教话题的负面倾向比例高达63.8%,中性倾向为34.8%,正面倾向仅为1.4%。这一话题的威胁角色则接近混合角色,分别为40.2%、45.1%,和平角色仅为14.6%。民族关系话题的状况稍好,负面倾向低于中性倾向(39.6%,50.9%),但仍明显高于正面倾向比例(9.4%)。民族关系威胁角色比例也高于和平角色(52.6%,42.1%),但差距相对缩小。从印度媒体在这几个话题上相对消极的表现可以看出西方意识形态和媒体报道的影响,同时这也跟中印关系中比较敏感的西藏问题有关。

与两国交往相关度不大的话题主要是反映中国的国内情况,这类话题的国际性不强,在国际角色上相应也就呈现为和平角色比例高于威胁角色,但就态度倾向而言,在以中性为主的前提下仍然是负面倾向大于正面倾向,也就是说在看待中国国内发展时,印度媒体趋向于在客观性报道原则的大前提下发掘中国发展中的问题。

4. 行为主体和消息源:政商唱大戏

印度媒体报道的行为主体和消息源都以政商界为主。

具体来看,行为主体以中央政府占主导,比例上其具有压倒性优势,占据近50%的比例(44.7%)(见表4-22)。这与比例占优的中央政府与外交话题有关,中印关系从历史纠葛迈向正常化和进一步发展更主要是由两国政府之间的认识和互动推动,媒体因此也就从政府的一举一动来理解关系的走向。其中,如前文所述,代表政府开展互动活动的中央官员也得到了关注,他们在互访、交流过程中的举动、态度都成为媒体分析政府政策走向的信号。因此中央官员主体的比例排在第三位,占7.1%,与中央政府主体合计,中央一级的主体已超过50%,且境内外主体基本平均。由于两国经济活动的重要性,商界的主体身份比例仅次于中央政府,企业为11.8%,加上商务人士的1.2%,商界主体比例总计为13%,境内外主体也基本平均。其余超过5%的主体为普通百姓(6%)和文体人士(5.1%)。

表4-22 印度媒体对不同行为主体的关注

行为主体身份		行为主体国别					合计
		境内的中国身份	境外的中国身份	境内的外国身份	境外的外国身份	不详	
中央官员	计数	94	1	0	86	10	191
	总数的占比	3.5%	0.0%	0.0%	3.2%	0.4%	7.1%
政界资深人士	计数	20	4	0	17	0	41
	总数的占比	0.7%	0.1%	0.0%	0.6%	0.0%	1.5%
地方政府官员	计数	10	0	0	6	0	16
	总数的占比	0.4%	0.0%	0.0%	0.2%	0.0%	0.6%

续表

行为主体身份		行为主体国别					合计
		境内的中国身份	境外的中国身份	境内的外国身份	境外的外国身份	不详	
公务人员	计数	9	2	0	16	2	29
	总数的占比	0.3%	0.1%	0.0%	0.6%	0.1%	1.1%
文体人士	计数	54	1	0	79	3	137
	总数的占比	2.0%	0.0%	0.0%	2.9%	0.1%	5.1%
商务人士	计数	10	0	0	20	3	33
	总数的占比	0.4%	0.0%	0.0%	0.7%	0.1%	1.2%
媒体人士	计数	5	0	0	3	0	8
	总数的占比	0.2%	0.0%	0.0%	0.1%	0.0%	0.3%
知识分子	计数	6	0	0	10	1	17
	总数的占比	0.2%	0.0%	0.0%	0.4%	0.0%	0.6%
学生	计数	24	1	0	1	0	26
	总数的占比	0.9%	0.0%	0.0%	0.0%	0.0%	1.0%
工人	计数	4	0	0	2	0	6
	总数的占比	0.1%	0.0%	0.0%	0.1%	0.0%	0.2%
商贩	计数	0	0	0	4	1	5
	总数的占比	0.0%	0.0%	0.0%	0.1%	0.0%	0.2%
军事安全人士	计数	4	0	0	3	0	7
	总数的占比	0.1%	0.0%	0.0%	0.1%	0.0%	0.3%
宗教人士	计数	36	16	0	4	1	57
	总数的占比	1.3%	0.6%	0.0%	0.1%	0.0%	2.1%
异见者	计数	18	36	0	28	1	83
	总数的占比	0.7%	1.3%	0.0%	1.0%	0.0%	3.1%
普通老百姓	计数	117	3	0	37	5	162
	总数的占比	4.3%	0.1%	0.0%	1.4%	0.2%	6.0%
中央政府及部门	计数	557	3	9	600	39	1208
	总数的占比	20.6%	0.1%	0.3%	22.2%	1.4%	44.7%
地方政府及部门	计数	25	3	0	40	1	69
	总数的占比	0.9%	0.1%	0.0%	1.5%	0.0%	2.6%
议会	计数	19	0	0	0	1	20
	总数的占比	0.7%	0.0%	0.0%	0.0%	0.0%	0.7%

续表

行为主体身份		行为主体国别					合计
		境内的中国身份	境外的中国身份	境内的外国身份	境外的外国身份	不详	
军事/国防/公安/安全单位	计数	46	1	0	52	1	100
	总数的占比	1.7%	0.0%	0.0%	1.9%	0.0%	3.7%
媒体	计数	37	1	0	22	1	61
	总数的占比	1.4%	0.0%	0.0%	0.8%	0.0%	2.3%
学校	计数	4	0	0	7	0	11
	总数的占比	0.1%	0.0%	0.0%	0.3%	0.0%	0.4%
医院	计数	3	0	0	1	0	4
	总数的占比	0.1%	0.0%	0.0%	0.0%	0.0%	0.1%
研究机构	计数	7	0	0	0	1	8
	总数的占比	0.3%	0.0%	0.0%	0.0%	0.0%	0.3%
非政府组织	计数	3	2	0	7	0	12
	总数的占比	0.1%	0.1%	0.0%	0.3%	0.0%	0.4%
企业	计数	149	3	15	141	11	319
	总数的占比	5.5%	0.1%	0.6%	5.2%	0.4%	11.8%
国际组织	计数	4	0	0	44	9	57
	总数的占比	0.1%	0.0%	0.0%	1.6%	0.3%	2.1%
非政府组织人员	计数	1	0	0	2	0	3
	总数的占比	0.04%	0.0%	0.0%	0.1%	0.0%	0.1%
国际组织人员	计数	0	0	1	1	2	4
	总数的占比	0.0%	0.0%	0.04%	0.04%	0.1%	0.1%
不详	计数	4	0	0	0	3	7
	总数的占比	0.1%	0.0%	0.0%	0.0%	0.1%	0.3%
总计	计数	1270	77	25	1233	96	2701
	总数的占比	47.0%	2.9%	0.9%	45.6%	3.6%	100.0%

具体看消息源身份，政商界消息源依然占主导，但中央级消息源已不像主体身份那样具有压倒性比例，比例分布更加均衡，显示出印度媒体试图从多元角度来理解中国和中印关系。与机构占据主导的活动主体相比，消息源更加青睐个人身份，体现出印度媒体从人的角度反映多元声音，反映了一种人本化的报道方式。普通的公务人员比例最高（15.6%），中央官员身份的消息源也明显高于以政府部门身份出现的消息源（10.5% V.S. 2.6%）。有趣的是消息源中的一个比较突出的比例是政界资深人士（10.4%），即前印度国家领导人，占

比仅次于现任中央官员。虽然由于他们已不再担任实际的现职，因此作为活动主体的比例较低(1.5%)，但是他们的政界资历和经验使他们熟知中印两国关系的发展状况，从而成为印度媒体偏爱引用的意见来源。商界消息源亦体现了个人身份比例明显高于机构身份的现象。商务人士占比9.7%，企业消息源只有1.3%。消息源的引用也比较重视相对独立的媒体和知识分子的意见。二者虽然不是主要的行动主体(媒体2.3%，知识分子不到1%)，但都是比较重要的消息来源，媒体占比11.4%，知识分子占比6.2%，可见二者都是媒体就中国话题和中印关系偏爱采访的对象，是相对比较中立和专业的意见来源。

表4-23 印度媒体涉华报道的消息源

消息源身份		消息源国别					合计
		境内的中国消息源	境外的中国消息源	境内的外国消息源	境外的外国消息源	不详	
中央官员	计数	72	0	0	86	0	158
	总计的占比	4.8%	0.0%	0.0%	5.7%	0.0%	10.5%
政界资深人士	计数	32	35	0	83	6	156
	总计的占比	2.1%	2.3%	0.0%	5.5%	0.4%	10.4%
地方政府官员	计数	12	1	0	21	1	35
	总计的占比	0.8%	0.1%	0.0%	1.4%	0.1%	2.3%
公务人员	计数	83	1	0	139	10	233
	总计的占比	5.5%	0.1%	0.0%	9.3%	0.7%	15.6%
文体人士	计数	16	0	0	35	0	51
	总计的占比	1.1%	0.0%	0.0%	2.3%	0.0%	3.4%
商务人士	计数	53	7	0	83	2	145
	总计的占比	3.5%	0.5%	0.0%	5.5%	0.1%	9.7%
媒体人士	计数	12	0	0	7	1	20
	总计的占比	0.8%	0.0%	0.0%	0.5%	0.1%	1.3%
知识分子	计数	43	7	0	34	9	93
	总计的占比	2.9%	0.5%	0.0%	2.3%	0.6%	6.2%
学生	计数	5	0	0	3	0	8
	总计的占比	0.3%	0.0%	0.0%	0.2%	0.0%	0.5%
农民	计数	2	0	0	0	0	2
	总计的占比	0.1%	0.0%	0.0%	0.0%	0.0%	0.1%
工人	计数	0	1	0	4	0	5
	总计的占比	0.0%	0.1%	0.0%	0.3%	0.0%	0.3%

续表

消息源身份		消息源国别					合计
		境内的中国消息源	境外的中国消息源	境内的外国消息源	境外的外国消息源	不详	
商贩	计数	2	0	0	5	0	7
	总计的占比	0.1%	0.0%	0.0%	0.3%	0.0%	0.5%
军事安全人士	计数	0	0	0	18	0	18
	总计的占比	0.0%	0.0%	0.0%	1.2%	0.0%	1.2%
宗教人士	计数	19	5	0	13	1	38
	总计的占比	1.3%	0.3%	0.0%	0.9%	0.1%	2.5%
异见者	计数	2	15	0	9	2	28
	总计的占比	0.1%	1.0%	0.0%	0.6%	0.1%	1.9%
普通老百姓	计数	32	0	0	8	0	40
	总计的占比	2.1%	0.0%	0.0%	0.5%	0.0%	2.7%
中央政府及部门	计数	28	0	0	39	0	67
	总计的占比	1.9%	0.0%	0.0%	2.6%	0.0%	4.5%
地方政府及部门	计数	7	2	0	2	0	11
	总计的占比	0.5%	0.1%	0.0%	0.1%	0.0%	0.7%
议会	计数	0	0	0	0	0	0
	总计的占比	0.0%	0.0%	0.0%	0.0%	0.0%	0.0%
军事/国防/公安/安全单位	计数	3	0	0	13	0	16
	总计的占比	0.2%	0.0%	0.0%	0.9%	0.0%	1.1%
媒体	计数	106	5	3	51	6	171
	总计的占比	7.1%	0.3%	0.2%	3.4%	0.4%	11.4%
学校	计数	0	0	0	1	0	1
	总计的占比	0.0%	0.0%	0.0%	0.1%	0.0%	0.1%
研究机构	计数	1	0	0	2	1	4
	总计的占比	0.1%	0.0%	0.0%	0.1%	0.1%	0.3%
非政府组织	计数	2	2	0	14	3	21
	总计的占比	0.1%	0.1%	0.0%	0.9%	0.2%	1.4%
企业	计数	6	0	0	14	0	20
	总计的占比	0.4%	0.0%	0.0%	0.9%	0.0%	1.3%
国际组织	计数	0	0	0	35	0	35
	总计的占比	0.0%	0.0%	0.0%	2.3%	0.0%	2.3%

续表

消息源身份		消息源国别					合计
		境内的中国消息源	境外的中国消息源	境内的外国消息源	境外的外国消息源	不详	
非政府组织人员	计数	3	0	0	4	0	7
	总计的占比	0.2%	0.0%	0.0%	0.3%	0.0%	0.5%
国际组织人员	计数	9	0	1	13	1	24
	总计的占比	0.6%	0.0%	0.1%	0.9%	0.1%	1.6%
不详	计数	8	1	1	43	31	84
	总计的占比	0.5%	0.1%	0.1%	2.9%	2.1%	5.6%
总计	计数	558	82	5	779	74	1498
	总计的占比	37.2%	5.5%	0.3%	52.0%	4.9%	100.0%

5. 印度媒体审视中国的世界框架：大国制衡与地缘政治影响突出

（1）本国视角及大国视角突出

首先，印度本国视角最突出，涉及印度的段落数量遥遥领先，达到1445段，对中国国际交往的报道以中印互动为主。其次，美国作为最有影响力的世界第一超级大国，其在印度媒体涉华报道中的影响因素非常明显，由于关注中国对亚洲安全的影响，印度媒体关心美国在亚洲对中国的制衡力量，因此涉及美国的段落数量仅次于印度本国，达到352段。应该说美国在印度的大国诉求以及对中国的防范中扮演着非常重要的角色。发展与美国的关系，获得美国对印度大国诉求的支持，是印度争取大国地位的现实需要，而美国则通过帮助印度实现全球性大国诉求来平衡中国影响。印度与美国的伙伴关系近年来也得到了很大的提升，美国把美印关系称为是21世纪以及亚太地区的决定性伙伴关系。2010年11月美国总统奥巴马访问印度时就明确支持印度成为一个崛起的全球大国，并欢迎印度成为改革后的联合国安理会常任理事国。中印关系中美国概念的重要性不言而喻。印度媒体涉华报道中涉及俄罗斯的段落也有不少，总计49段。俄罗斯也是对亚洲安全有着重要影响的大国，此外，印度与俄罗斯还有着较为紧密的利益关系——印度历史上曾经背靠苏联，21世纪之后印俄基于政治、军事、经济上的合作需求又开始发展新型战略伙伴关系，因此，俄罗斯与中国的互动受到印度媒体关注。印度媒体对中国关注的很大一个要素就是安全问题，希望中国的力量在印度崛起过程中得到牵制，不会对其大国梦构成威胁。

（2）以南亚为核心的亚洲视角

印度媒体报道中国的国际视角同样体现出鲜明的地缘政治因素。亚洲国家，尤其是南亚和东南亚国家得到特别的关注。印度媒体对本国在南亚次大陆的安全因素以及领导力的重视表露无遗，尤其警惕该地区力量平衡是否会被打破。

其中印度的南亚近邻巴基斯坦、尼泊尔都涉及较多，尤其是巴基斯坦，涉及段落有143段，排在第三位，这与印巴之间由于宗教及领土冲突引发的紧张关系有关。就人口、地域以及其在南亚地区的影响力上而言，印度具有南亚大国的地位。但印度自独立以来，却时常担心其大国地位的不稳定性，其中最大的挑战来自巴基斯坦。分别信仰印度教和伊斯兰教的印度和巴基斯坦在1947年基于蒙巴顿方案分治后，不仅宗教冲突引发纷争，克什米尔的归属问题也导致领土之争，并带来几次印巴战争，两国长期处于对立关系。中国一直是巴基斯坦的坚定支持者，尤其在20世纪60年代中印关系恶化后，中巴逐渐走向结盟，联手抗印，对印度在南亚地区的大国地位造成了冲击，从而受到了印度的高度关注。尤其是中国近年来的快速崛起，在经济上、军事上以及综合国力上的提升，不仅在某种程度上提高了巴基斯坦对印度的政治筹码，而且还提升了中国在南亚地区事务上所能发挥的影响力。这段历史关系使得印度媒体特别重视中国和巴基斯坦互动的一举一动，尤其是中国与巴基斯坦在军事上的交集。这一视角进一步体现了在印度媒体认知中国的过程中安全因素扮演的重要角色。尼泊尔也有相当的关注度，相关段落达到64段。印度对中国近年来与尼泊尔的关系发展也比较关注。尼泊尔和印度共享一段相当长的开放边界线，经济交往比较密切，印度一向对尼泊尔具有支配性的影响力，因而十分关心中国对尼泊尔可能形成的影响。

此外，印度媒体对同属南亚次大陆，且印度曾卷入其内乱的斯里兰卡也有所关注，涉及段落为9段，另外还有不丹2段、锡金1段。东南亚国家也有不少涉及，包括缅甸33段、越南24段、新加坡22段、马来西亚14段、印尼13段、菲律宾7段、老挝4段、柬埔寨1段。印度离东南亚区域较近，对东南亚有影响力，长期将东南亚视为其扩大在亚洲影响力的重要板块，因此印度媒体也十分关注中国与东南亚的互动。这种对南亚、东南亚区域的重视还延伸至印度洋海域，因此同属印度洋版块的澳大利亚也有35段。此外涉及地区安全概念的伊朗也有20段涉及。

除了地缘紧密相关的南亚、东南亚和印度洋地区，印度在地缘关系不是十分紧密的东亚和东北亚地区较为关注的是日本和韩国这两个经济发达和实力较强的国家。涉及日本的段落达到95段，韩国达到30段。作为经济正在崛起的国家，印度媒体十分关注亚洲区域的其他较强经济体动向。

印度对自身影响力的定义并不仅局限于南亚、东南亚和印度洋地区，亚洲大国是其大国之路上的重要发展目标。因此从印度媒体关注的区域来看，亚洲是被提及最多的区域概念，有30段，超过了南亚地区概念（10段）。此外还涉及其他一些亚洲区域及集体概念，如东南亚6段、东盟2段、北亚2段、中亚2段、东亚1段、印度半岛1段、朝鲜半岛1段。

对中国政治和安全有着重大影响的台海问题也比较受印度媒体关注。因此涉及台湾的段落达到56段。香港地区与中国经济发展有密切关系，同时香港地区也有较多印度人投资、生活，因此也具有一定的涉及度，涉及段落39段。

（3）欧洲概念不突出

西欧国家在印度媒体中的涉及度不高，大部分国家涉及段落都不超过10段。只有英国除外，达到40段，这与英国曾经是印度的宗主国，对印度有着较多的历史影响有关。东欧地区则由于前南斯拉夫地区内乱、科索沃爆发战争以及中国使馆被炸而引发关注。其中南斯拉夫26段，科索沃10段，科索沃和阿尔巴尼亚各有2段。欧洲的地区及集体概念相比具体国家涉及稍多，欧洲25段，欧盟6段。尽管欧洲作为整体是当前国际体系中的一支重要力量，但由于对印中关系缺乏地缘影响，同时也缺乏影响世界走向的大国概念，在印度媒体的涉华报道中并不突出。

（4）国际机制关注度不高，新型合作机制未受重视

印度媒体涉华报道中国际组织的集体概念不是非常突出，涉及种类不多。数量最多的是涉及科索沃战争的北约组织，达到30段。其他的国际政治组织主要涉及联合国，共21段，通常是在谈论伊朗、巴基斯坦的问题时涉及。印度媒体涉华报道中经济组织的概念也并不突出，其中涉及中国入世的世界贸易组织有27段，此外除了21段涉及国际货币基金组织，就没有再出现其他经济组织概念。印度媒体涉及政治、经济组织之外，还涉及世界卫生组织9段，主要是在报道SARS、禽流感等话题时涉及。除此之外没有涉及其他国际组织概念。

尽管印度和中国都是新兴经济体的重要代表国家，也都是金砖国家谋求世界格局转型的合作机制中的重要力量，但很明显，《印度斯坦时报》在审视中国时缺乏对新型合作关系的认同框架，在对近年来引起世人关注的代表发展中国家影响国际治理的概念中，"金砖国家"只有1篇报道提及，"20国集团"等其他机制都没有被提及。可以说，在研究考察的1998—2012的15年内，印度对中国的观察带有较强的旧的世界体系的烙印。

（三）小结

面对世界体系转型的格局，印度进一步加强了其对大国梦的追求，从印度媒体的涉华报道可以看到，在这一追求中印度舆论对中印之间身份与利益的界定是复杂的——既意识到两个发展中大国合作所进发的能量和改变世界的可能，希望两国关系得到深化和拓展，同时又敏感于中印两个相邻大国之间存在的竞争，印度舆论对中国的实力上升有可能带来的对自身大国诉求的"威胁"有着较明显的警惕，包括经济以及地区主导权方面，尤其是在安全领域，边界问题的历史阴影延伸至当下的现实担忧中，不时成为印度对中国从敌人

向朋友身份的认同转化的障碍。

但是与西方出于意识形态的对立而产生的"中国威胁论"不同,印度的忧虑主要出于地缘关系带来的利益敏感。而由于其在政治经济制度上向西方靠拢,目前其"大国诉求"又需要西方的大国支持,尤其是在制衡中国的问题上需要传统核心大国的力量,因此印度对中国的审视也在很大程度上受到了旧有体系和机制的影响。新型国际合作机制在印度涉华舆论中的影响还不明显,这说明印度还未确认在世界转型过程中中印之间的新型集体身份。

鉴于印度的这种疑虑和担心,中国的对印外交和传播应该努力释放探索共同利益的信号。尽管近年来中印边境也确实出现了一些局部冲突,印度国内甚至出现一些反华情绪,但应该看到双方频繁进行高层会晤,两国都迫切希望解决分歧,以真正的大国视野来面对彼此,不以局部冲突否定中印关系大局。因此中国可以一方面基于印度国内中产阶级对中印经济合作的期望,积极传递经济合作的信息,另一方面在安全上应消除历史情结,释放共建地区安全的合作信号,共同打造稳定的亚洲,尤其是安全的南亚及东南亚局势。最关键的是要积极传达二者在新兴国家的集体框架(如金砖国家)中合作的信号,即努力推动世界体系的转型,实现世界多极化的发展,扩大发展中国家的话语权。这样才能用新的集体身份超越敏感的地缘关系,使中国在印度的"大国诉求"中扮演一个共赢的角色,改变印度"你得我失"的惯性思维[①]。

六、金砖媒体对沪认知分析

上海作为中国的经济和金融中心,在以经济合作为重要基础的金砖国家媒体报道中受到了如何的关注,呈现了怎样的报道框架?金砖国家对经济金融城市的报道与对国家的报道是否有区别?本研究专门提取了有关上海的数据,分析结果如下。

(一)金砖媒体对沪认知研究发现

1. 对上海关注度较高

研究数据(表4-24列出了涉及超过20段的地区)表明,上海作为中国经济中心和第一大城市在金砖国家的舆论中还是受到较多关注的。在金砖媒体的报道中,上海仅次于北京和西藏的涉及数量,在涉及的中国地区中占比超过10%,与排名第四的广东省的涉及量也拉开了较大差距。北京排名第一的报道量,与涉华报道关注政府外交、国家政策以及诸

---

① 蓝建学. 印度大国梦中的中国情结[J]. 当代亚太,2004(12):37-43.

如奥运会这样的国际大型活动密切相关。西藏地区的涉及量则与西藏问题的国际影响以及"3·14"等突发事件引发国际关注有关。尤其是印度媒体,由于地缘关系以及其在西藏问题上的历史纠葛,对西藏地区尤为关注,提及量甚至超过北京。但是上海在巴西媒体的报道中提及量仅略低于西藏,在俄罗斯媒体的报道中甚至超过西藏地区,提及量仅次于北京地区。上海在不具有外交层面的中心优势,也没有突发事件引发国际关注的情况下,能够在全国各地区中具有相对较高的关注度,与金砖国家在经济上合作的侧重以及上海外向型经济和金融中心的定位有着很大的关系,金砖媒体经济话题的报道容易涉及上海。此外,上海作为新兴国家的国际化大都市,其城市发展的一些不同侧面也受到了金砖媒体的关注。随着金砖银行在上海的设立以及金砖国家在建立国际金融新秩序方面合作的进展,相信上海在金砖国家的受关注度还会进一步提升。

表4-24 金砖媒体涉华报道关注的中国主要地区

地区	数量(段)	占比
北京	364	27.6%
西藏	332	25.2%
上海	133	10.1%
广东	85	6.4%
新疆	67	5.1%
四川	38	2.9%
江苏	24	1.8%
安徽	21	1.6%
黑龙江	20	1.5%
河南	20	1.5%

2. 经济话题为重,其他话题各国分布不一

金砖媒体的涉沪报道以经济话题为重,整体来看,经贸话题以接近40%的比例位列第一(见表4-25)。排名第二的是人情味话题,占比接近10%,大大超出在整体涉华报道中的比例。政府外交话题只有6%,比例明显低于整体涉华报道。具体来看各国媒体,三国报道的经济话题比例都在30%以上,其中印度媒体涉沪报道的经济话题达到45%。相较而言,巴西媒体的涉沪话题分布种类最多,除了经济话题外,环境话题达到15.7%的比例,人口话题则有11.4%,人情味话题也达到了10%的比例,法律道德话题有8.6%,政府外交话题占5.7%,娱乐话题为4.3%,体育为2.9%,政治、地方政府、领土主权、人权民主、宗教、社会动荡、旅游交通、文化艺术等领域都有报道涉及,可见巴西媒体审视上海视角的多元性,除了

经济发展和合作,上海的城市、社会发展的很多方面都引发巴西媒体兴趣,环境、人口、人情味以及法律道德话题甚至都超过了政府外交类话题。印度媒体在涉沪话题的分布面上稍逊于巴西媒体。在经济话题的大比重占比之外,人情味报道位列第二大话题,占11.3%,旅游交通占9.4%,土地住房话题占7.5%,政府外交话题为5.7%,劳工、科技、灾难话题各占3.8%,政治、军事、娱乐、法律道德、宗教等领域也都有涉及。可以看出巴西、印度媒体对上海的关注主要聚焦经济及社会发展,而在国家互动的政府外交层面,上海并不是两国媒体关注的重要对象。相较而言,俄罗斯媒体涉沪报道的话题种类最少,除了经济话题外,能源话题占到了20%,医疗保健话题也为20%,政府外交话题为10%。俄罗斯报道总量偏少以及中俄合作领域偏窄的状况是导致俄罗斯媒体对上海关注面较为狭窄的主要原因。

表4-25 金砖媒体涉沪报道的话题分布

涉沪话题	国家						合计	
	巴西		印度		俄罗斯			
	数量	占比	数量	占比	数量	占比		
政府外交	4	5.7%	3	5.7%	1	10.0%	8	6.0%
政治	1	1.4%	1	1.9%	0	0.0%	2	1.5%
地方政府	1	1.4%	0	0.0%	0	0.0%	1	0.8%
领土主权	1	1.4%	0	0.0%	0	0.0%	1	0.8%
人权民主	1	1.4%	0	0.0%	0	0.0%	1	0.8%
经济贸易财政	21	30.0%	24	45.3%	3	30.0%	48	36.1%
军事国防安全	0	0.0%	1	1.9%	0	0.0%	1	0.8%
教育	0	0.0%	0	0.0%	0	0.0%	0	0.0%
娱乐	3	4.3%	1	1.9%	0	0.0%	4	3.0%
体育	2	2.9%	0	0.0%	0	0.0%	2	1.5%
科技	0	0.0%	2	3.8%	0	0.0%	2	1.5%
能源	0	0.0%	0	0.0%	2	20.0%	2	1.5%
法律道德	6	8.6%	1	1.9%	0	0.0%	7	5.3%
劳工	0	0.0%	2	3.8%	0	0.0%	2	1.5%
医疗保健	0	0.0%	0	0.0%	2	20.0%	2	1.5%
宗教	1	1.4%	1	1.9%	0	0.0%	2	1.5%
民族关系	0	0.0%	0	0.0%	0	0.0%	0	0.0%
环境	11	15.7%	0	0.0%	0	0.0%	11	8.3%
人口	8	11.4%	0	0.0%	0	0.0%	8	6.0%
土地住房	0	0.0%	4	7.5%	0	0.0%	4	3.0%
社会动荡	1	1.4%	0	0.0%	0	0.0%	1	0.8%

续表

涉沪话题	国家						合计	
	巴西		印度		俄罗斯			
	数量	占比	数量	占比	数量	占比		
旅游交通	1	1.4%	5	9.4%	0	0.0%	6	4.5%
人情味	7	10.0%	6	11.3%	0	0.0%	13	9.8%
灾难	0	0.0%	2	3.8%	0	0.0%	2	1.5%
文化艺术	1	1.4%	0	0.0%	0	0.0%	1	0.8%
不适用	0	0.0%	0	0.0%	2	20.0%	2	1.5%
总计	70	100.0%	53	100.0%	10	100.0%	133	100.0%

3. 巴西、俄罗斯关注上海当下，印度视角更复杂

从三国媒体涉沪舆论的整体来看，报道的现在时间框架与混合时间框架比例最高，同为31.6%（见图4-26），接下来是过去时间框架，占比近30%，未来时间框架比例最低，不到10%。具体来看，巴西、俄罗斯媒体涉沪报道的现在时间框架各自占比最高，分别为41.4%和50%。印度媒体的现在时间框架则较少，仅为15.1%，混合框架占比最多，达到45.3%，过去框架也超过现在框架，达到28.3%。与巴西、俄罗斯媒体相比，印度媒体涉沪报道的未来框架占比最多，有11.3%，巴西较印度媒体略低，占比为8.6%，而俄罗斯媒体的涉沪报道则完全没有涉及未来框架。由此可见俄罗斯与巴西媒体更注重上海的当下，印度审视上海的时间维度更为复杂，不满足于停留在当下的表象，从而更趋向综合不同的时间维度来考察上海，其中历史维度的重要性被凸显，明显超过了反映当下的现在维度。

表4-26　金砖国家涉沪报道的时间框架

国家	时间框架				合计
	过去	现在	未来	混合	
巴西	20	29	6	15	70
	28.6%	41.4%	8.6%	21.4%	100.0%
印度	15	8	6	24	53
	28.3%	15.1%	11.3%	45.3%	100.0%
俄罗斯	2	5	0	3	10
	20.0%	50.0%	0.0%	30.0%	100.0%
总计	37	42	12	42	133
	27.8%	31.6%	9.0%	31.6%	100%

4. 涉沪舆论关注冲突，但形象更显正面

从报道的事物性质来看，涉及上海的报道仍以冲突性质为主。从三国报道的整体来看，冲突性内容占到了72.7%（见表4-27），混合或模糊内容占比为20.3%，非冲突内容最少，仅占7%。分别看巴西、印度、俄罗斯三国媒体的涉沪报道，冲突性质的占比在三国都具压倒性优势。其中巴西媒体的冲突比例在三国中最高，达到80%，非冲突比例则为三国媒体中最低，只有2.9%。印度媒体的报道中混合或模糊比例是三国媒体中最高的，占27.1%，冲突性质的比例相比而言是三国媒体中最低的，为62.5%。俄罗斯媒体的涉沪报道与其他两国相比则是非冲突比例在三国中最高，有20%，混合或模糊比例为三国媒体最低，为10%。与金砖媒体对中国报道的整体数据相比较，涉沪内容的冲突比例更高。涉及上海的报道内容通常不属于外交框架层面，一般涉及更为具体的事物，与他国的经济竞争、城市发展中的矛盾问题往往成为金砖媒体的关注对象，从而使得冲突比例明显上升。

表4-27 金砖媒体涉沪报道内容的性质

国家	报道内容的性质			合计
	冲突	非冲突	混合或模糊	
巴西	56	2	12	70
	80.0%	2.9%	17.1%	100.0%
印度	30	5	13	48
	62.5%	10.4%	27.1%	100.0%
俄罗斯	7	2	1	10
	70.0%	20.0%	10.0%	100.0%
总计	93	9	26	128
	72.7%	7.0%	20.3%	100%

整体来看，金砖国家涉及上海的报道倾向是中性偏正面的，从三国媒体的报道总量来看，中性倾向占据主流，占比为69.7%（见表4-28），正面也有23.5%的比例，负面只有6.8%。分别来看各国媒体报道，巴西、俄罗斯、印度三个国家的媒体都没有出现负面倾向大于正面倾向的情况。其中俄罗斯媒体涉沪报道完全没有负面倾向，正面报道也和中性报道比例持平，可以说俄罗斯对上海的认知相当积极。巴西媒体涉沪报道以中性倾向为主，占到接近70%的比例，正面倾向占比也明显多于负面倾向，占到接近30%的比例。印度媒体涉沪报道以中性报道比例为最高，接近80%，正面和负面倾向的报道持平。

表4-28 金砖媒体涉沪报道的态度倾向

国家	报道的态度倾向			合计
	正面	负面	中性	
巴西	20	3	46	69
	29.0%	4.3%	66.7%	100.0%
印度	6	6	41	53
	11.3%	11.3%	77.4%	100.0%
俄罗斯	5	0	5	10
	50.0%	0.0%	50.0%	100.0%
总计	31	9	92	132
	23.5%	6.8%	69.7%	100.0%

就国际角色而言，和平角色占据金砖媒体报道整体近60%的比例（见表4-29），远高于混合或模糊角色的近40%，以及威胁角色的4.8%。其中巴西媒体涉沪报道的和平角色更显示压倒性占比的优势，达到65.1%，威胁角色则为零呈现。印度媒体涉沪报道中和平角色也达到了一半的比例，其次为混合或模糊角色，比例近40%，但印度媒体是唯一呈现威胁角色的，比例为12.5%。俄罗斯媒体的涉沪报道相比而言正面角色占比未呈现出巴西、印度两国的高比例，占比为30%，相比混合角色更多，占据了70%的比例，但俄罗斯媒体没有呈现威胁角色。

表4-29 金砖媒体涉沪报道对中国国际角色的认知

国家	中国国际角色			合计
	威胁	和平	混合或模糊	
巴西	0	41	22	63
	0.0%	65.1%	34.9%	100.0%
印度	4	16	12	32
	12.5%	50.0%	37.5%	100.0%
俄罗斯	0	3	7	10
	0.0%	30.0%	70.0%	100.0%
总计	4	60	41	105
	3.8%	57.1%	39.0%	100.0%

与金砖媒体对中国报道的整体数据相比较，涉沪报道的倾向与国际角色的呈现都显示出更为正面的趋势，正面倾向与和平角色的比例都明显高于对中国的整体报道。这与涉

沪报道多关注经济、社会话题，不易涉及敏感的政治及安全类话题有很大关系。面对金砖国家，上海较少沉重的政治话题，更加面向经济与社会发展，因此金砖国家涉沪报道的叙述基调更加积极向上。

5. 行动者与声音：商界重要性提升，独立声音更受重视

从金砖媒体涉沪报道整体来看，涉及的行动主体中企业排名第一，占比近24%（见表4-30），中央政府及部门排在第二位，占比19%，普通百姓则有接近16%的比例，另一个超过5%的类别是中央官员，占比略超8%。巴西媒体中地方政府部门也出现较多，占比超过10%，知识分子的比例近8%。俄罗斯媒体仍以中央为主，中央政府及部门占比超过30%。巴西、印度媒体的中央政府部门占比则让位于企业，但巴西媒体的中央官员作为个人行动主体有着12.8%的比例。

表4-30 金砖国家涉沪报道关注的行为主体

行动主体	国家						合计	
	巴西		印度		俄罗斯			
中央官员	5	12.8%	1	2.6%	1	16.7%	7	8.3%
地方政府官员	1	2.6%	2	5.1%	0	0.0%	3	3.6%
文体人士	2	5.1%	1	2.6%	0	0.0%	3	3.6%
商务人士	1	2.6%	2	5.1%	0	0.0%	3	3.6%
媒体人士	1	2.6%	0	0.0%	0	0.0%	1	1.2%
知识分子	3	7.7%	0	0.0%	0	0.0%	3	3.6%
学生	0	0.0%	1	2.6%	0	0.0%	1	1.2%
工人	1	2.6%	0	0.0%	0	0.0%	1	1.2%
宗教人士	0	0.0%	1	2.6%	0	0.0%	1	1.2%
普通老百姓	7	17.9%	5	12.8%	1	16.7%	13	15.5%
中央政府及部门	4	10.3%	10	25.6%	2	33.3%	16	19.0%
地方政府及部门	4	10.3%	0	0.0%	0	0.0%	4	4.8%
媒体	1	2.6%	2	5.1%	0	0.0%	3	3.6%
非政府组织	1	2.6%	0	0.0%	0	0.0%	1	1.2%
企业	8	20.5%	12	30.8%	0	0.0%	20	23.8%
国际组织	0	0.0%	2	5.1%	1	16.7%	3	3.6%
不详	0	0.0%	0	0.0%	1	16.7%	1	1.2%
总计	39	100.0%	39	100.0%	6	100.0%	84	100.0%

就涉沪报道引用的消息源而言,从金砖媒体报道整体来看,知识分子占比排名第一,达到近30%的比例(见表4-31)。商务人士的被引用比例位列第二,占21.3%。媒体则与地方政府官员持平,占比皆为8.5%。金砖媒体涉沪报道中中央官员的被引用比例低于地方官员,占比为6.4%。巴西媒体还注重对普通公务人员的消息源引用,占比达到10%。印度媒体报道中媒体与文体人士消息源比例持平,都是8.7%。俄罗斯的消息源则比较集中,中央官员与媒体消息源各半。

表4-31 金砖国家涉沪报道的消息源

消息源	国家						合计	
	巴西		印度		俄罗斯			
中央官员	1	5.0%	0	0.0%	2	50.0%	3	6.4%
政界资深人士	1	5.0%	1	4.3%	0	0.0%	2	4.3%
地方政府官员	0	0.0%	4	17.4%	0	0.0%	4	8.5%
公务人员	2	10.0%	1	4.3%	0	0.0%	3	6.4%
文体人士	0	0.0%	2	8.7%	0	0.0%	2	4.3%
商务人士	5	25.0%	5	21.7%	0	0.0%	10	21.3%
知识分子	10	50.0%	4	17.4%	0	0.0%	14	29.8%
普通老百姓	1	5.0%	1	4.3%	0	0.0%	2	4.3%
媒体	0	0.0%	2	8.7%	2	50.0%	4	8.5%
研究机构	0	0.0%	2	8.7%	0	0.0%	2	4.3%
企业	0	0.0%	1	4.3%	0	0.0%	1	2.1%
总计	20	100.0%	23	100.0%	4	100.0%	47	100.0%

从以上行动主体和消息源的分布来看,与金砖媒体对中国的整体报道相比,在金砖媒体关注上海经济与社会的报道框架下,中央政府活动与发声的重要性明显减弱,经济界的企业与商务人士的重要性进一步上升。此外独立声音的重要性凸显,知识分子与媒体在涉沪报道中成为金砖媒体更为重视的消息来源,以对上海发展作出更为客观及具有深度的分析。而由于涉及地方事务,上海地方政府的活动及其官员的声音也受到一些金砖媒体的关注。

(二)小结

金砖国家的经济属性以及上海的经济地位使得作为国际化大都市的上海受到金砖国家的重视。同时由于少与敏感的政治问题关联,上海在金砖舆论中的形象更加积极正面,而且随着金砖银行在上海的设立,上海在金砖国家中的重要性进一步凸显。

新兴国家崛起以及世界体系转型的重要诉求是建立更为民主、公平的国际秩序，尤其随着金砖国家开发银行的建立，金砖机制的建立完善成为全球经济治理体系的重大变革，体现了金砖国家代表的新兴国家的整体崛起。上海应该借助金砖银行在沪设立的东风，进一步打造上海国际金融中心，在打造新型国际金融体系、加强新兴国家话语权的过程中扩大上海的国际影响力。

金砖银行在上海的设立为上海向全球城市的发展注入了更多可能性。在经济全球化与信息化的作用下，很多城市进入全球网络，其中一些在空间权力上超越国家范围的主要城市成为全球城市，在全球经济协调与组织中扮演超越国家界限的关键角色。世界格局的变动预示着全球城市在世界经济中心转移后的迁移，上海需要抓住金砖机制的发展和新兴国家崛起的机遇，向全球城市迈进。上海在国际舆论中政治色彩相对淡化，经济与社会发展更为凸显，这些都有利于上海发挥在全球网络中的作用，甚至可以超越中国作为国家在国际话语中的某些局限性，最终达到在打造全球城市的过程中引领世界转型的价值观、话语与文化，以全球城市的身份提升中国国际话语权。

七、金砖国家对华认知研究总结

（一）金砖国家对华认知特征和影响因素

1. 对华认知去简单化，认知总体较西方国家优化

金砖国家的转型和世界体系的转型使得金砖国家能够客观对待中国的复杂性，没有呈现出非黑即白的简单化认知及话语，既不存在妖魔化趋势，也不存在一味美化的趋势。与西方对华认知及话语相比，金砖国家赋予中国的国际角色以及舆论倾向都相对有所优化，与西方话语对中国的呈现往往是一边倒的结构具有较大反差，反映了体系层次接近的金砖国家对中国的一种平视，是将同类国家作为参照系的认知体现。不过金砖国家合作机制尚处初始阶段，未来合作模式未有定数，转型中国的未来发展以及与各国关系的未来充满各种可能性和不确定性，因此随着金砖合作概念的凸显，其他金砖国家将更加全面审慎地评估中国。

2. 经济发展的认知框架下意识形态影响小

对华认知的经济框架是金砖概念强化后三国媒体话语的明显特点，这一偏好体现了金砖国家以经济发展为核心任务的机制特征。尽管2011年的第三次峰会中政治表述有所增多，包括对联合国安理会改革的诉求和利比亚问题的立场，但金砖机制的重点仍在经济问

题上,因此金砖国家对中国具有普遍意义的诉求和认知也将长期重点关注经济问题。在较长时期内,金砖国家即使有政治诉求的增加,如对全球治理体系的改革等,也将以经济诉求为中心,是为经济发展扫除障碍。而传统西方认知中的关注重点,即"人权""民主"等凸显政治体系分野的话题在金砖国家话语中的失落,则体现了国际体系转型带来的国际对华认知及涉华话语体系的转型可能。因此随着金砖国家等新兴经济体的发展及其与传统大国的分庭抗礼,国际上长期以来镶嵌在中西价值及意识形态分野之中的中国形象和涉华话语将得到突破。

3. 对华认知的国际体系框架:金砖身份尚未真正确立,难以完全抵抗现存体系的影响

金砖国家的对华认知及话语仍受到传统机制的重大影响。尽管目前国际体系出现了力量结构变动的明显趋势,但国际体系的主导规则并没有发生根本改变,国际力量结构变动与国际秩序的重塑之间还存在时间差。因此尽管以美国为核心的传统大国和既有规则体系主导世界的能力和权威在下降,新兴机制的概念在国际认知中有所体现,但新兴大国并没有做好推翻现有国际体系的准备,仍会在现有体系的框架中认知世界和中国,美国等西方大国以及既有规则体系对金砖国家认知中国的过程以及涉华话语依然产生重大影响。

从另一方面看,金砖国家作为集团的概念,与传统的国家集团有所不同,它经历了一个概念—机制—实际合作的过程。而传统的国家集团往往先有具体的合作需要,再在需要的基础上形成集团,如基于地缘形成的国家间合作,以欧盟、东盟、上合组织为代表,再如基于特定问题的合作需要,以北约、欧佩克为代表。同时有别于历史上封闭和对抗性的集团,金砖国家还与其他机制,如G20、G3、G8+5等,有交叉重合,因此金砖国家对中国的认知和涉华话语仍未真正形成一个具普遍意义的"金砖国家"机制或集团的框架,中国在金砖国家的认知和话语中暂时还未完全获得这一集体身份。

4. 各国诉求差异影响金砖国家对华认知

金砖国家的对华认知及话语也明显地受到各国诉求差异的影响。首先,金砖国家社会制度不同、发展模式不同、产业结构不同,具体的利益诉求就存在较大差异,并进一步影响涉华话语的重点和态度。仅就产业结构而言,俄罗斯是能源大国,巴西矿产资源丰富,印度擅长软件业和服务业,因此三国对与中国合作及竞争关系的认知和话语体现就会有很大差异。其次,地域差异也带来不同的国家诉求。金砖国家身处不同地域,没有紧密的地理联系,在地缘战略上不存在一致对外性。俄罗斯在东欧、印度在亚洲、巴西在拉美都各自谋求地区主导地位。再看国与国之间,国家之间地理过远会导致战略上缺乏共同目标,但易相安无事;地理过近则存在地缘政治竞争,但也能促成紧密合作。从上文的数据结果看,各

金砖国家与中国地理距离和地缘关系的不同就带来了不同的政治经济诉求和不同的涉华话语框架。再次，金砖国家不同的发展层次导致不同的发展诉求也影响了其对中国的认知和话语。俄罗斯作为原超级大国意欲恢复大国身份的心态，印度作为准大国的心态，以及巴西作为南方国家的代表与美国抗衡的心态，都深深地影响着其涉华话语的角度和态度。

（二）在世界体系转型中寻求国际涉华话语体系的转型

随着金砖国家的合作机制在国际社会中日益发挥重要作用，金砖国家等新兴经济体将在国际舞台上拥有更大的话语权，长期以来被西方传统大国控制的国际话语将发生变化。过去长期受到西方"妖魔化""威胁论"等话语偏见影响的中国，应该在世界体系转型的过程中积极寻求国际涉华话语体系的转型，为中国的发展营造更加客观友善的国际舆论环境。具体来看，可以注意从以下几方面入手。

1. 寻求新兴国家共同诉求点，强化集体身份

中国要发挥主导作用，团结各金砖国家以加大新兴经济体的话语权，就需要探寻各国共同的诉求点，强化新兴经济体的集体身份。由于金砖国家的机制是从概念到合作的过程，因此还没有真正形成集体的身份和观念，机制化合作也尚未成熟。共同诉求点和集体身份的突出将会加强集体成员之间的相互认同。同时，基于共同诉求发出的集体的声音必将有利于扩大新兴经济体的国际话语权。目前看来，以金砖国家为代表的新兴经济体最大的共同诉求点就在于倡导更加民主和多元的国际经济体系，以促进新兴经济体的发展，保护发展中经济体的利益，其他方面的诉求，如政治、环境、全球治理等等都将围绕这一诉求展开。因此就这个意义而言，金砖国家虽然不是政治集团，但可以探索超越政治集团的合作机制，寻求新型的共同诉求点和集体身份。当下中国"人类命运共同体"概念的提出正反映了这种开放包容、合作共赢的心态，指向公正、公平的国际新秩序，有利于身份认同和国际合作话语的打造。

2. 集体重塑国际社会价值观

长期以来，中国国际形象的片面化以及话语权的弱势是由于受到以美国为首的西方意识形态和价值观在全球渗透的强大影响。伴随着美国等霸权主导世界能力的下降，其道德权威严重透支，西方制度的自私性和价值体系双重标准的弊病暴露无遗，而非西方世界的崛起则喊出了"由各国协调行动和集体决策的基础上，建立一个更加民主和公正的多极世界"的呼声，要求他国尊重本国发展道路选择，要求尊重世界各国文明选择的多样性[①]。这必将催生新的国际社会价值观和道德观，而中国作为新兴大国的重要代表之一，在合作机

---

① 杨鲁慧. 后金融危机时期国际政治格局的变革及趋向[J]. 当代世界与社会主义, 2011(2): 107–111.

制的平台上积极推进国际社会价值观的重塑,在满足新兴国家对国际话语权的共同需求的同时,改变以往西方站在道德至高点上对中国进行话语评判的局面,为中国营造更加客观公正的舆论环境。

3. 正视世界话语的多元化

尽管中国应积极寻求以金砖国家为代表的非西方集体声音的扩大,但多极化是当前国际体系转型的最大特色。比如金砖国家机制中就存在着双边关系、三角关系,同时它也与上合、东盟、G20等区域关系或合作机制交叉存在。另外目前G-X的层出不穷也意味着各种各样国家集团的增多,不同的集团对国际秩序有着不同的主张,追求各自的价值和利益,不同的问题也会面临不同的集团结构①。同时这次的国际体系转型也是历史上第一次不同社会制度的国家共同参与的过程。多极化发展意味着世界话语的多元化,中国在努力扩大新兴经济体集体声音的同时,也要注意兼顾多元诉求下的不同声音,以适应未来的多元国际社会。

4. 打造中国政治进步、经济发展和安全责任的大国磁场

根据奥德勒的理论,在共同体形成过程中,大国因其政治进步、经济发展和安全责任而产生出一种权威磁场,吸引他国加入核心国家主导的共同体。中国作为世界第二大经济体,在世界经济方面已具有影响力和引领力,"日益强大的中国向何处去"也成为传统发达国家、新兴国家、发展中国家都十分关注的问题。因此中国应超越具体利益框架,在世界体系转型的潮流中,进一步发挥在国际观、安全观、发展观、文明观、生态观等方面的引领作用,以责任感和价值观的软性力量吸引新兴国家、发展中国家以及其他更多的国家,形成命运共同体。2015年习近平主席访美期间就提出"新型大国关系",做出关于网络安全以及减排温室气体的承诺,之后在联合国峰会上承诺对发展中国家的援助则得到全球高度赞扬,共同体核心磁场的作用初现端倪。很快中国又正式提出了"人类命运共同体"这一新型国际关系理念,超越狭隘的国家利益观,寻求人类共同利益和共同价值的新内涵,这已成为中国建设国际关系及打造国际话语的努力方向。而建设全球城市、发挥全球城市节点在经济文化、社会治理等方面的辐射作用,也正是大国磁场的重要体现,全球城市建设应成为"人类命运共同体"这一伟大构想的重要组成部分,体现面对世界体系转型的全球担当。

---

① 陈玉刚. 金砖四国与国际秩序转变[J]. 中国战略观察,2011(1).

第五章
中国企业在非洲的舆论环境：
尼日利亚报道的框架研究

☆ 一、研究背景
☆ 二、中非关系及相关涉华舆论研究回顾
☆ 三、研究思路和方法
☆ 四、尼日利亚《每日信报》报道的框架分析
☆ 五、中国企业在非传播及形象构建建议

一、研究背景

中非关系源远流长,早在20世纪,中非在政治经济领域就有着紧密的联系。非洲作为中国长期以来的好朋友、好伙伴,在中国对外国际贸易之中,占据着重要的地位。

21世纪以来,随着非洲一体化进程的不断深入,非洲经济发展也进入快车道。早在2000年至2008年期间,非洲经济年均增长率就达到了5%,即使是在全球经济最为萧条的全球经济危机的时候,非洲经济也保持着稳步上升,在世界经济舞台上占据了越来越重要的位置。

与此同时,21世纪以来面临动荡的国际形势和风云变幻的国际经济环境,中非政经关系也变得更为紧密,中非发展进入新阶段。2000年"中非合作论坛"机制启动,大量中国企业赴非洲投资兴业,积极参与非洲基础设施建设、能源矿产合作开发和制造业发展;2011年,国务院国资委下发《中央企业"十二五"国际化经营战略实施纲要》,指导中央企业加快"走出去"步伐,积极开展海外业务,提升国际市场份额;2015年,国家发展改革委、外交部、商务部联合发布了《推动共建丝绸之路经济带和21世纪海上丝绸之路的愿景与行动》,"一带一路"国家经济战略正式施行,非洲作为建设"一带一路"的重要方向和落脚点,得到了中国政府和企业的密切关注,中非关系进入新篇章;2015年,南非约翰内斯堡举办中非合作论坛领导人峰会,极大地提升了中非合作的水平。

伴随着中非政治、外交、文化等方面合作的不断深入,以及中国由"产品输出"向"资本输出"的快速转变,"一带一路"和"产能合作"成为国家倡议,非洲迎来了中国企业投资的新浪潮。

客观而言,中非关系的升温和发展,完全是双方互助互惠、共同努力的结果,不涉及影响第三方势力。但面对中国在非洲国际影响力的不断提升,以及中国投资体量和数额的不断扩大,早已把非洲市场当成自家后花园的西方国家,往往不甘于自身利益受影响,纷纷凭借各自"早入场"的优势,强化对非关系并离间中非关系。而通过涉及中非关系的报道,构建中国政府和中国企业的负面框架,以影响、分化甚至干扰卓有成效的中非合作,则是极为常见的手段。西方媒体涉及中非经贸事件的报道之中,常常有一些负面的揣测,中国被当成一个假想敌,"中国威胁论""新殖民主义""中国阻碍非洲经济发展和崛起"等不利于中国在非洲建立起积极正面形象的论断时有出现,而在非洲投资建厂的中国企业,也会被西方媒体描述成"不怀好意的资源掠夺者"。

在西方媒体长期的负面攻势之下，深受西方新闻传播理论和体系影响的非洲媒体，其报道也受到了一定程度的影响，一些主流媒体不时出现西方媒体传递的"中国威胁论""中国新殖民主义论""中国资源掠夺论"等论调，出现了一些关于中国产品质量问题、当地环境影响、市场秩序问题、非洲职工受歧视以及当地失业问题等方面的指责。特别是涉及中国企业和投资的时候，评价往往不甚乐观，争议主要集中在"中国商品质量""非洲官员腐败""破坏当地制造业"等议题上。

尼日利亚是非洲的重要国家，全称尼日利亚联邦共和国（The Federal Republic Of Nigeria），地处西非东南部，是非洲历史最为悠久的国家之一，其官方语言为英文，主要信仰为伊斯兰教和基督教。据尼日利亚国家统计局统计，2015年尼日利亚人口已达到1.83亿，占非洲总人口的六分之一，是非洲人口最多的国家。尼日利亚也是经济发达的发展中国家之一，凭借着国内丰富的矿藏资源和石油资源，2013年其国内生产总值一举超过南非，达到5099亿美元，成为非洲最大的经济体，同时也是非洲第一大石油生产和出口国。在中华人民共和国商务部发布的《2005—2015年非洲各国实际GDP增长率》之中，可以看到尼日利亚在2005—2015年的GDP增长率都基本保持在6%以上且逐步上升。2017年，尼日利亚GDP增长率更是高达8.97%，成为全球经济增长最快的国家之一，吸引着世界各地的投资者。

尼日利亚也是目前中国在非洲的第三大贸易伙伴和第一大工程承包市场。尼日利亚与中国之间的关系，可以追溯到1971年与中国正式建立外交关系。

中尼建交初期的20世纪70—80年代，尼日利亚最主要且最依靠的国际外贸伙伴，依然是欧美国家。直到1993年后，西方国家开始大量削减对尼日利亚的投资和援助，尤其是2008年全球金融危机爆发之后，来自西方国家经济投资和援助的急剧下降，使得尼日利亚政府开始采取"东望政策"，积极主动地加强与中国的联系。

2005年，尼日利亚与中国政府发表联合声明，承认了中国政府在台湾地区的主权地位，向中国抛来友好的橄榄枝；2007年，中尼双边贸易总额达43.3亿美元；2008年，中国与尼日利亚、联合国粮农组织签署三方协议，支持尼日利亚国家粮食安全计划；2013年，中尼双边贸易总额达135.9亿美元，同比增长28.6%；2015年，中国更是力挺尼日利亚成为联合国安理会非常任理事国之一，进一步促进了双方政府之间的友好关系。

中尼之间建立的深厚政治互信，直接促进了双方的外贸合作，建立了紧密的经贸关系。据2017年12月25日中华人民共和国商务部发布的最新海关数据显示，2017年1月到11月，我国与尼日利亚双边贸易额为124.3亿美元，同比增长31.4%。而同时，中国也是尼日利亚的第二大贸易合作伙伴和第一大进口来源国，中国在非洲设立的六个自贸区，有两个位于尼日利亚，投资主要覆盖铁路、港口、水坝和发电站等领域。

因此，尼日利亚可谓非洲最为重要的发展中国家，无论是在"一带一路"非洲建设的战略布局之中，或是在中国对非经济外交之中，都占有非常重要的地位，具有较高的研究价值。

就尼日利亚的传媒事业而言，尼日利亚在西方传媒体系的基础上，也已经建立起自己完善的现代传媒体系，其国内主流媒体的报道，不仅对尼日利亚本国政府和民众产生着重要的影响，也在整个非洲的整体舆论环境中起着重要的作用。随着中国国际地位的不断提升、中尼经贸关系日益紧密以及中非关系的不断升温，尼日利亚媒体将更多的目光投向了这个遥远、陌生又渗透进他们生活的国家——中国。主流媒体中的涉华报道几乎每日可见，全方位涵盖了中尼之间的政治、经济、文化、军事等领域，特别是涉及石油、基建的重大合作项目，更是尼日利亚主流媒体的关注重点。对于中国在尼日利亚与日俱增的影响力和投资力度，出于国家发展的需要和政府的号召，尼日利亚的媒体大多持欢迎态度，积极支持中尼之间建立友好互助的贸易合作伙伴关系，态度较为正面。

然而即便如此，尼日利亚的现代新闻传播行业毕竟是建立在英美等国殖民时期所遗留下的制度之上，受西方传播影响很深。尼日利亚媒体涉华报道以正面、积极基调为主的同时，难免会出现一些关于中国和中非关系消极、负面甚至不实的内容。或许这样的报道并不是尼日利亚媒体报道的主流论调，但这一小撮狭隘报道的长期存在，也会框限尼日利亚人民对中国政府、企业和其投资行为的认知，影响他们评价和处理相关事务的方式，会给中尼关系之间的长远和谐发展，带来一定的负面影响。

面对这一状况，我们需要切实研究尼日利亚主流媒体对中国企业在尼投资的框架建构，并进一步探索影响框架建构背后的因素，以真正了解尼日利亚主流媒体的观点和态度，从而对中尼经贸关系以及中非经贸关系的进一步发展，提出具有指导性的建议。

二、中非关系及相关涉华舆论研究回顾

伴随着中国政府进一步落实"一带一路"对外投资倡议，非洲作为中国对外经济投资的主要国家及"一带一路"建设的重要方向和落脚点，迎来中国投资浪潮的同时，也吸引了中国广大学者的注意。

2015年底恰逢国家主席习近平对津巴布韦、南非进行国事访问，并赴约翰内斯堡主持中非合作论坛峰会，中非关系进入"历史最好时期"，这为研究非洲的专家学者从不同视角对中非关系进行全方位的解释阐述提供了充足的选题和广阔的空间。

仅在2017一年期间，通过查阅国家图书馆、中国社会科学院图书馆、中国知网期刊数据库和国家哲学社会科学学术期刊数据库等实体和网络平台，就收集到2017年国内出版或发表的有关非洲问题研究的专著、专题报告、论文集、核心学术期刊论文共有2500余篇/

部,研究涉及非洲政治、经济、国际关系、社会文化和中非关系等多个领域。

然而纵观国内研究,会发现应用对策研究较多,如何了解、尊重并融入非洲投资的"软环境",用多赢的心态对待非洲的投资目标国民众和社区,依然是目前国内非洲研究的重点。

中国社会科学院蓝迪国际智库非洲研究专家智宇琛在《中国企业在非洲:成就、问题与对策》中总结了中国企业在非洲投资主要面临的四个问题:一是非洲投资环境中的不利因素,二是中国企业自身存在的不足,三是全球宏观经济下行带来的不利影响,四是西方国家的不利影响。

针对西方国家不利影响中的负面舆论,智宇琛进行了详细的列举:西方媒体将中非能矿合作开发形容为"对非洲资源的掠夺",将中国企业参与非洲基础设施建设、提供优惠贷款等举措歪曲为"掠夺非洲资源的手段和工具",西方媒体还不断指责中国企业在非洲开展"圈地运动"等等。同时,在全球经济放缓和非洲经济下滑的形势下,西方媒体又抛出"中国经济放缓成为非洲崛起的障碍""中国将会对非洲乘机掠夺"等新论断,将中国与非洲之间的产能合作和产业对接指责为"转移落后产能"、造成"环境污染"等。

《〈纽约时报〉中的中国政治形象研究》一文发现,《纽约时报》通过大量引用非洲官员和当地人民的话语,指责中国对非洲国家投资所造成的不利影响,并隔空向中国政府喊话,要求中国政府必须明确公开在非洲的援助行为、打击对外投资的腐败行为[①]。同样,《"走出去十年":中国企业海外危机西方媒体话语分析》一文也研究发现西方媒体较为负面的报道,这些报道认为中国在非洲各国以及其他发展中国家修建大量基础设施有着"控制他国自然资源"的目的,并认为"中国并未催化当地发展"[②]。

因此,我们可以看出,大量的西方主流媒体在报道中非关系的时候,已经形成了思维定式,或者说是固定的报道框架,无论事实背景到底如何,在中非政治经贸关系的相关报道之中,西方媒体对于中非关系充满了饱含恶意的揣测——中国被当成一个假想敌,"中国威胁论""新殖民主义"等不利于中国在非洲建立积极正面形象的论断层出不穷,并通过各种方式影响非洲的媒体和政府组织,对中国形成了负面舆论。而在非洲投资建厂的中国企业,也遭受了西方媒体的恶意揣测。西方媒体在新闻传播层面长期的、有目的性的负面舆论攻势,在一定程度上给中非关系的进一步发展带来了不利影响。

就非洲媒体和民众对华认知和态度而言,研究结论呈现出较为复杂的态势。2012年周玉渊撰写的《非洲媒体对中非关系的报道:影响与反思》一文认为,非洲国家民众已经形成

---

① 邵静.《纽约时报》中的中国政治形象研究[J].浙江传媒学院学报,2011(6):8-17.
② 刘佩."走出去"十年:中国企业海外危机西方媒体话语分析——以甘姆森"诠释包裹"框架理论为分析路径[J].新闻界,2015(11):2-8,25.

了对中国负面认识的固有思维,而且负面报道在强化民众的负面认识上发挥着较明显的作用。但在2014冉继军的《新时期非洲媒体对"中国"的话语建构》一文中,非洲媒体的报道又发生了较大的变化,研究得出的结论认为非洲媒体对于中国整体呈正面和客观的态度,西方媒体抹黑中国的论调并没有被多数非洲媒体所接受。非洲媒体更多的是从自身需要和面临的实际发展问题为出发点来观察和评判中国发展给非洲带来的意义、机遇以及可能的变化。2016年韩冬临和黄臻尔的文章《非洲公众如何评价中国的对非援助》认为虽然存在国别差异,但是非洲公众非常正面地评价中国对非援助的效果。研究结论的复杂性折射出现实的复杂性。国际形势面临的种种挑战,中国改革开放的深入和"一带一路"倡议的全面实施,以及非洲自身的发展需求都使得中非之间的关系比过去要更加多元和复杂,中国在非洲的形象也呈现出多元和复杂的特点,非洲媒体对涉华议题的框架建构也在不断发生变化。

整体而言,目前国内对相关舆论的研究往往集中于西方主流媒体如何看待中非经贸关系,较少将非洲国家的主流媒体作为直接研究对象,去探索涉华报道如何进行框架建构。比如肖沛雄和赵瑞华2008年发布的《西方媒体对华报道的策略及手法——以"中非峰会"报道为例》[1],就是通过对西方媒体2006年"中非峰会"报道进行调查研究和分析,从议程设置、彰显真实和隐蔽控制等角度,剖析了西方媒体报道的策略和特点。

即使研究将目光聚焦到非洲当地的主流媒体上,研究思路也往往将非洲媒体视为一个整体去探索中国整体形象被如何构建,鲜有落脚于对非洲当地人产生最为直接深远影响的中国对非经济投资行为的报道上。比如冉继军的《新时期非洲媒体对"中国"的话语建构》[2],就是通过LexisNexis-Academic搜索了非洲所有媒体中的相关报道,通过分析非洲媒介所产生的文本,去考察非洲媒体关于"中国"的话语体系建构。这样的研究在做到全面宏观的同时,也在一定程度上体现了精度和深度上的不足。

当然聚焦中国对非投资的研究也并非没有,在中国留学的尼日利亚传播学者佛雷德的论文《中国在非洲的活动与全球治理的重塑》之中,我们可以看到一个尼日利亚人通过对尼日利亚当地的媒体研究后所得出的论述。佛雷德认为,中国对非洲基础设施的投资,在吸引国际社会关注的同时,对中非关系也产生了深远的影响。他通过分别探究安哥拉、莫桑比克和尼日利亚与中国的经贸关系,切实证明了非洲各国在中国对非投资中所获取的能源开发等方面的收益;中国企业也参与并改善了尼日利亚经济生活的方方面面,中尼之间建立起了长期的经济合作关系[3]。然而,这份研究于2010年发布之后,尼日利亚国内政治和

---

[1] 肖沛雄,赵瑞华. 西方媒体对华报道的策略及手法——以"中非峰会"报道为例[J]. 当代传播,2008(1):57-58.
[2] 冉继军. 新时期非洲媒体对"中国"的话语建构[J]. 新闻战线,2014(6):87-89.
[3] 弗雷德. 中国在非洲的活动与全球治理的重塑[D]. 长春:吉林大学,2011.

经济几经动荡，国际局势也风云莫测，另外在最近几年西方媒体负面报道的强烈攻势下，受英美新闻观念影响颇深，甚至许多新闻机构骨干负责人都接受西方教育和培训的尼日利亚主流媒体，对中国企业在尼投资的报道，是否依然保持了积极乐观的报道态势呢？这需要我们进一步从尼日利亚的主流媒体之中获取第一手研究资料，去探索有关中国企业在尼投资报道背后隐藏的新闻框架。

在知网上，通过搜索关键词"非洲"，本研究在2017年的时段搜索到68 126条结果，而以"非洲媒体""非洲新闻""非洲传媒"等为关键词，仅能搜索到341条结果，仅占国内整个非洲相关研究的0.5%。我国对于非洲的关注和相关研究更多还是集中在政治经济等领域，而在非洲新闻传播领域的研究，无论是广度还是深度，都有待进一步的拓展。

因此，本研究希望对非洲国家主流媒体有关中国在非投资企业的报道内容进行深度分析，以进一步了解非洲媒体如何具体构建在非投资的中国企业形象，非洲媒体对中国在非投资的态度倾向，并深入探索报道构建了怎样的新闻框架。

三、研究思路和方法

本研究选取尼日利亚作为非洲国家的代表，以其主流媒体涉及中国企业在尼投资的相关新闻报道作为研究对象，探索尼日利亚主流媒体如何对中国企业在尼投资这一议题进行框架建构，并就如何进一步改善中国对非经贸合作及舆论形象，宣传促进"一带一路"倡议在尼日利亚和非洲的深入发展，提出具有建设性的建议。

（一）框架分析的方法

在过去对于框架理论的研究之中，新闻框架的识别往往缺乏一个统一的标准，但总体来说新闻框架的测量和识别往往遵循以下六个取向：范·戴克及潘忠党和考斯基的"新闻话语结构"取向，甘姆森和雷恩的"诠释包裹"取向，斯文森的"多维概念"取向，坦卡德的"框架清单"取向，凯珀斯的"修辞批评取向"，马蒂斯和柯灵的"框架元素聚类"取向[1]。

其中，马蒂斯和柯灵为了提升定性框架分析的可信度，从框架元素入手，以恩特曼的框架定义作为理论基础，提出了框架元素分析的一整套方案，尝试通过定义框架的构成元素来为新闻框架的测量和识别制定科学且通用的标准。

马蒂斯和柯灵认为，框架是由一些元素构成的，这些元素不是词汇而是事先界定的框

---

[1] 李金山，许佑生.同性婚礼新闻之框架、框架化与读者诠释分析[D].台北：世新大学，2000.

架组成成分或框架策略[1]。在对新闻框架进行测量和识别之前,我们需要将新闻框架拆分为具体的框架元素,通过对新闻文本的分析,对这些框架元素进行编码、赋值以及测量,最终提出文本中的框架。

基于这个研究思路,马蒂斯和柯灵将恩特曼框架定义之中所提及的"问题界定、问题归因、道德评估和提供建议"[2]视为四个框架元素,每个框架元素下面设置可观测且可测量的多个变量,从而对新闻框架进行考察。同时,我们在沿袭马蒂斯和柯灵新闻框架识别和测量的方法的时候,也需要注意提取出的框架,需要满足卡贝拉和杰梅森提出的四个标准:第一,一个新闻框架必须具有可辨识的概念和语言特点;第二,框架必须在新闻实践中被普遍遵守;第三,必须能够可靠地将其与其他框架区分开来;第四,框架必须具有具象效度,即能够被其他人识别出来,而不仅仅是某个研究者想象的结果[3]。

但因为每个新闻文本的主题和报道重点都不相同,恩特曼框架定义之中提及的问题界定、问题归因、道德评估和提供建议作为框架的四大构成元素,并非在任何时候都普遍存在于所有新闻文本之中[4]。特别是本次研究所采集的新闻文本,以中国企业在尼投资为主要议题的报道,其框架功能更多地侧重在对于中国企业形象的塑造、中国投资对尼经济影响等方面。因此,本次研究将延续马蒂斯和柯灵通过框架元素识别框架类型的路径,但在框架元素的判断方面,则根据此次所研究新闻文本的特点及样本量,进行一定调整。

同时,马蒂斯和柯灵在应用恩特曼的框架定义进行框架研究时也曾指出,框架构成要素以某种方式组合在一起,形成了一种特定模式,这一模式可以在样本中的几个新闻文本中体现出来[5]。从此可知,马蒂斯和柯灵是从所有研究文本的维度上,而不是针对单一的报道,去对框架元素进行考察。而且,一个文本可能会同时存在多个框架元素。但由于这种情况的分析十分复杂,且由于研究时间、人力方面的局限,本次研究将对每篇报道在一个维度层面只提取一个主导性框架,然后通过多个维度去分析新闻报道的框架建构,从而得出更为多元化的结论。

综合此次研究问题的提出,本次新闻报道的框架研究将基于三个维度进行探索:内容层面、功能层面和态度层面,去分别探索隐含在新闻文本之中的内容框架、功能框架和

---

[1] MATTES J, KOHRING M. The content analysis of media frames: toward improving reliability and validity [J]. Journal of communication, 2008, 58 (2): 258-279.

[2] ENTMAN R. Framing: toward clarification of a fractured paradigm [J]. Journal of communication, 1993, 43 (4): 51-58.

[3] CAPPELLA J N, JAMIESON K H. Spiral of cynicism: the press and the public good [M]. New York: Oxford University Press Inc., 1997: 49.

[4] TUCKER L R. The framing of Calvin Klein: A frame analysis of media discourse about the August 1995 Calvin Klein Jeans advertising controversy [J]. Critical studies in Mass communication, 1998, 15 (2): 141-157.

[5] MATTES J, KOHRING M. The content analysis of media frames: toward improving reliability and validity [J]. Journal of communication, 2008, 58 (2): 258-279.

态度框架。下文将对这三个框架进行进一步的阐述。

1. 内容框架

对于新闻文本框架建构的探索，首先集中在对于文本内容的解读和研究。每篇新闻文本内容框架类别的判定，往往会通过新闻报道标题、副标题、导语等新闻报道元素针对报道主题予以判定。

当然，同一篇报道，可能会同时被归类到多个内容框架之中，出于此次研究便利性的考虑，每篇报道只确定一个主导性内容框架。

2. 功能框架

1990年，美国传播学者艾扬格通过对美国有线电视1981年至1986年间有关"贫困"议题的新闻进行内容分析，发现新闻媒体在对社会事件进行报道的时候，往往采用两种不同的叙事框架——片段式框架和主题式框架[1]。

研究指出，片段式框架的新闻报道，往往应用于叙述型的报道，聚焦于个人或者个案事件。片段式新闻报道的优点是就事论事，对事件的起因、经过、结果都有着详细的描述，更加符合新闻机构新闻生产的标准和准则；缺点则是过于专于单一事件本身，从而将其与社会背景及语境割裂开来，没有指出事件背后的社会深层原因。

主题式框架的新闻报道，则会对事件进行涵盖全貌的深入报道，关注事件产生背后的社会原因并对相关政府政策进行阐释性报道，对现象进行宏观抽象的剖析。

对于这两种框架，艾扬格认为，主题式框架通过将社会事件放置在宏观的社会背景之中进行剖析，引导着受众在更深的层次去思考社会事件产生的原因；而片段式框架则将复杂的社会问题简单化、偶然化，引导受众将更多精力集中在事件的细枝末节上，从而下意识地忽略事件发生背后社会环境或政府因素在这个事件之中所产生的作用。不过，尽管有些报道并没有明确地说明社会事件的发生原因或者接下来的解决步骤，但是却可以通过新闻框架的建构，在一定程度上引导和暗示受众对"谁导致了事件的发生""谁该对这一事件负责"等问题进行基本的判断。

本次研究将通过每篇新闻文本整体对于事件的报道方式来区分片段式框架和主题式框架。

3. 态度框架

新闻报道框架从态度层面分为积极框架、中立框架和消极框架[2]。

---

[1] IYENGAR S. Is anyone responsible? how television frames political issues？[M]. Chicago: University of Chicago Press, 1991.
[2] 杨柳. 美国主流媒体报道"抗议范式"验证：以《纽约时报》反伊战报道为例[J]. 新闻界，2012（5）：7-12.

虽然我们往往通过记者对于报道事件及人物的描述,可以基本判断出新闻报道是消极、积极还是中立,但中立往往是一种相对而言的概念,对于同一社会事件的报道,事件的不同方有着不同的立场和道德评判标准。

为了尽可能客观地做出评判,以及沿袭本次研究以框架元素进行框架识别的标准,本次研究将借鉴国内传播学者杨柳在《美国主流媒体报道"抗议范式"验证:以〈纽约时报〉反伊战报道为例》之中的方法,通过对决定态度的框架元素下设相关变量并赋值,根据预先设定的标准对各个态度相关变量的态度值进行统计,从而综合客观地评价态度框架的消极、积极或中立。

本次研究中,态度相关变量将涉及标题、导语、引语等主要的新闻框架元素。

(二)研究问题

结合本次研究了解尼日利亚主流媒体报道中国企业在尼投资的框架建构,总结中国企业在尼日利亚主流媒体之中所被塑造的形象,对中国"一带一路"对外经济战略在尼日利亚及非洲的进一步传播推广提出具有建设性的意见三个研究目的,以及对文献综述之中目前国内研究现状的综合考虑,本次研究将通过对尼日利亚主流媒体报道中国企业在尼投资的研究,回答以下问题:

问题1:尼日利亚主流媒体对中国企业在尼投资的相关报道主要聚焦在哪些领域?

问题2:尼日利亚主流媒体对中国企业在尼投资的相关报道,构建了怎样的中国企业形象?

问题3:尼日利亚主流媒体对在尼投资中国企业的相关报道,侧重片段式还是主题式框架,归因是否强调政府因素?

问题4:尼日利亚主流媒体对在尼投资中国企业的相关报道,展现了怎样的态度倾向?

问题5:尼日利亚主流媒体对在尼投资中国企业的相关报道之中,不同的态度倾向分别集中在哪些领域?

其中,问题1和问题2是内容框架层面的问题,问题3是功能框架层面的问题,问题4和问题5则是态度框架层面的问题。

(三)尼日利亚主流媒体的选取

1. 尼日利亚新闻业概况

尼日利亚作为非洲最古老的国家之一,享有撒哈拉沙漠以南非洲文化摇篮的美誉,拥有着复杂的语言、宗教、民族与文化,是非洲最早建立现代传媒体系的国家之一。早在19世纪末期，出于宣传民族独立的需要，尼日利亚出现了一批私营报刊。1863年，尼日利亚第一份英文报纸《英国非洲人》，在尼日利亚旧都拉各斯出版，与1925年开始出版的《拉各斯媒体新闻》和1937年开始出版的《西非向导报》一起，都曾对西部非洲产生了巨大的影响。

但是，由于国内错综复杂的政治环境和社会环境，以及长期军人执政的大背景，尼日利亚政府对新闻的管制极为粗暴严格，公然取缔与政府政见不一的媒体、警察武装搜查报社编辑部，或是责令封杀相关记者编辑的事情，都时有发生。即便在1999年，提倡美国"民主制度"的奥巴桑乔当选了尼日利亚总统，结束了尼日利亚长达15年的军人统治，但由于其自身深陷"政治改革受阻"和"政治腐败"的双重危机，尚不能在新宪法的制定之中，在新闻产业的发展和保护记者权益方面，做出任何有实质性的规定。2015年尼日利亚总统穆罕默杜·布哈里上任，有着武装军事政变背景的布哈里对国内新闻业的把控更为严苛。

然而，纵使尼日利亚媒体所享有的新闻自由极为有限，作为政府发声的重要喉舌，尼日利亚的新闻产业依然得到了政府的重视和大力扶持，绝大多数私营报刊和被西方国家把持的媒介机构被国家重新收购，归于国营性质。纵观尼日利亚整个新闻发展史，政府的这一行为，其实也在实质上，给尼日利亚新闻业的发展提供了稳定的大环境，促进了尼日利亚新闻业的飞速发展。并且近年来随着尼日利亚传媒行业的不断发展，尼日利亚的新闻自由度也在不断地得以提高。

尼日利亚拥有100多种新闻出版物，是非洲大陆新闻行业最有活力的国家之一，不但有诸如行业杂志在内的专业媒体，还有20种国家日报、23种国家周刊、10种区域性日报、19种区域性周刊、6种地方日报和17种地方周刊。电视台则有45个，其中13个为私人有线电视和卫星转播站，尼日利亚国家电视台号称拥有非洲最大电视网络，全国各州均有自己的电台，使用当地语言或英语。尼日利亚通讯社在国内36个州派有记者数百名，在6个国家设有分社并派常驻记者，泛非通讯社西非地区总分社的工作亦由尼日利亚通讯社承担①。

总的来说，尼日利亚已经形成了完整的现代新闻体系。无论是从媒体数量上，还是从产业规模和社会影响力上看，尼日利亚新闻产业的发展都高居撒哈拉以南非洲国家之首，与世界各国媒体都有着广泛的交流。因此，以尼日利亚的主流媒体为研究对象，研究结果较具有代表性。

2. 尼日利亚《每日信报》（the Daily Trust）概况

在1997年发表的《主流媒体何以成为主流媒体》（*What Makes Mainstream Media Mainstream*）一文中，美国语言学专家乔姆斯基（Noam Chomsky）指出，主流媒体又可被称为精英媒体或者议程设置媒体，拥有着丰富的资源，影响着社会舆论，其余的媒体只能在

---

① 中国商务部国际贸易经济合作研究院，等. 对外投资合作国别（地区）指南：尼日利亚［EB/OL］. ［2018-03-27］. http://www.mofcom.gov.cn/dl/gbdqzn/upload/niriliya.pdf.

主流媒体设置的框架之中进行运作①。当主流媒体在新闻报道中融入自己的价值观和立场,或者对某个事件进行选择性地聚焦报道时,媒介间议程设置的效应更加明显。另外,因为主流媒体的核心受众是社会主流群体,因此会对社会主流舆论产生更为重大的影响。同时,媒体作为公民接触政治环境的象征性手段,对公民的感知、意见和行为都产生了重要的影响②。

本研究选择尼日利亚主流媒体《每日信报》为研究的对象媒体。《每日信报》主要为尼日利亚民众提供最新的政治、商业、社会经济分析、体育健康等综合新闻报道,也具有线上官方网站,可在线阅读每日最新资讯,报纸的优秀内容每年也会结集出版。同时,《每日信报》还设立了"非洲年度每日信报奖",以表彰那些在当年为他人的生活带来积极影响,并引起泛非洲社会广泛关注的非洲人。2009年尼日利亚广告协会对国内15家报纸的调查结果显示,该报的尼日利亚发行量在全国排名第七,对尼日利亚人民及舆论导向具有较大影响力。同时,对Factiva全球新闻数据库的相关新闻搜索后发现,较之尼日利亚其他主流媒体,《每日信报》更为关注中尼经贸关系及相关事件,对中国企业在尼投资这一议题有更多的相关报道。

（四）研究文本的选取

作为报纸的主体和核心内容,新闻报道最能体现报纸的办报理念与新闻客观性原则,新闻报道之中隐藏的框架设置和报道偏向,对读者产生了最为深远直接的影响。同样作为报纸刊登的重要内容,社论和专栏文章倾向性则更为明显,往往直接地体现了评论者或者专栏作者对于某一特定议题的观点和态度,而对于相关评论和专栏内容的选用,则在一定程度上体现了媒体的新闻倾向,因此也被纳入本次研究的范围之内。新闻、社论和专栏文章组成了一个完整的新闻话语体系,共同建设了中国企业在尼投资相关报道的报道框架。

本次研究在道琼斯Factiva数据库搜索《每日信报》有关"中国企业在尼投资"议题的新闻文本,包括报道文本、社论文本和专栏文章,并采集相关的新闻研究文本。数据库搜索条件设定如下:资讯来源为尼日利亚报纸《每日信报》(*the Daily Trust*),采集时间范围为2017年1月1日至2017年12月30日,关键词包括"中国""中国企业""中国投资"等。本次共搜集到样本104篇,经过人工排除相关性低的新闻,共获得有效文本73篇。此处的人工排除,主要是指通过对新闻文本进行人工通读之后,将只是在文本内容中略有提及,但报

---

① CHOMSKY N. What makes mainstream media mainstream [EB/OL]. (1997-10-20) [2019-07-16]. https://chomsky.info/19971020/.
② ENTMAN R M, MATTHES J, PELLICANO L. Nature, source and effects of news framing [C] // WAHL-JORGENSEN K, HANITZSCH T. The handbook of journalism studies [C]. New York: Routledge, 2009.

道主题并非中国企业在尼投资，不符合本次研究要求的文本进行初步排除。

(五)框架确定的具体方法

1. 内容框架的识别

首先通过新闻报道标题、副标题、导语、关键词等新闻报道元素，结合宏观语境对每篇的报道主题予以判定，确定内容框架整体分布。在此基础上，进一步根据微观层面的标签、修辞的使用提炼中国在尼投资企业的形象。

2. 功能框架的识别

这主要取决于新闻报道主题是否进行了深入的挖掘，如果本次研究之中的相关报道围绕主题进行深度背景信息的挖掘，则视为主题式框架报道；若报道仅为就事论事的孤立报道，则视为片段式框架报道。

3. 态度框架的识别

尼日利亚主流媒体《每日信报》的相关新闻文本具有以下明显特点：字数较少，篇幅较短，文中使用比喻、隐喻等西方记者常用的修辞手法较少，更多的是引用相关人士、官方权威人士的话语，或通过对专业人物的采访，在谨慎遵循新闻客观性的同时，间接地表达对事件的态度、观点和看法，对中国企业评价的主观臆断较少。

基于新闻文本的这些报道特点，文本态度的分析主要以引语态度值为重要标准，其余非引语部分的态度为辅。国内传播学者杨柳在《〈纽约时报〉反伊战运动报道框架研究》一书之中，通过对引语部分和非引语部分态度的组成变量进行赋值，以客观探索新闻文本态度框架。根据这一赋值方式，所有引语态度总值为-900至900，引语态度总值为正，则倾向为积极；引语态度总值为负，则倾向为消极；正数越大，态度越积极；负数绝对值越大，态度越消极。非引语部分的态度绝对值则为600，即标题和导语赋值(400)+标签(100)+比喻及其他修辞(100)=600[①]。

基于杨柳的赋值法，本研究首先通过对研究文本的通读，选出多篇报道态度明显中立的文本作为研究范本，然后对引语态度值和非引语态度值进行计算，得出引语态度值在-250至+250之间，非引语态度值在-100至+100之间。以此为标准，可以设定文本的引语态度值和非引语态度值都大于此区间范围，判定为积极报道；引语态度值和非引语态度值都小于此区间范围，判定为消极报道；引语态度值和非引语态度值都落在区间范围内，则判定为客观报道。如若不能同时满足的，则以引语态度值的判定为准。如新闻文本之中没有使用引语，则以非引语态度值的判定为准。

---

① 杨柳.《纽约时报》反伊战运动报道框架研究[M]. 北京：世界知识出版社，2013.

四、尼日利亚《每日信报》报道的框架分析

(一)内容框架分析

本次研究通过围绕新闻报道标题、导语、关键词等框架元素,对新闻文本进行内容主题分析。在总结主题分布的基础上,也对文本内容进行了进一步的微观分析,提炼出以《每日信报》为代表的尼日利亚主流媒体,是如何在相关新闻报道之中建构在尼投资中国企业的形象的。

1. 主题分布

本次研究通过对选定新闻文本进行内容分析,共归纳总结出七大主题分类:外交经贸/事务、国内政治、国内区域发展策略、企业/工业新闻、交通运输发展、经济状况、会展/商展(见表5-1)。在新闻文本的七大主题之中,涉及的行业主要包括通信工程、铁路建造、水电能源、管道运输、机场建造等基础行业。

表5-1 主题分布

主题	频率	比例
外交经贸关系/事务	17	23.3%
国内政治	17	23.3%
国内区域发展策略	13	17.8%
企业/工业新闻	10	13.7%
交通运输发展	9	12.3%
经济状况	4	5.5%
会展/商展	3	4.1%

从主题分布来看,尼日利亚报道关注的领域分布比较均衡,对经济领域的关注高于对政治领域的关注,对援助和发展领域的报道也明显较多。总体而言,在与中国企业投资相关的报道之中,尼日利亚媒体最为关心的,还是涉及切身利益的贸易、投资和社会问题。后文内容框架的探究还将结合态度框架进一步分析不同主题领域的态度倾向,以深入探究尼日利亚媒体对中国在尼投资企业的具体看法。

2. 中国在尼投资企业形象塑造:四大主要形象正负参半

在主题分析的基础上,再结合新闻文本之中的标签、修辞等微观元素,本次研究提取出尼日利亚《每日信报》对中国企业所塑造的四个主要形象——"值得信赖的合作伙伴""学习的对象""影响本国制造业的低廉商品制造者""牵扯尼日利亚政府腐败"。

（1）值得信赖的合作伙伴

基于中尼之间长期的经贸合作，中国企业在当地大量投资建厂，促进了尼日利亚经济体系的恢复和重建，并积极关注尼日利亚当地如铁路、公路、桥梁、农田水利等基础设施的建设，切实地影响并改善了尼日利亚人民的日常生活。在此基础上，中国企业"值得信赖的合作伙伴"形象自然而然地在新闻报道之中得到塑造。

（2）学习的对象

中国的经济发展模式和经济发展速度得到世界瞩目的同时，也因为其很好的适用性，一直都是非洲国家的学习对象。而处于经济转型期的尼日利亚，更加迫切地希望从中国的经济发展模式之中学习到经验，以重建经济体系、恢复国民经济。中国政府也在过去10年之内，为3200名尼日利亚人提供了培训机会。

根据2017年1月14日的报道《Nigeria, China Trade Hits $9.5bn in 2016-Envoy》，尼日利亚的40名官员和技术人员在阿布贾接受了来自中国的培训，尼日利亚的经济部长认为，从中国的发展之中学习，可以帮助尼日利亚尽快摆脱当前的经济形势。

（3）影响本国制造业的低廉商品制造者

当然，尼日利亚《每日信报》对于中国企业在尼投资的新闻并不是一味地歌功颂德。尼日利亚政府大力追求外商投资，开放边界港口，国际资本在大量涌入的同时，也对尼日利亚当地产业造成了负面的影响，尤其对尼日利亚本地的制造业造成了一定的打击。

2017年4月16日发布的报道《Chicken, Vegetable Imports Gulped N7.9trn in 4 Years》指出，在2013-2014年间，尼日利亚共花费了791亿美元进口货物，其中绝大部分都是从中国进口的，包括从中国大量进口的以鞋类、头饰、雨伞为主的制造业产品，而这些进口产品本可以在当地生产，同时节省尼日利亚来之不易的外汇储备。

尼日利亚制造商协会主席Udemba Jacobs呼吁尼日利亚政府应该鼓励自己制造业的发展，以减少进口产品。尼日利亚商业与工业协会主席Tony Ejinkeonye也表示说，尼日利亚公民应该支持本国商品，支持本地制造业的生产。大量涌入尼日利亚市场的中国的鞋子、衣服、雨伞等商品，凭借着极为低廉的价格，快速地抢占了尼日利亚的制造业市场，同时通过价格竞争，快速地击垮了尼日利亚本地的制造厂商。

（4）牵扯尼日利亚政府腐败

政府腐败作为阻碍中尼制造业产能合作的首要人为因素，可以说是尼日利亚人民最为深恶痛绝的事情。少部分中国企业，为了谋取自身利益，在商品进口清关、登记纳税、安全检查等环节，有向尼日利亚相关官员行贿的行为，以获得更多便利和利益。而一旦事件败露，就会对在尼的中国企业带来极为负面的影响。

本研究发现，有关中国企业在尼投资比较突出的负面新闻，主要就是涉及部分中国企业的一些非法行为。尼日利亚政府虽然对主流媒体有着很强的掌控力，却因为长期性的内部腐败，在民众中的公信力较低。

在《每日信报》2017年12月18日的一篇报道中，就提及因中方承办的阿卡杜纳铁路车厢没有在规定的日期内制完成制造运送，导致阿卡杜纳铁路不得不延期开通，暗指此事存在暗箱操作，基础交通建设的款项被转移，真正从中获益的是政府而不是民众。

因此，当行贿或者贪污事件得以报道，尽管尼日利亚主流媒体还是会在文中为政府发声，但是其态度框架仍倾向于负面，被牵涉的中国企业也随之呈现出负面形象，对中国企业在尼长期性的深入合作发展，产生了不利影响。

(二) 功能框架分析：片段式框架为主

中国企业在尼投资的相关新闻文本之中，近七成是浅层的片段式内容，只有三成是深度的主题式内容（见表5-2）。这证明《每日信报》的大多数相关新闻，都注重于当下事件的叙述，对事件的起因、经过、结果都有着详细的描述，但对于事件发生的背景和深层次的原因，较少做深入的探讨。这符合新闻机构新闻生产对于客观性的追求，但却缺乏对事件背后的社会深层因素或者政府问题的深入剖析和思考，影响了对中国在尼投资情况的深度理解。

表5-2　功能框架分布

功能框架	频率	比例
主题式报道	22	30%
片段式报道	51	70%
合计	73	100%

以片段式内容为主的功能框架的建构，其实与尼日利亚的社会环境和现状有着密切的关系。

首先，这与尼日利亚的人均受教育水平密不可分。自1960年独立之后，虽然尼日利亚多届政府都着力于尼日利亚基础教育系统的建设，但因为教育资金缺乏，政局多次动荡，国内安全形势紧张，人均收入低等，尼日利亚的人均受教育水平至今仍处于一个较低的水平。据世界银行统计数据，尼日利亚的识字率占比62%，被联合国教科文组织（UNESCO）列为世界上文盲率最高的国家之一。在这种教育背景之中，为了让报纸上的新闻更具有传播性，新闻报道的篇幅就会倾向于短小精悍，因果归因简单，遣词造句也会倾向于通俗易懂。从文本实际情况来看，本次所选取的73篇新闻文本的平均字数为324字，为典型的中短篇报道的长度。在如此短的篇幅内，很难对新闻事件的背景和因果进行深挖和阐述。

其次，片段式为主的功能框架也与尼日利亚新闻业长期处于政府严密的监督管制之中，所享有的新闻自由度极为有限的现状有关。片段式报道往往集中在社会事件本身，将大众的焦点和注意力更多地转移到事件的细枝末节上，从而使民众下意识地忽略事件发生背后的政府因素。片段式框架的新闻报道，消息来源单一，符合尼日利亚政府对于尼日利亚新闻业报道的管控需求。然而面对这样的情况，此次研究却发现了一个值得注意的现象。在对新闻报道信源内容进行研究的过程之中，发现大多数将导致负面事件产生的原因，更多地归咎到了尼日利亚政府身上。他们认为尼日利亚政府应该更多地限制不必要商品的进口，并制定更为高标准的商品引进要求——既然政府对国外商品的要求那么低，那么就不要怪外国把劣质商品卖给尼日利亚。对于中国企业是否摧毁了尼日利亚本地制造业的讨论，记者也往往援引了各方看法和观点，但并没有将中国企业直接塑造为"当地制造业的破坏者"。

贸易和投资所引发的问题很大程度上其实是结构性的，主要根源于全球化对发展中国家的冲击。中尼之间贸易的不平衡、中国商品的质量、中国廉价商品对尼日利亚当地产业和商业的冲击等问题在短期内都很难得到解决。尽管尼日利亚媒体批评中国只进口初级商品，缺乏高附加值产品，但是事实上，尼日利亚自身的产业发展程度也限制了其高附加值产品的生产。不过也可以看到大多数中国企业，也确实缺乏在尼日利亚长期经营的意识，不积极主动地去履行企业应该承担的社会责任和义务，生产大量廉价且低质的商品，在当地主流媒体中塑造了"低廉商品制造者"的形象。

因此，虽然基于现实的限制，尼日利亚主流媒体《每日信报》对中国企业在尼投资的报道之中，70%都采用了片段式框架，但是记者通过对同一事件多方信源的引用佐证，将责任引向尼日利亚政府，也在一定程度上弱化了对在尼投资中国企业的针对性，中国"低廉商品制造者"形象的负面影响有所降低。

（三）态度框架分析：正面为主

对73篇新闻样本进行统计后发现，新闻框架之中，积极框架比例为79.5%（见表5-3），中立框架比例为5.5%，消极框架比例为15.1%。积极框架比例明显高于中立框架比例和消极框架比例。

表5-3 态度框架分布

态度框架	频率	比例
积极	58	79.5%
中立	4	5.5%
消极	11	15.1%
合计	73	100%

从表5-3我们可以看出，尼日利亚政府及该国主流媒体，对中国在尼投资企业这一议题的相关报道，整体态度明显偏向积极。不仅罕见所谓"新殖民主义论""中国威胁论"，就连西方常见的"资源掠夺者"等指控都较少。

综合上文对于七个主题的具体内容的考察，本研究将其按照领域划分为政治、贸易、投资和援助发展四个领域，与态度框架交叉分析，得到如图5-1所示的数据：

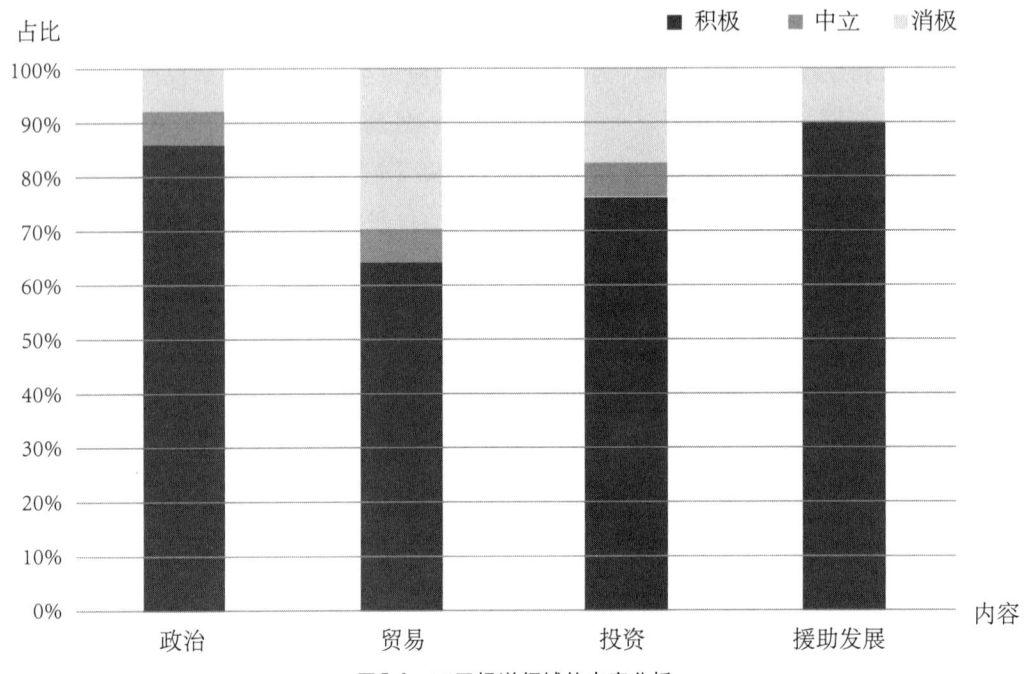

图5-1 不同报道领域的态度分析

研究发现，在外交经贸关系/事务等领域以及中国企业援助投资的相关报道之中，报道态度倾向总体积极正面；但如果具体贸易投资新闻与尼日利亚国内政治和国内区域发展策略等领域相关，消极负面报道就会相对更多。

具体细读文本，一个有意思的发现是，对于一些与中国政府和企业相关的负面新闻，《每日信报》却会引用很多积极正面的言论，将正面积极的引语放置在新闻报道前端，并引用更多的字数，而相对负面的引语则放置在新闻末端，以弱化负面新闻给中国政府和企业所带来的消极影响。比如2017年11月，尼日利亚爆出"政府对华非法出口紫檀"事件，尼日利亚政府被卷入贪污受贿与敲诈的指控。《每日信报》在2017年11月12日的报道 *FG denies Export Racketeering Allegations Against UN Deputy Sec-Gen* 之中，虽然标题和导语都显示出消极倾向，但是在使用文章引语时，主要大量引用了负面新闻的主角（尼日利亚环境部长和政府官员）否认"对华非法出口紫檀"指控的发言。2017年11月3日的 *How Chinese Products Are Killing Made in Aba Shoes* 新闻报道也体现了类似的报道手法。虽然该新闻主题是在探讨大量涌入尼日利亚当地的中国商品对尼当地制造业的破坏，但是在引语的选用上,态度偏积极、客观的引语占据更多的篇幅,出现的位置也更显眼;态度偏消极的引语,虽然也有引述,却明显被弱化,最大限度地降低了其对受众的影响。

与预想不同的是,在西方新闻理论体系之上建立了现代新闻传播体系的尼日利亚,在对中国企业在尼投资的相关报道之中,并没有如想象中那样受到西方主流媒体太多的影响和干扰,报道之中少见西方媒体给中国贴上的诸如"资源掠夺者""新殖民主义"的标签,反而是比较客观公正地看待中国企业在尼日利亚的投资。可以说在追求客观新闻报道的道路上,尼日利亚媒体是积极主动的。在2017年5月13日的报道 Nigerian, Chinese Journalists Partner on Information Exchange 中,尼日利亚记者协会(NUJ)表示与中国记者协会在信息、文化和观点上进行相互交流,尼日利亚记者协会会长也表示,随着发展中国家的新闻故事被西方媒体不断主导,与中国记者的合作成为一种必然的选择,相信西方媒体是无论如何都不能写出发展中国家想向世界传达的新闻故事的。

可以说,在对中国企业在尼投资的相关报道之中,尼日利亚媒体基本上是秉持着新闻客观公正性原则去对中国企业进行描述刻画的。虽由于受尼日利亚政府的影响,积极框架趋势明显,不过媒体也是在基于中国企业投资给尼日利亚经济恢复所带来的巨大利好的事实基础上,进一步凸显了这种趋势。

在2016年,25年以来经济增长持续领跑非洲的尼日利亚遭遇了首个寒冬,经济收缩,GDP增长值仅为-1.5%,尼日利亚的工业和制造业面临着外汇稀缺、基础设施建设短缺、原材料稀缺等问题,这对2015年才刚上任的尼日利亚总统穆罕默杜·布哈里来说,无疑是个重大的挑战,尼日利亚政府急需国际社会的援助和国外资本的投入。

而在2016年,恰逢中尼建交45周年,中国作为尼日利亚长期以来最为重要的对外贸易合作伙伴之一,因其对非洲发展中国家农业、矿业、基建、石油等领域表现出的真切关注,使得尼日利亚将中国作为最为需要靠拢和最为重要的招商引资对象之一,以期通过中国的经济援助,摆脱国内不利的经济局势。

对此,尼日利亚政府积极出击,2016年4月,尼日利亚总统穆罕默杜·布哈里,应中国国家主席习近平邀请,前往中国进行国事访问,这次访问同时也是一次招商之旅。中国政府也并没有让布哈里失望,在其访华行程之中,中尼双方签署了一系列的双边协议。进入2017年,面对国际局势的变化莫测,尼日利亚政府更是积极靠拢中国这个非洲最大的投资者之一,积极召开尼日利亚中资企业2017年度会议、中尼经贸合作论坛,组团赴华招商引资……在《每日信报》2017年5月1日发布的新闻报道 Gov Seek Increased Investment from China 之中,我们可以看到尼日利亚政府对于寻求中国投资的强烈渴望,在中国广州举办的首届尼日利亚州长投资论坛上,来自尼日利亚9个州的代表们,纷纷表示了对加深中尼经贸合作的强烈请求,并表示希望看到更多的新能源产品进入尼日利亚市场。

对于中国政府提出的"一带一路"全球经济倡议，尼日利亚政府也表示了浓厚的兴趣。据《每日信报》2017年6月26日所发布的报道 Nigeria Urged to Engage China on 'Belt and Road' Initiative，在尼日利亚首度阿布贾举行的圆桌对话会议结束时，所发表的一份公报称中国"一带一路"倡议代表了新兴的全球经济秩序框架，尼日利亚作为非洲最为重要的地区力量，将正式采取措施，积极参与到中国"一带一路"的建设之中，使之成为国际合作新框架的一部分，加快建设尼日利亚交通基础设施网络，以重建尼日利亚经济和农业现代化。

尼日利亚政府对中国政府和企业的重视，也体现在新闻报道数量方面。统计发现，2017年《每日信报》对中国企业在尼投资的报道数量分布较为平均（见图5-2），年底的关注度高于年初的关注度，这也与当年7月份以来，中尼之间越加频繁的经贸往来有关。

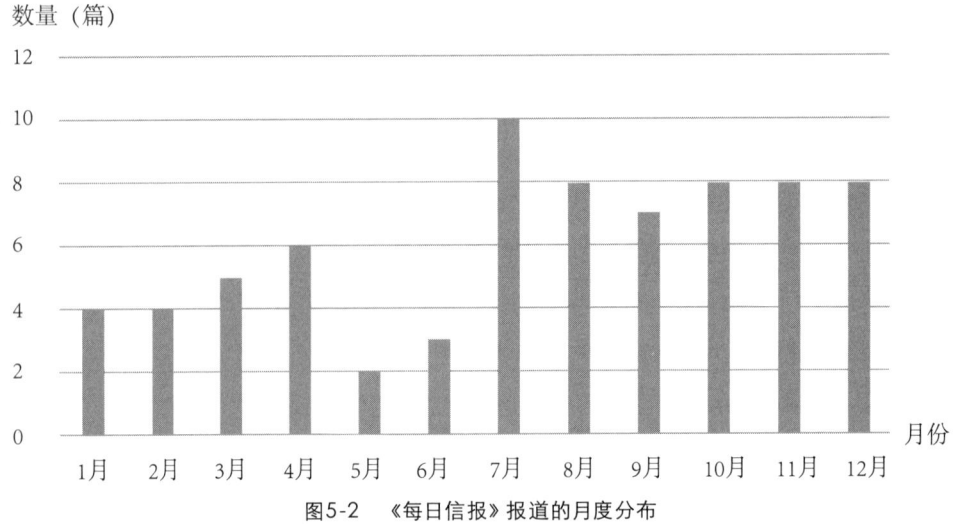

图5-2 《每日信报》报道的月度分布

在这种国家经济战略背景的指导下，尼日利亚主流媒体对于中国企业在尼投资议题的相关报道，总体态度趋势必然是积极正面的，这种积极态度框架的构建，则主要是通过对所引用信源的性质、引用方式、放置位置及字数的掌控所建构。

五、中国企业在非传播及形象构建建议

根据本次研究分析的尼日利亚主流媒体报道中国企业在尼投资的框架建构，及其背后产生的社会因素，为促进在非投资的中国企业的长远发展及正面形象构建，以及促进"一带一路"全球经济倡议更有效地在非洲传播拓展，我们必须充分重视媒体在影响非洲民众对华认识上的作用，并做到以下几点。

其一，走进非洲的中国企业应该积极增强自身企业道德和责任感，尊重当地法律和市场秩序，从中非经贸关系长远发展着眼，更多地以品质而不仅仅是靠低价或者一些灰色手段去赢取市场，尤其要杜绝不合格产品出口倾销到尼日利亚及其他非洲国家。从长远来看，这将会逐步地改变大多数普通尼日利亚及非洲民众认为中国进口商品较为低质的印象，逐步增强他们对中国产品的信心，从而树立中国企业和中国产品在尼日利亚和非洲的正面形象。

其二，中国政府和企业在加强与非洲政府合作、赢得政府好感的同时，需要更多了解当地民众的呼声和建议，平衡当地政府和民众的需求，构建良好的企业形象，努力增进当地民众对中国企业的理解和支持。比如，可以通过为当地民众提供他们需要的就业岗位或者积极履行在当地的社会责任等切实措施，加强在非洲社会的融入。只有这样，中国政府及企业相关工作、政策在非洲的布局才能取得更好的传播效果。

其三，进一步加强中非媒体之间高水平、深层次、多形式的交流与合作。非洲国家也有着希望突破西方媒体主导话语权的诉求，落实建立相应的合作机制，通过媒体交流、人员培训、经验分享、学生研讨等措施，让更多的非洲记者走进中国，更多地去报道中国和中非关系，以抵消以往非洲人民对中国的误读。

其四，建立针对非洲的危机预防与应对机制，密切关注非洲当地国家的政权变化情况，有效监测评估当地新闻报道，及时预测政权更迭对中国政府及企业在当地投资带来的影响，及时调整企业的公关传播策略。

以尼日利亚为例，在刚刚卸任的尼日利亚总统穆罕默杜·布哈里就任期间，中国政府与尼日利亚政府之间保持了良好的经贸往来和外交关系。作为尼政坛不老松，布哈里素以铁腕反腐、刚正清廉著称。但我们也看到，已是古稀老人的布哈里在2017年1月期间，曾因为身体原因，赴英治疗长达一个多月，迫使尼日利亚副总统奥新巴乔（Yemi Osinbajo）临时担当重任，在布哈里不在的空档期负责国内经济政治事务的管理，令尼日利亚社会经济产生了一定动荡。此类情况之前也有过先例。早在2010年，尼日利亚的前总统亚拉杜瓦就因身体原因赴沙特阿拉伯治病，长达50天未出现在人前或回国，最终客死他乡，一度令尼日利亚陷入尴尬的宪政危机。非洲国家政权的不稳定性是一个比较严重的问题，给中国政府及企业在非投资的连续性带来挑战。因为一个新的政权往往会带来新的想法、产生新的利益关系，而一些新的利益集团则往往会想要抓住机会进入政权更迭的非洲国家的经济体制，这往往是产生冲突的根源。

因此，中国政府和企业需及时根据时政调整传播策略和方向，保证不管是离任的政府还是新的政府，都可以感知到中国投资项目所带来的收益，从而使与中国已达成的相互合作关系依然得以延续。

第六章
身份认同视角下美国华文媒体中国70周年国庆报道研究

☆ 一、研究背景与研究意义

☆ 二、理论综述

☆ 三、研究问题与研究方法

☆ 四、《侨报》70周年国庆报道高层框架分析

☆ 五、《侨报》70周年国庆报道中层框架分析

☆ 六、《侨报》70周年国庆报道低层框架分析

☆ 七、总结

一、研究背景与研究意义

进入21世纪后，随着各国的交流日益密切，人员流动日益频繁，海外华文媒体的作用也更加凸显。相对于传统的大陆媒体而言，海外华文媒体更为符合当地的法律条文、管理制度和主流文化，其主要服务于海外华人政治、经济、社会、文化生活和精神生活的需要，与此同时又满足了海外华人对于自己祖国的怀念思乡情绪，因此海外华文媒体的规模和需求不断扩大。其中，海外华文媒体的涉华报道成了海外华人了解中国各个方面的最直接途径，同时也是在海外各地传播中华文化、讲述中国故事、沟通中外的重要渠道。

自1979年中美正式建交以来，中美两国的关系不断发展，两国之间的交流合作也不断拓展深化，双方合作领域包括经济、贸易、文化、外交、科技、教育等各个方面。从1949到2019年，中国70年的巨变令全世界惊叹，也令海外华侨华人振奋。中华人民共和国成立70周年庆祝无论是对于中国还是全球来说，都是一场极为重要的盛事，引来了不少海内外的主流媒体报道，其中就不乏美国的华文媒体。

作为连接国内外的重要桥梁，美国华文媒体的主要受众是在美华人。虽然华人在美生活有着十分悠久的历史，但今天在美华人百分之七十都出生在美国以外的地方。换言之，全部在美华人中，新移民占到了七成以上。这些移民既渴望融入美国主流社会，也与中国有着千丝万缕的联系。正是由于读者群体的特殊性，在美华文媒体既不同于美国的主流媒体，也不同于中国本土的媒体，它扮演着特殊的角色，其报道的特点则反映出移民读者的双重身份认同。

从身份认同的视角来看美国华文媒体中华人民共和国成立70周年报道的框架，有助于了解华人双重身份认同是如何影响美国华文媒体对中国重大事件的报道框架，有助于把握在美华人对中国的认知、态度倾向及其逻辑起点，从而加深对中国国际传播在海外华人中的话语语境的认识，并进一步了解海外华文媒体具体如何发挥跨文化传播的桥梁作用。

二、理论综述

(一) 移民身份认同

身份是指个体在社会环境中的地位和担当的角色，简单来说身份认同就是个体对自己所处社会地位和环境的认可程度,是"个体对个人身份的确认和对所归属族群的认知,以及所伴随的情感体验和对行为模式进行整合的心理历程。它回答了两个问题:我是谁,我归属于哪个阶层"①。

根据陶家俊的分类,身份认同分成四类:个体认同、集体认同、自我认同和社会认同。个体身份认同和集体身份认同都可归入社会身份认同,但它们也不排斥个体身份认同的心理和身体上的体验②。

身份认同理论蕴含着"同一性"和"独特性"的统一。一方面用来界定"自我"定位,要求具有内在一致性;另一方面也着重地体现了与"他者"的相异性。身份认同理论最早体现为同化论,强调的是同化是历史的必然,先进的文化代替落后的文化存在一定的合理性,这同时也是化解民族矛盾和差异的最佳方法,即原本的民族认同被淡化,直到完全被新的国家认同取代。但这种同化的缺陷体现在不但强化不了国家认同,反而会使得原本的民族认同与现有的国家认同的矛盾显得更为突出。多元化理论则是另一种认同理论,和同化论完全不同。"多元化理论肯定了少数民族文化存在的价值,认可民族认同对于民族成员心中必不可少的积极影响。多元化理论坚持少数民族文化应该得到展示和保存,同样民族认同也应受到尊重"③。

海外华人作为一个特殊群体,他们对自身身份的认同受到两种文化的影响,即一方面在他们的族群身份上存在有中华民族的认同,另一方面,语言、生活和社会活动方式会受到居住国的影响而认同于居住国,因此具有双重认同的特征。同时,华人作为一个群体,互相之间的信息传播属于群体传播,即群体进行的非制度化、非中心化、缺乏管理主体的传播行为。与大众传播的信息形式不同,更多体现的是群体成员所共有的"群体意识",如群体情感、归属意识、群体目标和群体规范④。

Tajfel是社会认同理论的创始人,在他看来,社会群体成员的身份和群体类别形成了一个人的自我概念。Tajfel认为,人们应该努力地去保持和获取积极的社会认同,从而增强自己的自尊。通过比较内群体和相关外群体,从而自尊得到了提升,获得了更加积极的认同。比较包括以下几种:社会类化(categorization)是指将对象、事件和人进行分类,找出内群体和外群体的区别;社会比较(comparison)是指将自己所在群体和其他群体在社会地位方面进行比较;积极区分(positive distinctiveness)是指在比较的基础上找到自己群体的优

---

① 张淑华,李海莹,刘芳. 身份认同研究综述[J]. 心理研究,2012(1):22.
② 陶家俊. 身份认同导论[J]. 外国文学,2004,2:37-44.
③ 贺金瑞,燕继荣. 论从民族认同到国家认同[N]. 中央民族大学学报(哲学社会科学版),2008(3).
④ 陈力丹. 群体传播的心理机制[J]. 东南传播,2016(1).

势,然后将其与其他的群体进行区分,进而提升自尊水平[1]。

Phinney则提出了种族身份认同,在她看来,来自少数民族群体的人们经历着四种身份认同,这与种族探索和承诺相关。这种探索指的是个人花费多少时间去从事帮助他们确定种族认同方式的活动。种族身份认同的过程分为弥散、排他、延期补偿和接受。从缺乏独特的种族身份认同,到没有个人的任何探索就对特定身份有着强有力的承诺,再到开始从事探索活动,产生文化热情最终获得种族身份认同。在最后的阶段,个体经过较长一段时间努力的探索对种族认同多了更深入的理解和认识,对个人的文化价值观也有更强的承诺[2]。

(二)华文媒体与身份认同

美国社会学家罗伯特·帕克是芝加哥学派代表人物之一。在他的著作《移民报刊及其控制》(*Immigration Press and Its Control*)中,帕克指出移民报刊很大程度地促进了外来移民与当地主流社会的融合。帕克指出,在美国的移民希望尽可能地保存故国的文化遗产,这些文化遗产中首先就是语言和宗教;同时,移民想参与共同生活,在美利坚共同体中找到自己的一席之地。通过研究,帕克提出了移民报刊的同化假设,他认为移民媒介虽然是保护母语在居住国不会消亡的强大机构,但更主要的目的是帮助移民可以融入美国的主流社会,是一种同化作用。移民报刊不仅帮助移民群体更好更快地融入到美国的主流社会中,而且也在努力使移民读者朝着美国的生活方式和理念转换[3]。

随着20世纪60至70年代移民潮的到来,学者们开始争论移民在融入居住国的同时还保持与本国联系的现象不能仅仅通过帕克的同化理论来解释。因此学者们修正了同化理论,进一步提出了多元化理论,即移民媒介的多元化功能导致了移民国家种族差异化的保持和异质化的持续。此外,以苏博维-威雷(Subervi-Velez)为代表的学者提出了移民报刊"双重功能"理论,即既有同化功能,又有多元化功能。同化功能表现为移民报刊报道中的居住国的主流新闻为移民提供信息,帮助移民适应居住国的社会环境。多元化功能表现为移民报刊也注重建立移民与所属国的联系,传播本国的传统文化,加强本国的文化和身份认同感[4]。

---

[1] BROWN R. Social identity theory: past achievements, current problems and future challenges [J]. European journal social psychology, 2000, 30: 745-778. PHINNEY S. Stages of ethnic identity development in minority group adolescents [J]. Journal of early adolescence, 1989, 9 (1-2): 34-49.
[2] PHINNEY S. The multigroup ethnic identity measure. A new scale for use with diverse groups [J]. Journal of adolescent research, 1992, 7 (2): 156-172.
[3] 帕克. 移民报刊及其控制 [M]. 陈静静,展江,译. 北京:中国人民大学出版社,2011.
[4] 张海燕. 19、20世纪之交美国华人报刊缘何蓬勃发展——从移民报刊"多元化"功能理论视角 [J]. 新闻界. 2015 (19): 62-66.

对海外华文媒体来说，当地的社会主流价值观和华人的生活状态会影响身份认同，因为华人处于一个非常复杂的经济社会环境中，华文媒体的报道并不会单纯地只是向华人传递中华民族的认同。华文媒体随着所在国的国情变化，自身的身份认同也在发生着变化，它们融入了更多所在国的国家意识，因为"无论什么民族，只要生活在特定的国家政治生活的框架之内，其族群的文化就必然与这种政治框架相适应，因此其文化认同就浸染了国家认同的成分"[1]。

当然随着华人移民的来源及其政治社会身份发生变化，华人在试图融入当地主流文化的同时，还受到华族文化以及快速发展的中国的影响，融入和保持一直是其文化身份的一体两面。这些矛盾将华人置身于复杂的环境和抉择中。而此时，华文媒体的作用便更加凸显，其报道体现了华人的身份感和认同感。一方面为所在国各民族之间的和谐共处提供了舆论支持，塑造所在国家的意识形态，另一方面又要为华人争取他们应有的华族群体权益[2]。

（三）新闻框架

新闻框架，即新闻媒体在对新闻事实展开针对性处理时所依据的一种特定准则，这种准则主要就是考虑到媒体的立场、编辑的方针以及新闻自身的特点等，同时又受到新闻传播活动规律的制约。国内学者在实证研究中经常采用的媒介框架概念是由中国台湾地区学者臧国仁提出的，他将媒体框架定义为：人们或组织对事件的主观解释与思考的结构。臧国仁把框架视为一种对事实和材料进行选择、重组等排列组合的机制，以达成"再现"或转换真实的目的。他认为，新闻工作者一方面以自己的经验（框架）将事件从原有的情景中抽离（即选择），另一方面则将此事件与其他社会意义联结（再框架），产生新的情境意义（即重组）。他还进而提出一套框架分析的方法，即"高、中、低"的框架研究路径来进行新闻文本研究。臧国仁认为，每一种新闻框架中都有类似的结构——高层、中层和低层。高层结构是指对某一新闻事件的定性，是事件的抽象意义，意味着对某事件主题主旨的界定，即 Goffman 所提到的"是什么的问题（What is it that's going here）"[3]，以及在报道中所营造的报道"氛围"，标题、导语和直接引语等往往是叙述的高层意义的特定表现形式。中层结构，是指事件报道的话语框架，通过主要事件、事件的历史、先前事件、结果、影响、归因和评估等来构建话语框架。其中，历史、先前事件、结果、影响属于事件

---

[1] 韩震.论国家认同、民族认同及文化认同——一种基于历史哲学的分析与思考[J].北京师范大学学报（社会科学版），2010（1）：106-113.
[2] 史冬冬.海外华文媒体文化身份的构建与认同[N].广东培正学院学报，2010（4）：28-32.
[3] GOFFMAN E. Frame analysis: an essay on the organization of experience [M]. Cambridge, Mass.: Harvard University Press, 1974: 586.

发生前后的时间变量,而归因与评估则是事件的缘由与评断。有些事件包含了所有上述环节,有些则只涵盖部分。低层结构是指表现框架所运用的语言符号手段和策略,是操作或指示层面的①。

所谓框架建构,是指对有关某一事件现象的问题、事实、细节等的选择与强调,从而对受众产生不同的影响。新闻的框架受到多种因素的影响,不同的立场、政策等都会影响报道的框架。对于华文媒体来说,由于其华人受众处于美国主流文化和母国中华文化的双重文化身份下,华文媒体的报道框架一方面受到美国的国家意识形态影响,另一方面也受到中国文化和中华民族立场的影响。

三、研究问题与研究方法

(一) 研究问题

中华人民共和国成立70周年这一事件作为世界瞩目的重大事件,获得了不少海内外媒体的关注。对于海外华人来说,虽然自己身处在另一个国家,但70周年展现出的强大的民族凝聚力和自豪感令他们骄傲。然而在双重文化身份影响下,华人群体对于70周年国庆的关注点和投射的情感,会与中国国内人士以及所在国其他族裔都存在一定差异,因此能够反映并进一步建构华人文化身份的华文媒体,在相关报道上与中国国内媒体及外国主流媒体相比,也势必呈现出自身独有的特点。针对这些情况,本章旨在研究美国华文媒体对国庆70周年的报道呈现了什么样的报道框架?高层、中层、低层三个层次的报道框架如何受到双重身份的影响?

(二) 研究方法

为了深入剖析华人的双重身份认同,即对美国的社会认同和本身的中华民族认同,是如何共同影响华文媒体的中国70周年国庆报道,本研究选取了美国最具代表性的华文媒体《侨报》,对其70周年报道进行分析。自1990年1月5日创刊至今,《侨报》在众多美国华文媒体中脱颖而出,致力于向目标读者提供即时、精准、公正、客观的中国大陆新闻。得益于过去数十年中国大陆移民数量的快速增长,《侨报》业已成为美国发展最快和最有影响力的华文媒体,每天在洛杉矶、纽约、旧金山三地同步印刷发行,并行销全美众多华人聚居的城市,被公认为美国发行量最大的一份强势华文媒体。随着中美两国交往的深入发展,《侨报》非常重视国庆70周年报道,特地开设了"新中国成立70周年"专题栏目。

---

① 臧国仁. 新闻媒体与消息来源——媒介框架与真实建构之论述[M]. 中国台北:三民书局. 1999.

本研究对《侨报》所有2019年中国国庆70周年相关的报道进行全样本搜索，以"70周年国庆"为关键词，共得到报道67篇。根据臧国仁的高、中、低三个层次的新闻框架研究路径，将报道进行归纳分析。在高层框架分析中，主要针对《侨报》关于国庆70周年报道的主要议题类型进行研究。在中层框架分析中，主要事件将聚焦10月1日国庆70周年的天安门广场庆典，另外，国庆的相关先前事件、历史、归因、影响、评估等更能烘托国庆这一事件叙事意义的内容也是中层框架的重要分析对象，研究将围绕这几个方面对具体报道内容进行分析。在低层框架分析中，则运用词频分析软件对报道中出现的高频词汇进行分类汇总和分析，此外，还对消息源进行分类分析，从而完成对新闻文本的解读。

四、《侨报》70周年国庆报道高层框架分析

《侨报》关于国庆70周年报道的主要议题类型可以划分为五大类：中国国内国庆准备、中国国内国庆庆典、美国华侨庆祝活动、中国70年成就、中外领导人活动。其中，美国华侨庆祝活动包括了华侨在美国当地庆祝和华侨回中国参加庆祝这两大类。中外领导人活动则侧重习近平、特朗普等中外领导人的讲话、出席活动等。

经过对67篇文章的分类统计后，研究发现相关报道的主要议题在美国华侨庆祝活动和中国70年成就这两方面较为集中（见图6-1）。

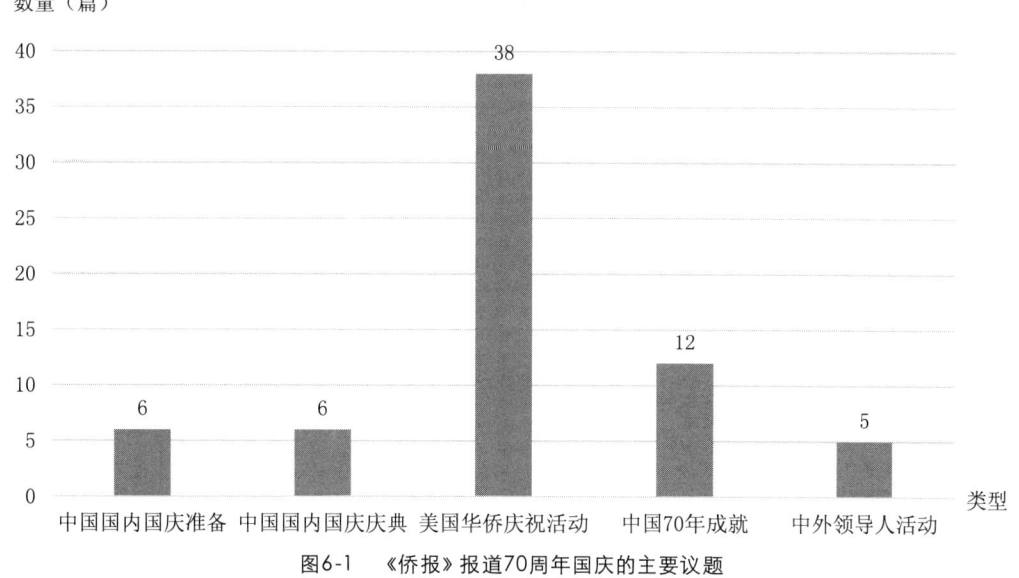

图6-1 《侨报》报道70周年国庆的主要议题

具体来看相关报道，《侨报》关于国庆70周年庆祝活动方面的报道明显聚焦于美国华侨在美和返华的庆祝活动，并且对美国华侨活动的报道显然多于中国国内国庆活动报道，

尤其美国当地庆祝活动的报道是最突出的内容。这说明《侨报》对于美国华侨活动的关注度要明显大于对中国国内活动的关注度。

海外华人相关的活动是华人华侨在海外保持华人身份、增强族群身份认同的重要方式，这种族群活动有效加强了华人之间的联系和认同，能够增进海外华人的群体情感与归属意识。另一方面，海外华人活动以及相关报道也能增强华人族裔在美国社会的可视度和影响力，有利于提升华族在美国社会的地位。美国《侨报》在中华人民共和国成立70周年报道中，通过大量报道华人的庆祝活动，着重凸显活动中的中国文化元素，力图提升中华文化在美国的认知度及其社会地位。例如2019年9月28日该报刊登的文章《千人齐聚独立宫广场 庆新中国70华诞》，具体报道了美国东部华人华侨相聚在费城独立宫广场，举办庆祝中华人民共和国成立70周年大会。报道详细描绘了庆典上华人们合唱《歌唱祖国》《走进新时代》等中国红歌，跳民族舞蹈，为祖国送上生日祝福。值得注意的是，该文除了报道中国歌舞等庆祝元素，在提到升旗仪式的时候，还特别强调了中美两国国旗的典型元素，并描绘了近千名华人华侨手挥中美两国国旗，自动加入游行队伍的场景。这些细节场景的描述既有红歌、民族舞等中国的文化元素，又有中美国旗、国歌等两国国家元素，这两种元素交织在一起，构成了华人群体的庆祝模式，彰显了美国华人的双重身份认同，也突显了当地华人努力将中华文化纳入美国主流文化的追求。

除了常规的歌舞庆祝，《侨报》报道还聚焦了庆祝国庆的系列中国文化展览。涉及文化展览的主要内容包括中华人民共和国成立70周年流失文物回归成果展、中国书法展、国际精品陶瓷展、"清新福建"图书图片展等文化展出，构建出中国传统文化繁荣昌盛，中美文化交流日益密切的积极框架。例如《600件文物"回家"》一文，就详细介绍了一场文物回归的团圆展——《回归之路——新中国成立70周年流失文物回归成果展》，展现了《伯远帖》《祥龙石图》等600余件流失于海外的文物回流中国的喜人成就。对文化的认同某种程度上来说是身份认同的重要组成部分，通过文物、书籍等文化媒介，可以构建一个中国传统文化的环境。在对中国的民族认同和文化认同框架下，在美华人积极探索在海外发扬中华文化，激发海外华人甚至是美国人民产生对中国文化的热情。同时，在海外开办中国文化展，也是海外华人积极提升中国传统文化在美国社会地位的一种努力。《侨报》对这类活动的报道推介正是基于这种构建华人文化认同以及促进美国社会认同华人文化的一种心理。

此外，《侨报》报道部分美国华侨回中国参加庆祝，更是在中华民族认同的影响下一种民族自豪感的体现。这一批华侨虽然生活在美国，但绝大多数的意识中还是把自己看作是中国人，尤其是随着中国这些年来的快速发展，与美国在综合实力上的差异日渐缩小，华人的自豪感也油然而生。母国强大是华人在美国社会地位提升的重要因素，这使得他们对中国感情高涨，愿意前往中国，更好地去感受共同庆祝祖国强大的历史性时刻。《侨报》

也非常注重传达这种民族自豪感。例如《海外侨胞抵京为新中国庆生，将把所见所闻带回住在国》这篇报道，就讲述了海外侨胞陆续抵达北京，参加庆祝中华人民共和国成立70周年活动，迫切地想要感受这一庄严和神圣时刻的激动心情。与此同时，报道还专门强调，这些华侨要将自己在中国的所见所闻带回自己的居住国。由此可见，《侨报》确实非常重视在民族自豪感的驱动下努力传播中华文化、提升中华民族在美国的地位。虽然相比于海外华人庆祝，《侨报》对于中国国内的国庆庆祝报道得较少，但部分报道对国内庆典活动的关注，尤其是对国内庆典前期准备的关注，依然体现了华人民族认同的影响——尽管身处美国，他们依旧心系母国的荣光，愿与遥远祖国本土的庆祝共情。

此外，研究发现《侨报》报道中国70年成就的议题数量也较高，甚至高于中国国内庆典准备以及国内庆典活动的报道数量。可以看出相比于国内庆典本身，《侨报》更加关注对70周年而言更具有历史意义的建设成就，关注的成就包括经济、基建、社会民生、人权民主等方方面面。值得注意的是，《侨报》关注的成就领域往往是美国主流社会比较关注的发展领域。像对中国人权发展和妇女地位提升的成就报道，就很明显契合了美国主流价值观的兴趣点，如《中国发布人权事业发展70年白皮书：已形成以人民为中心的人权理念》《官方白皮书：70年来中国妇女地位巨变，1/3外交官为女性》等报道。美国自卡特政府以来，一直将人权作为其外交手段之一。近几年来，美国每年都要公布所谓的国别人权报告，甚至还时不时会对一些所谓人权状况不好的国家进行抨击。对于中美两国来说，双方在意识形态、生活水平等各个方面相差较大，对人权问题的理解造成的冲突也是美国关注的焦点。而在美国，诸如妇女地位等女权问题也是美国社会关注的热点。早在1848年，美国就爆发了历史上的第一次女权运动。直到今天，女性赋权等问题仍是美国领导人和民众所着重关注的话题。在对中国70周年的成就议题中，除了常规的政治经济等领域成就，对人权和妇女发展的关注，无疑是受到了美国主流社会价值观的影响，可以看到《侨报》力图在美国主流认同的框架下，彰显中国的进步，这也是渴望美国主流社会认同中华民族，提升华裔地位的具体体现。

五、《侨报》70周年国庆报道中层框架分析

根据臧国仁对新闻报道中层框架的分析，本研究结合国庆的事件特点，将对属于主要事件，即10月1日当天的盛大庆典活动，以及属于发生前后不同时间的相关历史、先前事件、影响，还有属于主要事件缘由和评断的归因、评估展开具体研究，以此探究《侨报》报道的中层框架如何建构70周年国庆的叙事意义。

（一）"主要事件"框架分析：重磅突出阅兵仪式，武器亮相彰显母国大国实力

《侨报》国庆当天重磅突出的主要事件就是盛大的阅兵仪式。报纸头版紧紧聚焦中华人民共和国成立70周年阅兵，以图片为主加套红大标题，十分醒目，标题还突出了东风-41导弹的亮相。当天的《侨报》给人感觉满载大国实力的荣耀和骄傲，除了头版的力推，二版围绕阅兵具体展开相关内容，主要标题突出"中国举行史上最大规模阅兵"。具体呈现来看，一是聚焦习近平主席的阅兵讲话，二就是突出重型武器的亮相，尤其是东风-41导弹特别抢眼。《侨报》的三版则整版都是各种亮相武器和相关受阅部队方队的图片，版面标题突出了显眼的"镇国重器"的字样。

可以看到，《侨报》的主要事件运用阅兵仪式和高科技新式武器元素凸显了在美华人背后的母国实力，寓意中国再也不是七十年前任人欺侮、被动挨打的弱国。文章还专门引用了习近平主席的讲话"没有任何力量能够撼动我们伟大祖国的地位，没有任何力量能够阻挡中国人民和中华民族的前进步伐"，大国实力支撑的民族自信跃然纸上，彰显了中华民族立足美国社会的底气。

（二）"历史"框架分析：70年对比提升中华民族自豪感

新闻报道中框架的选择也受到历史的影响，《侨报》涉及历史框架的内容主要包括归国华侨回顾1949年开国大典，以及回望70年前的中国。通过历史框架下追忆70年前中华人民共和国的开端，以及中华人民共和国起步阶段与当代社会进步的强烈对比，70年建国和发展的历史意义及当代意义都被构建出来。

历史框架中的中国是一个饱受欺凌、一穷二白的国家——教育水平低下，经济低迷，人均预期寿命短，社会保障制度不完善……与现在繁荣发展、蒸蒸日上的中国形成了强烈的对比，从而进一步烘托出中国在这70年间的变化飞速惊人。

历史框架中归国华侨对开国大典的追忆则纪念了中国人站起来的标志，从开国到70年国庆，不变的是中国发展强大的步伐和华人对自己祖国的认同。回望开国大典不忘祖国发展初心与70年国庆饱含对祖国繁荣昌盛的自豪，二者融为一体，共同强化了民族认同。

历史框架报道的主角往往是中华人民共和国成立后归国的华人，他们本身也是旧中国和中华人民共和国两个不同时代的见证者，选择这些归侨的视角来构建历史的框架，进一步将过去与现在，中国与海外勾连起来，强化了华人的民族自豪感和归属感。

（三）"先前事件"框架分析：各地华人团体活动提升华族存在感，探访受阅军队见证母国强大，外国领导人祝福彰显国际认同

在本研究中，先前事件指的是与国庆大典这一主要事件相隔较近、作为主要事件铺垫

的事件。在先前事件的框架下,《侨报》主要关注美国各地华人团体的庆祝活动,阅兵仪式前的细节"剧透",还涉及了一些国外领导人对中国70周年国庆的祝福。

先前事件中关于美国各地华人团体活动的报道最多,内容也最为丰富,涉及的华人团体有华人前进会、中国学生学者联合会、宾州华人侨团联盟、世界华人精英联合会、美国各地各类同乡会和同学会等。这些华人社团担负起社会沟通的职能,并致力于中华文化与当地文化相融合,受到当地人民的欢迎。华人社团积极融入当地社会,服务于当地社会,为当地社会做出了巨大贡献[①]。《侨报》则试图通过各类华人团体的活动,向受众传递自己华人身份的信息,也向美国社会彰显华人族群的存在感和可视度。

就美国的海外华人庆祝中国国庆的活动而言,从多年前起就已经不再是"地下活动",而是转为大规模的社区活动。这次中国70周年国庆的大规模庆祝,同样也在海外华人群体中,得到与中国国内几乎相同频率的响应。基于此,《侨报》将大量的各类华人团体庆祝活动作为70周年国庆的先前事件铺垫,一方面与中国国内的国庆活动报道遥相呼应,让海外华人群体受到来自祖国的情感动员,同时也在报道中为华人受众营造认同的平台,使得华人读者感同身受,加深对自我身份的认同;另一方面《侨报》在专栏下也以连续大量的华人社团活动报道让美国社会看到在美华人的同声同气和遍布全美的影响力,从而意识到华人族群的力量。

先前事件的另一大亮点是《侨报》记者深入中国军队探访阅兵仪式前的准备工作。军队象征着一个国家国防军事力量的强大程度,探访中国受阅军队的相关报道展现出当今中国强大的军事力量,让在美华人及美国社会感受到华人背后的坚强后盾。关于阅兵准备,《侨报》报道还专门强调,国庆受阅装备均为国产现役主战装备,包括军方部分新型装备,集中体现出了中国国防和军队建设最新的瞩目成就。在此基础上报道又进一步强调外军和外国领导人未受邀参加,以此凸显构建中国国防的自主性——中国无须借助外国的力量,就可以撑起一片天。这些都会引起华人民众的自豪感和踏实感,从而进一步强化其对中华民族的认同。

国外领导人的祝福报道虽然数量不多,但也充分体现了中国在国际社会得到的认同。这种国际认同对于强化在美华人的民族认同以及提升美国主流社会对华人的认同都具有积极意义,尤其是关于美国领导人如特朗普等政治人物的祝贺报道,更加强化了这种主流认同。

(四)"归因"框架分析:站在中华民族立场讲述中国成就故事

本研究属于中层框架的归因主要是指70年来中国在各方面取得的瞩目成就,《侨报》

---

① 王琼,胡跃东.试论当代美国华人社团发展趋势[J].大众科学,2007(4).

报道主要集中于经济、交通运输、民生、人权民主等方面。《侨报》将70年的重大成就作为70周年庆祝活动的逻辑起点，为各类庆祝活动和相关报道赋予了意义。

就经济成就而言，《侨报》相关报道主要指向中国的宏观经济发展，强调中国经济在全球日益重要的辐射力和影响力，重视中国在融入世界经济的历程中所取得的长足进步。相关报道还特别指出，中国是在不到一个世纪的时间里，从一个原本贫穷的国家，成为越来越接近世界舞台中央的世界第二大经济体，给了70年经济成就一个特别的注脚。《侨报》从宏观经济角度对中国70年经济成就的肯定，是一种对中国经济整体的肯定。尽管当时中美还处于贸易摩擦的拉锯中，美国国内存在对中国经济的种种负面声音，但《侨报》报道还是竭力指出中国经济对世界和美国的重大意义。比如《中国吸收外资居世界第二》一文就在引题中特别突出强调"中国晒70年消费及外贸成绩单，在华美企赚得盆满钵满"，并且该报道还与中美即将开启新一轮贸易谈判的相关报道发布在同一版面。可以说在美华人是中国经济腾飞并融入世界经济的重要受益者，在中国的经济发展及其与世界的经济互动使全世界华人受益的大背景下，可以看到《侨报》的中国经济成就故事是在中华民族这一身份下，共享成就并共同感受喜悦的叙事框架。

值得注意的是，在交通运输成就方面，《侨报》特别突出了"高铁速度"这一重要发展符号。"中国高铁"是中国发展腾飞的标志，也是一个象征发展速度的重要符号。作为国民经济的大动脉，中国高铁不仅仅只是简单的交通工具，也是促进经济增长的助推剂，更是政治力量的体现。特别是高铁的科技及技术含量较高，对于提升国家及民族在国际上的政治影响力有着极为重要的作用。同时中国高铁也走出国门，成为中国在国外援建的代表，有力促进了国际间合作交流，"高铁外交"甚至成为最近几年来中国媒体在介绍中国对外关系时频繁出现的一个关键词。在这方面，《侨报》的叙事和中国国内媒体一脉相承，在国庆报道中放大了"中国高铁"这一标志性发展符号，凸显"中国速度"，强调中国高科技对世界的贡献，极大提升了中华民族的自豪感。

尽管受美国价值观影响，《侨报》在对中国70周年成就中还涉及了美国等西方社会关注的人权、妇女权利等问题，以及养老等民生领域，但不同于西方媒体在这类报道中往往会植入意识形态偏见，对中国形成较为负面的报道，《侨报》的相关报道能够跳出西式刻板印象，客观看待中国在这些领域切实取得的进步。在人权方面，《侨报》报道分析了新中国人权事业发展大体经历的三个关键时期，并指出中国业已形成较为系统的以人民为中心的人权理念；在妇女地位上，《侨报》聚焦70年来中国妇女地位的巨变，以及妇女健康状况的大幅度改善；在民生问题上，《侨报》则着重关注了中国的养老问题，指出中国已建立起了世界上最大的社会保障安全网。可以说《侨报》的相关报道一定程度上驳斥了美国社会对于中国的一些谬论，有助于增强华人的中华民族认同感，以及改善美国社会对中国的一些偏见。

（五）"评估"框架分析：中美双方命运与共，认同中方发展观

在本研究中，评估是指对中国国庆70周年及其相关事件意义、成果等的评估，呈现支持或反对的态度。研究发现，评估框架往往涉及2019年前后中美两国贸易摩擦话题，这无疑是站在中美关系发展框架下的思考和分析，与在美华人的未来息息相关。相关评估立场的选择背后体现出的是在美华人移民双重身份的影响——认同中美命运与共，希望母国与移民所在国形成良性关系。在做出具体评估的时候，《侨报》本着中美和谐相处、共同发展的愿景，体现了对母国中国的认同，支持中国解决矛盾的积极努力，驳斥美国提出的"中国威胁论"，并且指出中国与美国等其他国家都属于"命运共同体"，中国强大了，美国才能更好。

评估中突出的中美贸易摩擦是中美两国之间矛盾的集中反映，本质上是美国冷战思维和民粹主义在当代贸易关系中的体现，意图用贸易战的形式来遏制中国的继续发展。报道的"评估"内容在描述矛盾状况时指出，中美贸易战尚未"休兵"，在中华人民共和国成立70周年之际，在美华人无不期盼两国间早日结束贸易领域的对峙，真正建立合理公平的国际政治经济新秩序。《侨报》的这一观点，很大程度上认同了中方对于贸易战的看法，即不想打、也不愿打，体现了该报站在华人群体的角度，将自己所在国和母国的命运联系在一起，希望两国能够摒弃矛盾，实现共同发展的愿望。

除了聚焦中美矛盾，《侨报》的评估框架还涉及对国家发展观的"评估"。《侨报》认为，中国发展的目的是赢得尊严和安全，而不是威胁、挑战和取代他国。在此基础上，《侨报》进一步提出了"中国好，世界好，美国才能更好"的观点，此观点与中国倡导的"人类命运共同体"理念不谋而合，即各国的命运休戚与共。可以说《侨报》对中国的发展观念是完全站在肯定和认同立场上的。

（六）"影响"框架分析：展现中国对世界的影响，加深对母国的认同

在本研究中，影响是指经过70年发展的中国对于美国以及世界所产生的一系列影响。《侨报》社论《70年，世界需要新的"中国观"》指出，中国对世界的影响在这70年之间变得更加深刻全面，中国70年发展的历史实践，也是世界历史中打造人类命运共同体的历史实践，高度肯定了中国的世界影响。《侨报》的影响框架将中国与世界紧密联系在一起，也是"大中华"视域下该报提升华人全球地位的一种努力。

值得注意的是，《侨报》的影响框架还特别突出了"中国观"对世界的影响。中国观包括了中国协和万邦的国际观、和而不同的社会观、人心和善的道德观等，在当今多变的国际形势之下，中国的成功为发展中国家实现现代化提供了路径与启示，在国际社会上也为解

决人类问题贡献了中国智慧。《侨报》通过展现中国观对世界的积极影响,赞扬了中国70年发展中所形成的观念,进一步深化了美国华人对祖国的理解和认同,同时也向美国社会彰显了中国对世界的深层次贡献。

六、《侨报》70周年国庆报道低层框架分析

(一)词汇选取体现中美双重影响,积极肯定中国的进步

从新闻报道中词汇的选择可以看出媒体的一些隐含观点和意识形态,本文用量化研究的方法对70周年报道进行词频统计,再对高频词汇进行分析。本研究采用词频统计网站picdata作为统计工具,各选取名词、动词、形容词中排名前10的词汇,对其进行分析,通过这三类词汇来透视低层框架中所传达的意识形态和情感色彩(见表6-1)。

表6-1 《侨报》国庆70周年报道的词频统计

名词		动词		形容词	
词汇	词频	词汇	词频	词汇	词频
阅兵	150	庆祝	87	伟大	50
方队	142	游行	67	和平	33
美国	115	建设	53	团结	32
新中国	110	联合	43	贫困	26
世界	102	表演	41	开放	23
华人	101	保障	40	特色	22
主席	86	改革	39	传统	21
国庆	84	领导	33	友好	20
北京	82	亮相	33	健康	19
中华人民共和国	80	训练	30	爱国	15

在《侨报》国庆70周年报道的框架性词汇中,名词部分体现出70周年报道的核心内容,如阅兵、方队体现出70周年庆典的主要活动,而美国、新中国、世界、华人等词汇,体现了70周年报道格局之大,所涉及的范围之广。美国和新中国作为两个出现最为频繁的国家,同时体现了《侨报》这一华文媒体的双重国家认同。

形容词可以反映出情感,在排名前十的形容词中,可以看出基本都是正面积极的修饰词,提到最多的负面词汇是"贫困",主要出现在历史框架中,与当代中国的发展程度形成

对比，起到烘托中华人民共和国成就的作用。报道大量使用积极词汇，充分肯定与赞扬了中国70周年庆典和发展成就，如"伟大""和平""团结"等，体现了高度的认同。

动词表示一种动态，《侨报》报道中的动词大多和庆典活动有直接关系，如庆祝、游行、表演等。同时，"建设""保障""改革"等动词，则体现了中国70年来所作的努力。这两部分动词的选择强调了70周年庆祝本身的成功以及中国发展所产生的一系列积极影响，体现了《侨报》70周年国庆报道的正面倾向和对母国的认同。

（二）消息源大量选取华人社团成员、中方及各国领导人，凸出在香港问题中主张民族团结的信源

新闻报道中的消息源表明了事实、观点和背景材料由谁提供、从何而来。注明消息来源，可以提升新闻报道的权威性，提高新闻报道的可信度。不同的媒体会根据自己的实际情况和立场，选择合适的消息来源来呈现事件。

数据显示，《侨报》的67篇报道中，共有消息源115个（见表6-2）。其中占比最高的是华人社会团体成员，比例高达42%，其中大部分是美国的华人社会团体成员。其次是中外国家领导人，中国国家领导人占比16%，美国领导人和其他外国领导人合计占比16%，其中美国领导人占比2%。中美官员则各为10%和5%。还有一些消息源主要与庆典活动相关，包括中国军队、庆典工作人员、文艺人士等。普通华人群众和国际组织成员也有少量来源。

表6-2 《侨报》国庆70周年报道的消息源

来源	数量（个）	占比
中国国家领导人	18	16%
中国官方官员	11	10%
中国军队	3	3%
北京庆典工作人员	4	3%
中国文艺名人	1	1%
华人社会团体成员	48	42%
普通华人群众	3	3%
美国领导人	2	2%
美国官方官员	6	5%
其他外国领导人	16	14%
国际组织成员	3	3%
总计	115	100%

来自华人社会团体成员的消息源数量最多，这与华人团体活动报道比较集中的议题分布趋势也较为吻合。华人社团的意义在于帮助华人与美国社会的融合，也促进中美两国之间的和谐发展，肩负着推进华人群体与所在国及母国之间的经济、教育、文化、科技等领域的交流，在海外弘扬中华民族的传统文化，发展两国友好关系等重要使命。因此华人社团成员在构建在美华人身份认同方面具有一定的意见领袖作用，相比于普通华人群众，来自华人社团成员的消息源更具有代表性和引领性。《侨报》作为在美的华文媒体，其主要使命与华人社团较为契合，因此大量引用社团成员表达爱国之情的话语，强化中华民族意识。

尽管《侨报》身处美国，但中国国家领导人的消息源数量远多于美方领导人。一方面这是由于70周年是中国的重大事件，更多引用中方领导人消息源能够更为直接地呈现事件，另一方面也说明《侨报》主要是站在民族认同立场上，重点突出中方领导人的观点，体现了《侨报》对于中国观念意识的认可。

《侨报》对于其他外国领导人的引用主要包括俄罗斯、朝鲜、越南、老挝、巴基斯坦等国家领导人对中国70周年国庆的祝贺致辞，其中不少还都是"一带一路"国家领导人。中国的70周年国庆受到了世界瞩目，获得来自不同国家最高领导人的祝福，体现了国际社会对中国的认同，特别是受到了"一带一路"国家的纷纷认可与支持，从侧面也反映了中国"一带一路"倡议的国际认同。这些都体现出中国在国际社会中的地位，也进一步提升了华人的民族自豪感。

值得注意的是，在引用的消息源中，有9个消息源中提到了香港问题，占到了消息源的8%。香港问题是美国等西方社会十分关注的话题，尤其是在国庆前夕，香港发生多起暴力事件，因此在中华人民共和国成立70周年这一重要时刻，香港问题尤为受到国际社会的关注。不同于西方媒体在意识形态框架下对香港问题的偏见，《侨报》引用的消息源鲜明地站在中国立场上，支持中华民族团结。比如南加侨团代表鹿强表示，在港独分子打砸香港立法院、袭击港警、把中国国旗扔进大海的动乱时刻，我们举办升旗典礼意义十分重大。中国驻纽约总领馆副总领事邱舰在庆祝晚宴上表示，"中华民族是热爱和平的民族，但热爱和平不等于逆来顺受"，中国政府坚定地站在特区政府和香港警察后面，损害香港利益的一切图谋注定破产。《侨报》通过对这些消息源的引用，充分传达了该报在"大中华"视域下对香港问题所持的立场，即坚决支持各民族之间的团结，反对分裂祖国的行为，也体现了广大海外华人需要团结而强大的母国作为自己背后依靠的强烈诉求。

七、总结

通过对美国《侨报》70周年国庆相关报道的分析发现，该报报道体现了华人的双重身份认同，既有美国主流社会认同的影响因素存在，如聚焦美国社会关注的议题等，同时也受到中华民族的认同影响，如肯定中国的建设成就等，很好地起到了帮助在美华人更好融入美国社会，同时保持与祖国的文化和情感纽带的桥梁作用。

从《侨报》对70年国庆的整体报道框架来看，《侨报》力图提升华裔在美国社会各方面的存在感和华裔的中华民族认同。在过去，华人在美的社会地位较低，就算是为发展美国经济做出突出贡献的华人，也被排除在美国政治生活之外，几乎没有发言权。《侨报》的报道框架构建了一个在各方面都强大的中国，提升了华人对外的总体形象。在美国的经济、政治、文化、科技等领域，华人的参与度都在不断提升，报道通过各类华人社团展现各行各业的杰出华人代表和他们的活动，提升了在美华人的显示度。同时报道突显的中国发展成就、国家实力和对世界的贡献，也体现了华人对中华民族的自豪感及其对祖国的高度认同。《侨报》还对美国社会所关注的话题进行了回应，如中国的人权、经济、社会等领域的发展，《侨报》重点聚焦这些领域的成就，既是受到美国社会认同的影响，也是为了表明中国在美国关注的这些领域都取得了长足的进步，有力回应了美国一些偏见式的质疑。此外，对中美贸易战、香港问题等涉及两国关注焦点的领域，《侨报》也都明确表达了立场，希望中美两国实现共同发展，认同民族团结的观念。

鉴于海外华人媒体的文化桥梁作用，发挥华人媒体在国际社会的话语能力，能够有助于平衡西方的涉华话语，更好地在海外传播中华文化和中国声音。相较中国本土媒体，海外华人媒体更熟悉当地的文化价值观、信息接收偏好和受众特征，更能够精准针对当地社会讲好中国故事。像《侨报》这样的华人媒体，对中国认同度高，同时也与当地华人社团有着深厚的联系，在当地社会有着较大影响力，往往还会成为当地政府和政党积极争取的对象，因此是传播中国声音的优质平台。另一方面，华人媒体在当地社会的深耕也使得其非常熟悉当地政治、经济、文化和环境，具有深厚的资源和人脉，因此也应是中国媒体走出去，融入当地主流社会的重要桥梁。可以说华人媒体基于双重文化身份的"精通中外"，恰恰契合了中国国际传播融通中外的诉求，理应成为中国国际大传播体系的重要组成部分。当然海外华人移民的背景复杂，双重身份认同影响下华人的认知也较为复杂，华人社会内部存在着差异。因此国内媒体应与《侨报》这样的海外华人媒体共同构建大中华命运共同体框架下的华人话语，进一步深化海内外华人的集体认同，从而为华人话语与国际话语的良性互动打下坚实的基础。

第七章
上海全球城市形象与
全球城市国际传播的影响因素

☆ 一、全球传媒语境中的上海城市形象
☆ 二、全球城市国际报道的影响因素研究

一、全球传媒语境中的上海城市形象

（一）上海的全球城市定位

全球城市是全球网络中的资本节点、高级生产服务的节点、航运的节点、文化的节点。2016年国家发改委提出要"提升上海全球城市功能"，上海的全球城市定位成为国家战略。

根据GaWC（Globalization and World Cities）2016对世界城市的排名（见表7-1），第一梯队是世界顶尖城市，具有超级全球影响力的伦敦和纽约。上海则列于第二梯队的末位，属于影响力较大的国际城市。

表7-1　2016年GaWC关于世界城市的排名

Alpha ++	伦敦、纽约
Alpha+	新加坡、香港、巴黎、北京、东京、迪拜、上海
Alpha	悉尼、圣保罗、米兰、芝加哥、墨西哥城、孟买、莫斯科、法兰克福、马德里、华沙、约翰内斯堡、多伦多、首尔、伊斯坦布尔、吉隆坡、雅加达、阿姆斯特丹、布鲁塞尔、洛杉矶
Alpha-	墨尔本、华盛顿、维也纳
Beta+	罗马
Beta	柏林

那么世界媒体对上海的反映和塑造是否吻合上海的发展趋势，上海的形象是否呈现出全球城市的节点作用？本研究对2016年世界媒体的涉沪报道进行了分析。

（二）2016年全球涉沪报道研究

本研究运用Factiva全球媒体数据库以及Gdelt全球媒体数据检测系统对全球媒体2016全年涉沪报道进行分析，不仅包括基于大数据的分析，还重点对美国、英国、法国、德国、俄罗斯、日本、加拿大、澳大利亚、西班牙等重要语区和重要国家的主流媒体2016全年涉沪报道进行了深入的文本解读。

1. 上海关注度已超越区域性及非综合型一级全球城市节点,向顶级全球城市节点迈进[①]

2016年全球媒体涉及上海的报道总量近50万篇,其中传统媒体报道占据主要比例,数量超过40万篇,网页报道其次,超过7万篇,图片报道为2 122篇,博客报道为1 216篇,多媒体报道则为83篇(见图7-1)。

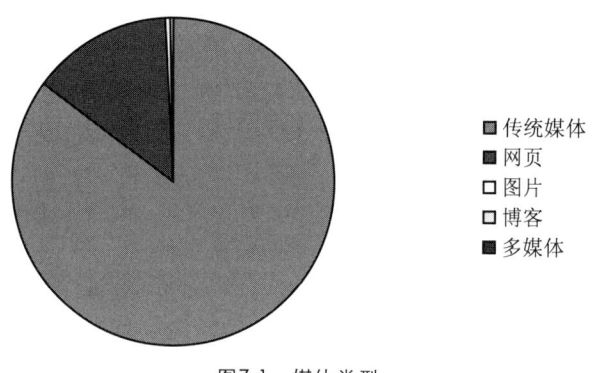

图7-1 媒体类型

与世界20个著名全球城市以及北京、广州、深圳等国内一线城市相比,全球媒体涉及上海的报道量已经超过了墨尔本、苏黎世、米兰、温哥华、罗马、布鲁塞尔、维也纳等区域性或非综合型的一级全球城市节点,排名在温哥华之下的城市与上海的涉及量已拉开较明显差距,量差在10万至30万篇之间(见表7-2)。多伦多、悉尼、中国香港、新加坡、法兰克福、莫斯科、首尔等辐射性更强或政治聚焦突出的城市涉及量超过上海,但量差大多在20万以内。而作为传统四大世界级城市之一的东京,超出上海的量差已经不大,只有10万左右。顶级全球城市,如纽约、伦敦、巴黎依然是国际媒体的宠儿,涉及量都在200万以上,纽约独占鳌头,有着接近400万的涉及量,显示出顶级城市中鲜明的信息中心地位。可以看出,在世界关注度方面,上海正在迅速超越轻量级的一级全球城市,向重量级顶级全球城市迈进的趋势明显。

从国内的一线城市来看,只有作为首都的北京的涉及量超过上海,总量接近60万篇,与上海的量差不到20万。但深圳与广州都远不如上海,深圳的涉及量为接近16万篇,与上海的差距超过30万,广州差距更大,其涉及总量没有超过10万篇。

---

① 关注度数据比较的是全球媒体的涉及量,统计了提及相关城市的所有报道。本研究其他的具体数据则基于以上海为主要内容的境外媒体报道,以增强具体数据的针对性。

表7-2 全球城市的报道涉及量

排名	城市	数量	排名	城市	数量
1	纽约	3 831 630	13	东京	605 400
2	伦敦	2 957 773	14	北京	571 187
3	巴黎	2 036 877	15	上海	490 686
4	柏林	1 616 639	16	墨尔本	487 299
5	洛杉矶	1 264 843	17	苏黎世	425 719
6	多伦多	919 987	18	米兰	416 603
7	悉尼	773 887	19	温哥华	397 587
8	香港	724 444	20	罗马	255 816
9	新加坡	687 566	21	布鲁塞尔	231 404
10	法兰克福	687 098	22	维也纳	175 084
11	莫斯科	659 233	23	深圳	159 363
12	首尔	657 675	24	广州	65 522

2. 审视上海的国际视角：西方中心视角突出，但也开始关注周边区域及新兴市场与上海的互动

（1）西方中心视角：英文报道呈压倒性优势，西方媒体是报道主力，报道涉及地区以西方发达国家为主

从报道上海的主流媒体的语种来看，在报道数量排名前十位的语种中，英文报道数量最多，接近7万篇，远远超过其他语种，可见英文报道在上海的国际舆情中无可比拟的影响力，上海的国际形象主要靠英语传播。排在第二位的是西班牙文，数量超过7 000篇，这与南美洲众多国家普遍使用西班牙文，西班牙文媒体分布较广有关。意大利文、德文、法文、俄文、日文这几个英文之外的全球主要外文，报道量也都比较靠前（见表7-3）。

表7-3 全球报道的语言分布

排名	语言	数量	排名	语言	数量
1	英文	68 441	6	俄文	3 431
2	西班牙文	7 833	7	日文	834
3	意大利文	7 519	8	瑞典文	788
4	德文	5 979	9	印尼文	712
5	法文	5 032	10	丹麦文	468

报道上海的全球主流媒体也是以西方媒体为主，美国、英国、法国、意大利、西班牙、澳大利亚、加拿大、德国媒体居多（见表7-4），日本、俄罗斯是少数上榜的非西方媒体来源国家。主流媒体的类型则以西方通讯社为主，关于上海的全球报道仍由这些西方国际通讯社垄断。除了路透社、法新社、美联社这类传统主流通讯社，道琼斯通讯社这样的财经通讯社也发布了大量关于上海经济的报道。国际一线大报如《纽约时报》《泰晤士报》，以及国际重要的财经媒体如《华尔街日报》《日本经济新闻》《澳大利亚金融评论》等也都是上海及其经济发展的重要定义者。

表7-4 报道上海的媒体来源

排名	媒体	数量	排名	媒体	数量
1	道琼斯通讯社	8 819	11	加拿大通讯社	454
2	路透社	7 905	12	每日邮报	399
3	法新社	2 446	13	俄罗斯卫星新闻通讯社	383
4	安莎通讯社	1 763	14	日本经济新闻	347
5	埃菲社	1 294	15	西班牙欧洲新闻社	300
6	华尔街日报	1 143	16	俄通社-塔斯社	294
7	澳联社	669	17	澳大利亚金融评论	292
8	美联社	542	18	纽约时报	255
9	德通社	526	19	每日电讯报	233
10	泰晤士报	496	20	澳大利亚人报	204

从全球主流媒体在报道中提及的国家和地区来看，西方传统发达国家和地区涉及最集中。其中美国的提及篇幅最多，超过1万篇（见表7-5）。美国作为世界最大经济体，在世界关注上海的过程中是一个非常重要的背景板，在国际媒体眼中，上海的国际交往尤其是国际经济交往，无法脱离与美国的联系。此外，老牌欧洲发达国家也是涉及量较多的，其中意大利、英国、德国、西班牙、法国的涉及篇幅都比较多。欧洲作为一个整体概念也涉及量较多，超过4 000篇。

表7-5 全球报道涉及国家和地区

排名	国家（地区）	数量	排名	国家（地区）	数量
1	美国	11 735	11	西班牙	2 500
2	香港	6 595	12	亚洲	2 242
3	日本	5 764	13	亚洲太平洋	1 797
4	意大利	5 407	14	法国	1 753

续表

排名	国家(地区)	数量	排名	国家(地区)	数量
5	欧洲	4 634	15	荷兰	1 669
6	澳大利亚	3 874	16	大中华	1 322
7	英国	3 575	17	韩国	1 317
8	德国	3 103	18	新加坡	1 084
9	俄罗斯	2 725	19	加拿大	1 068
10	印度	2 683	20	乌兹别克斯坦	999

（2）中国周边及新兴市场与中国的互动开始受到关注

随着中国和上海影响力的增长，上海的区域影响和区域联系也开始成为一大关注点。其中，香港地区较为突出，涉及的篇幅数量超过6 500篇，处于排行榜第二位，这与香港地区长期以来的金融中心地位有关，也与上海的经济和金融中心发展对香港地区有所冲击有关。日本作为传统发达国家和中国周边经济强国，排名第三，涉及篇幅数量超过5 000。

相邻新兴大国俄罗斯和印度也是涉及篇幅较多的国家，数量都在2 700篇左右，都进入了排行前十的行列。邻近的经济较发达国家韩国和新加坡，以及重要的中亚邻国乌兹别克斯坦，涉及篇幅都在1 000左右。

中国周边的区域概念也有所体现，亚洲的涉及篇幅超过2 000篇，亚太地区接近1 800篇，大中华地区超过1 300篇。

3. 上海形象与经济态势紧密关联

就全球媒体塑造的上海形象而言，其经济属性异常鲜明，上海形象与经济金融领域的发展状况息息相关，与国际媒体对中国和上海经济的信心紧密关联。

（1）上海经济、金融中心地位表现突出，上海形象被经济金融领域的发展定义

从全球主流媒体涉沪报道的话题分布来看，大量报道聚焦于经济、金融领域，上海的经济中心与金融中心的角色非常明显。排名前三的话题都是经济范畴的，前两位话题则都与金融相关。证券市场话题的涉及量最多，达到近2万篇（见图7-2）。其次是金融领域的报道，涉及量近9 000篇。排名第三的话题仍然与经济相关，属工业类报道，数量超过8 000篇。再加上其他经济领域的报道，可以说经济金融领域的报道占据大半，全球主流媒体中的上海形象基本被其经济金融领域的发展所定义。

（2）全球媒体对沪态度与上海及中国经济形势紧密相关

全球媒体涉沪报道全年态度走势分析显示，全年基本走势平稳，整体呈小幅波动态势，但年初的波动较大（见图7-3）。2016新年伊始，全球媒体对沪的态度出现低落趋势，与

第七章 上海全球城市形象与全球城市国际传播的影响因素

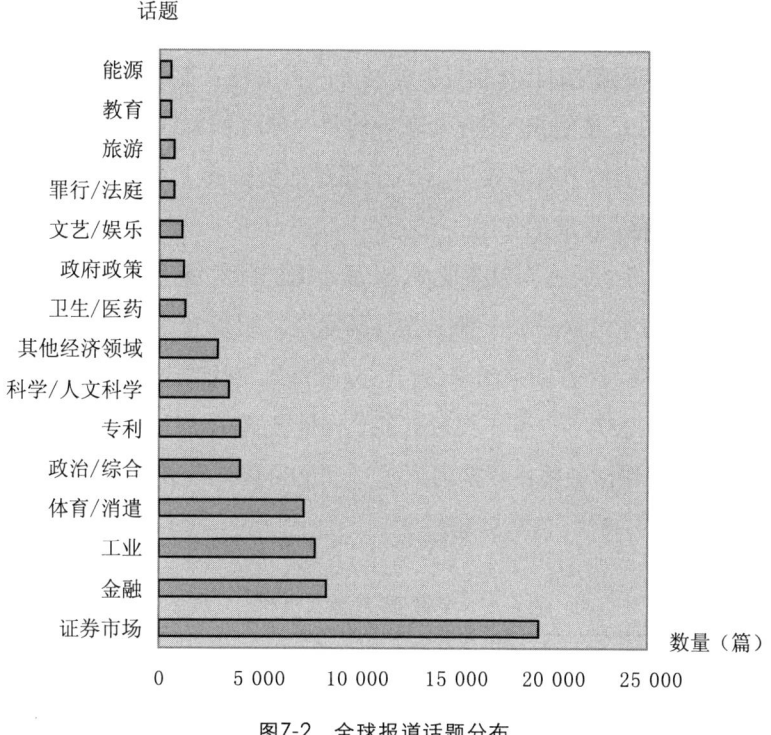

图7-2 全球报道话题分布

年初上海股市跌幅较大,引发全球对中国经济的担心有关。之后涉沪报道的态度指数逐渐回升,在2月11日回到一个小高峰。但是到2月下旬股市再次大跌,跌幅超过6%,于是全球媒体态度指数再次下滑,并落入一个小低谷。可以看出全球媒体对沪的态度指数与其对上海及中国经济形势的信心有密切关联。

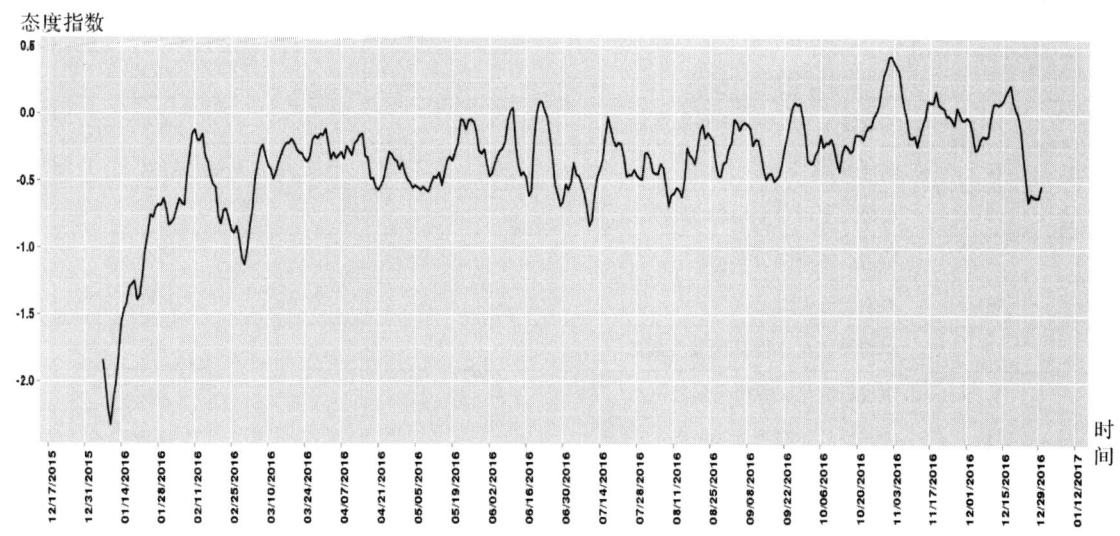

图7-3 2016全球报道态度走势

4. 上海在全球经济中的作用凸显,全球城市的经济节点效应展现

在国际主流媒体的报道中,上海参与全球经济的程度越发显著,上海与全球经济的发展紧密联系在一起。国际经济组织、国际金融机构及全球经济掌管者与上海频繁联系在一起,凸显了上海作为全球经济节点的效应。G20上海财长会议及上海股市牵动全球关注,进一步体现了上海对全球经济发展的作用。

(1)国际经济组织与金融机构频频现身,凸显上海国际经济中心地位

全球媒体涉沪报道中可以看到上海常常与国际经济组织及金融机构联系在一起,体现了上海的国际经济地位。代表新兴国家参与国际经济机制的二十国集团的涉及篇幅排在第四位,涉及1 395篇(见表7-6);汇丰控股有限公司排名第7位,涉及940篇;美国中央级金融管理机构——美国联邦储备委员会排名第9位,涉及804篇;代表当前国际经济治理机制的国际货币基金组织排名18位,涉及354篇。

表7-6 全球报道涉及机构

排名	公司	数量
1	上海交通大学	2 799
2	上海合作组织	2 693
3	复旦大学	1 913
4	二十国集团	1 395
5	中国人民银行	1 335
6	同济大学	1 195
7	汇丰控股有限公司	940
8	华特迪士尼公司	913
9	美国联邦储备委员会	804
10	中国国家自然科学基金委员会	695
11	欧洲联盟	620
12	上海复星医药(集团)股份有限公司	585
13	华为技术有限公司	549
14	阿里巴巴集团	443
15	华特迪士尼主题乐园及度假区	417
16	中国石油化工股份有限公司	382
17	中国证券监督管理委员会	369
18	国际货币基金组织	354
19	上海机电股份有限公司	339
20	上海电气集团股份有限公司	331

与此相对应，中国国内的金融经济机构也有较多提及，国际媒体已将上海与中国的金融治理紧密联系在一起。其中中国人民银行排名第五，涉及1 335篇，中国证券监督管理委员会排名17位，涉及369篇。

（2）全球经济掌管者与上海联系紧密

从全球媒体涉沪报道涉及的重要人物来看，各重要国家的首脑聚焦程度最高，这主要是由于全球媒体往往将上海与各国经济发展战略与国际经济政策相关联。其中我国总书记习近平是其中涉及篇幅数量最多的，达到1 351篇（见表7-7），远远超过其他人物。李克强总理则排名第三，涉及篇幅接近600。再看其他出现频率较高的重要国家首脑，当时的美国大选候选人，也是之后赢得大选的美国总统特朗普涉及篇幅为445，排名第二，是排名最高的外国人物。另一位美国大选候选人希拉里也是提及较多的焦点人物，涉及篇幅接近300。另外，俄罗斯总统普京、美国前总统奥巴马、日本前首相安倍等国家元首也都有较多篇幅涉及，其中普京超过400，奥巴马超过200，安倍略低于200。澳大利亚总理马尔科姆·特恩布尔及加拿大总理贾斯廷·特鲁多也在榜单之上，涉及篇幅分别为150和119。

表7-7　全球报道涉及重要人物

排名	人物	数量	排名	人物	数量
1	习近平	1 351	11	克里斯蒂娜·拉加德	168
2	特朗普	678	12	马里奥·德拉吉	159
3	李克强	591	13	马尔科姆·特恩布尔	150
4	普京	418	14	贾斯廷·特鲁多	119
5	罗伯特·艾格	416	15	沃尔夫冈·朔伊布勒	116
6	珍妮特·耶伦	402	16	雅各布·卢	113
7	周小川	321	17	马克·卡尼	106
8	希拉里·克林顿	303	18	姚明	100
9	奥巴马	210	19	乔治·奥斯本	87
10	安倍晋三	194	20	罗杰·费德勒	86

除了国家首脑级人物，涉及篇幅排名前二十的名单里很多都是各国财政部门或国际金融组织的掌管者，如美联储前主席珍妮特·耶伦、国际货币基金组织前总裁克里斯蒂娜·拉加德，意大利央行前行长马里奥·德拉吉、英格兰银行前行长马克·卡尼、美国前财政部长雅各布·卢，德国联邦财政前部长沃尔夫冈·朔伊布勒，英国原财政大臣乔治·奥斯本等，中国央行前行长周小川也赫然在列。这再次证明了上海的经济中心地位及其与全球经济的紧密联系。

（3）2016年年初股市的震荡引发国际媒体对中国经济走势及其国际影响的猜测

年初上海股市行情的动荡普遍受到国际媒体关注，这些媒体纷纷对中国经济的趋势和影响进行猜测。

美国《华盛顿邮报》1月初连发三篇新闻报道上海股市下跌。日本《读卖新闻》1-2月发表三篇报道关注上海股市，并且重点关注了熔断制度，1月8日专门发表题为《熔断制度》的新闻对政策进行解读，在此基础上，该报还报道了有关人民币汇率的话题，对中国经济形势进行进一步的分析。

法国《世界报》和《费加罗报》1月份也有三篇报道聚焦上海股市。《世界报》1月11日的报道《上海证券交易所开盘跌落》一文指出，北京正在努力地协调中国经济软着陆；《费加罗报》1日6日的报道认为，中国股市的下跌引起了各方市场的广泛担心。加拿大《环球报》、澳大利亚《澳大利亚人报》的报道都分析了投资者的紧张心理。英国《泰晤士报》分析了上海股价下跌对新兴市场国家的影响，认为下跌之势最后蔓延到了亚洲其他国家，原因是现在中国经济的变化对周边国家会产生影响。

（4）G20上海财长会议报道将上海嵌入全球经济发展图景

①前瞻性报道重视全球经济下滑形势下各国财长齐聚上海共商对策。

不少国际媒体在G20财长会议召开前夕就开始进行铺垫式报道。法国《世界报》强调来自二十个大国、掌管着世界经济85%的各国财政部长和金融家们将汇聚上海共同讨论全球经济形势。俄罗斯《消息报》在预告中则强调了全球经济下滑背景下会议召开的意义。法国《费加罗报》也指出会议前夕国际货币基金组织对全球经济预测下调，会议背负重要责任的背景。英国《泰晤士报》、加拿大《环球邮报》都报道了国际货币基金组织在会议召开前夕建议讨论经济刺激政策的新闻。日本《读卖新闻》则连发三篇新闻，报道日本麻生副首相在会议前夕的记者见面会上对上海G20财长会议主要议题的介绍，并在另一篇报道中指出会议前夕中国商务部部长在记者见面会上的讲话，旨在打消各国对中国经济的担心。

②上海财长会议报道聚焦各国对全球经济政策的意见，中国作用被关注。

《澳大利亚人报》开幕后连续两天发表报道，指出全球经济面临风险是各国财长的普遍共识，同时也强调财长们一直认为已出现经济下滑征兆的国家必须采取相应货币政策促增长。英国《每日电讯报》还专门聚焦各国财长的不同意见，该报指出美国财长雅各布·卢表示应该运用一切政策杠杆，但德国财长沃尔夫冈·朔伊布勒表达了不同观点，不同意采取财政刺激的政策。

日本媒体的报道比较集中，在关注财长政策讨论的同时颇为突出中国的作用。日本《读卖新闻》2月26日、27日连续发表《G20 财长会议开幕：中国否定人民币贬值》《G20财长会议闭幕：各国协调，意在维持市场稳定》等6篇新闻。《朝日新闻》则在开幕日连续发表两篇报道。其中一篇强调了会议在各国合作推进世界经济发展这一议题上达成了共识，并关注了当下市场的不稳定因素。文章指出与会的其他国家关注美国和中国的发展方针，认为世界前两大经济体的发展前景至关重要。另一篇题为《G20今日开幕：中国出任议长国，主张提高发言权，促进IMF改革》的报道强调，中国针对当前国际金融市场的混乱提出了"中国流"的解决方案，主张提高中国在国际事务中的发言权。《朝日新闻》在会议闭幕之际又发报道《G20闭幕：探讨资金流出管制和新兴国家困境对策》，指出会议就抑制新兴国家的资金外流问题达成了一致。

日本《读卖新闻》除了关注2月的上海G20财长会议，还报道了7月份在上海召开的G20贸易共享会，并且连发5篇报道，强调了会议防止贸易保护主义的主旨。

（5）上海自贸区金融开放受瞩目，呈现上海作为全球资本节点的发展趋势

上海自贸区的金融开放创新是2016年自贸区建设的重点，这个领域的改革也受到了国际媒体的密切关注，自贸区金融制度及政策的改革和影响是国际媒体相关报道的重要焦点。

美国道琼斯通讯社5月份报道了《人民日报》发声支持上海自贸区的新闻。该文引用了《人民日报》"上海自贸区的建设是习近平总书记领导的中共中央的新概念、新思想和新战略的重要实施，也是全面深化改革及新一轮开放的战略性抉择"的表述。报道认为这又一次显示了习近平对上海自贸区的最新支持。

《华尔街日报》5月份以较长篇幅报道了自贸区内上海华瑞银行开展的金融创新，聚焦于该银行向散户投资者出售短期高回报的线上金融产品，并认为该做法显示了中国金融管理者在互联网金融方面的一些政策导向。

摩根大通银行作为首家外商独资资产管理公司进驻上海自贸区，受到国际媒体关注。《华尔街日报》在聚焦这一新闻时指出，上海自贸区以前所未有的速度推进市场的开放。《日本经济新闻》则先后报道了日本瑞穗银行在上海自贸区向宝钢提供低息贷款，以及该银行获得中国监管部门批准，在上海自贸易区发行可转让存单的新闻。《日本经济新闻》在瑞穗银行向宝钢贷款一文中强调上海自贸区作为离岸市场，人民币的资金需求将更加灵活地反映在贷款利率上；在关于瑞穗银行发行可转让存单的报道中，该媒体则特地指出自贸区内此前尚未有过批准外资银行发行可转让存单的先例，瑞穗银行系首例。

在国际媒体关注自贸区金融开放创新的报道中，自贸区的货币跨境管理是一大焦点。路透社报道央行上海分行在自贸区将进一步扩大资金流入来满足跨境投资需求。国际媒体同时也注意到中国对防范上海自贸区货币跨境风险的态度。路透社8月30日的报道引用了中国社科院的蓝皮书，蓝皮书表示开放资本账户需要谨慎，注意防范外汇风险。央行对上海自贸区货币跨境的态度也被多家媒体报道，路透社关注了央行忠告商业银行警惕货币

外流。澳大利亚《金融评论》则报道了央行可能收紧对外汇交易的管控,以打击非法外汇交易。

此外,关于上海自贸区发行债券、上海外高桥集团股份有限公司的净利润及股份收购行为等财经信息也被国际财经媒体广泛报道。

5. 上海与其他国家的航运联系受到期待,全球城市的航运节点地位呼之欲出

上海与其他国家加强航运联系的发展之举颇受合作国家的媒体关注,这些媒体普遍对此积极开展报道,而且对于与中国加强航运联系,合作国家的报道都显示出美好展望。

在日本《朝日新闻》关于春秋航空增加高松—上海班次的新闻中(见表7-8),记者采访的香川县知事浜田惠造表示,航班的增加能进一步扩大双方交流,也期待航班增加对香川县经济发展和县民生活水平的提高带来助力。该报关于日本乐桃航空新开两条上海航线的报道中,乐桃负责人表示,作为注重女性和年轻旅客的乐桃,在生活方式相近的上海开设航线,希望能以此促进双方更为频繁的往来。

表7-8 上海航运发展报道列表

序号	报道标题	主要内容	报道来源	报道日期
1	中国东部将连接圣彼得堡	中国"东方航空公司"将开设"普尔科夫-上海"直达航班	俄罗斯《生意人报》	2016.6.24
2	将建设高铁干线计入预算	中国高铁干线带来高收入,仅"北京-上海"一条支线每年净利润超过10亿美元	俄罗斯《独立报》	2016.7.25
3	中国将自主研发的区域客机用于商业经营	ARJ21飞机完成了首次自成都到上海的商业飞行	俄罗斯《俄罗斯报》	2016.8.2
4	米子—上海 包租航班	上海吉祥航空宣布,日本米子机场与上海浦东机场签包租航空协议	日本《读卖新闻》	2016.6.15
5	丰桥到上海集装箱新航路	日本丰桥市与上海合作的集装箱航路开设,并在丰桥举办纪念仪式	日本《朝日新闻》	2016.5.6
6	上海出发的邮轮"辉煌号"首次进入山口县下关港	上海出发的豪华邮轮"辉煌号"首次进入下关港,约300名中国游客乘船,下关市政府职员在岸边挥旗迎接	日本《朝日新闻》	2016.7.13
7	日本松山市将对松山-上海航班着陆费进行补贴	日本松山市将补贴由中国东航运营的松山-上海定期国际航班的降落费	日本《朝日新闻》	2016.8.27
8	全日空将在名古屋至上海、香港航班上提供长野特产酒	日本国产酒首次在这两个航班上供应	日本《朝日新闻》	2016.9.10
9	廉价航空公司乐桃航空新开2条上海航线	乐桃航空将新开羽田至上海、关西至上海两条航线	日本《朝日新闻》	2016.9.14
10	山形县开设上海包机	山形县与上海将开设庄内至上海的包机航班	日本《朝日新闻》	2016.10.13

续表

序号	报道标题	主要内容	报道来源	报道日期
11	春秋航空高松至上海航班增至每周5班	春秋航空宣布高松至上海的航班在每周4班的基础上,增加至每周5班	日本《朝日新闻》	2016.11.22
12	伊比利亚航空开通上海新航线	伊比利亚航空公司进入中国市场,开通了马德里到上海的航线	西班牙《世界报》	2016.6.30

西班牙《世界报》在报道伊比利亚航空开通上海新航线一文时,指出航空公司通过这条航线连接了121个目的地,并报道伊比利亚航空公司总裁认为这是一个历史的里程碑。他指出这个市场仍存在巨大潜力,希望中国和西班牙两方能共同合作,取得更多成果。

中国自身的运输发展也为国际媒体所关注。俄罗斯《独立报》和《俄罗斯报》就分别报道了中国高铁的高收入以及中国自主研发的区域客机用于商业经营的新闻。

6. 国际性文化、体育活动有效提升上海的全球关注度,全球城市文化节点形象初步建立

上海在2016年开展的各类国际性文化、体育活动有效吸引了全球主流媒体,提升了上海的全球关注度。

前文的话题分布数据(见图7-2)显示,全球涉沪报道中体育/消遣类新闻的报道排名仅次于属于经济领域的工业新闻,报道量超过7 000篇,大大超过政治类新闻。文艺娱乐报道也超过1 000篇,成为全球涉沪报道新的增长点。全球涉沪报道提及的重要人物(见表7-7)也显示,姚明作为并非政界或经济界要员的体育明星,是进入榜单前二十的第四位中国人,涉及篇幅为100。著名法国网球运动员费德勒涉及篇幅为86,也进入榜单。

近年来上海致力于建设全球著名体育城市,举办多个国际赛事,包括上海国际马拉松赛、上海高尔夫冠军赛、国际田联钻石联赛上海站、环球马术冠军赛、世界斯诺克上海大师赛、F1中国大奖赛、上海网球大师赛等。这些国际体育赛事确实大大提升了上海的知名度,国际媒体普遍都会对此开展报道。尤其是有知名度较高的体育明星参与的赛事,更为吸引国际媒体关注,比如法国《世界报》就非常关注英国著名选手穆雷在上海网球大师赛上的表现,以及法国著名选手拉维莱涅在国际田联钻石联赛上海站的表现。

国际媒体对上海与其他国家在体育市场、体育人才方面的交流合作也有所报道。《澳大利亚人报》聚焦报道了澳大利亚阿德莱德港澳式橄榄球俱乐部进入上海开拓中国市场的新闻,这一举措也是澳大利亚总理2016访华的重要议题之一。英国《每日电讯报》则报道了上海上港集团足球俱乐部任命著名足球教练维拉斯·博阿斯为中超联队总教练的新闻。《每日电讯报》还十分关注上海自身的足球发展及其试图与国际接轨的努力。该报在2月份以《一个人的执着:把中国变为足球强国》为题,报道了徐根宝致力于把上海上港集团足球俱乐部打造成中国的曼彻斯特联队的努力，并将上海上港集团足球俱乐部的发展视作中国足球变革的缩影。

具体来看上海的国际文化报道，上海举办的促进国际交流的文化活动颇受合作国家重视，得到相关国家主流媒体的大力报道。

上海国际电影电视节经过多年运营，已成为一个中外电影电视艺术和产业交流的重要文化活动，从而吸引国际媒体，尤其是参与国媒体的关注。比如日本对本国参展电影以及日本获奖作品就颇为关注。《朝日新闻》对电影节开幕、藤山直美获最佳女主角奖、五岛家族纪录片获上海电视节最高奖等都进行了报道。《朝日新闻》还专门聚焦了日本电影在上海受追捧的情况，并指出同为汉字文化圈的中国观众对日语冷笑话也更容易理解，所以日本电影才更容易引起中国观众的共鸣。美国《纽约时报》在电影节开幕前夕也介绍了电影节阵容，还有专门报道介绍入围电影。

一些中外之间的文化表演、展览以及访问活动也往往会为相关国家媒体所关注。汉堡、上海成为友好城市30周年的文化活动就被德国媒体广泛报道，如中国马戏团在德国演出的《上海之夜》《中国时代》摄影展上展出的上海市民人像作品等都被德国主流媒体报道。美国《华盛顿邮报》则报道了上海琵琶演奏家在美国的表演，认为演出展示了东西文化的互相借鉴，体现了交融与跨越、解构与多元文化的碰撞。日本《朝日新闻》对上海儿童访问福冈小学、日本鹿儿岛县邀请上海偶像组合拍摄宣传视频推广当地旅游、长崎县举办孙中山150周年诞辰图片展、纪念长崎县与上海市友好交流20周年等文化交流活动都进行了报道。该报对孙中山诞辰图片展的新闻还报道了上海市政协委员张培基关于希望通过这些照片为上海与长崎的交流以及构建良好中日关系助力的表达。瑞士艺术家Giacometti在上海盛大开展也被法国《世界报》报道。报纸采访了参与承办的美术史家Yongwoo Lee，他评论道："上海的居民在6月份已经有一个迪士尼乐园了，我们为什么不提供一些更为不同、有趣且充满智慧的东西给上海的居民呢？"报道显示出上海在文化多元上做出的努力。

7. 上海的科技与创新能力受关注，体现科创中心作用

在全球媒体涉沪报道中，国际主流媒体显示出对上海科研能力及高科技产业的关注，上海科创中心的作用得以体现。

上海的科创中心地位可以从国际主流媒体报道所涉及的机构体现出来（见表7-6）。代表上海科研最强力量的985高校涉及的报道篇幅较多。上海交通大学排在首位，涉及2 799篇报道；复旦大学名列第三，涉及1 913篇；同济大学排在第六位，涉及1 195篇。高科技公司以及新型产业公司也有较多报道涉及，医药技术产业领头羊上海复星医药股份有限公司，排名12位，涉及585篇；电子通信产业领头羊华为技术有限公司排在第13位，涉及549篇；互联网产业领头羊阿里巴巴集团排名14位，涉及443篇。此外，传统的技术产业公司也

有提及，中国石油化工股份有限公司排名16位，涉及382篇；上海机电股份有限公司和上海电气集团分列19、20位，分别涉及339、331篇。与科研发展有关的国家自然科学基金委员会也有较多涉及，排名10位，涉及695篇。

此外可以看到，全球主流媒体对上海在专利与科学方面的报道也有不少，前者超过4 000篇，后者也在3 500篇之上（见图7-2）。看来上海打造科创中心的努力及其在科技创新方面的发展也已得到国际媒体的瞩目。

具体来看相关报道，上海在不同领域的科技进步以及与国外的技术合作受到国际媒体关注。其中，《纽约时报》关注了中科院上海生命科学研究院在转基因猴用于自闭症疗法研究方面的创新。英国《泰晤士报》则报道了龙华殡仪馆引进3D打印技术用来修复遗体的新闻。印度报业托拉斯对上海将向印度提供播云技术缓解印度干旱问题，并向印度气象部门提供培训的合作可能显示了浓厚的兴趣。其报道指出，中国自1958年开始使用播云技术，目前已拥有世界上最先进的技术之一。加拿大《环球邮报》还报道了加拿大和中国科学院上海高等研究院合作建立上海清洁技术研究院的新闻。此外，迪士尼智能公园的高科技特色、上海中心大厦中最快的电梯和绿色环保等高科技元素也都受到国际媒体的关注。

新西兰《外交网》还关注了上海整体创新能力的发展。其9月份的报道《上海攀升至创新指数亚太第五》指出，这一排行榜覆盖亚洲33个地区，上海从上一年度的第六位上升至第五。文章进一步指出上海在产业升级和企业家精神方面表现突出，这两个特质使得上海能够将技术创新转化为经济价值和公众的福利。

关于上海市政府对科技创新的支持，香港《南华早报》年初则专门发文聚焦上海市市长表达对吸引风险投资支持科技企业起步的决心，力推上海相关扶持政策。

8. 上海在教育领域的国际影响力初现

上海无论在高等教育方面的信息发布还是在基础教育方面的教育理念和方法都受到国际关注。

2016年法国仅有三所大学进入上海发布的世界大学排行榜前一百名，法国媒体受到相当的震动，认为该排行榜冲击了法国高等教育。法国《世界报》发表4篇报道关注此事，《费加罗报》也有1篇相关报道。《世界报》承认在当下国际竞争的背景下该榜受到法国的高度重视。法国高等教育和研究部秘书Thierry Mandon表示"我们不能表现得好像这个排名不存在一样，无论这个排名怎样，无论我们如何评论这个排名，它都将不可避免地影响法国国际学生的流动性，从而影响到我们法国教育机构的全球战略部署和未来景观。" Thierry Mandon进一步表示，因为上海越来越高的国际影响力，法国的一些合作伙伴可能会参考这个排名。因此无论如何，上海世界大学排行榜确实对法国的高等教育产生了冲击和影响。

英国媒体对英国正在引进上海的小学数学教学模式继续表现出探究的兴趣。《泰晤士报》2016年7月份的文章展示了不同观点——支持的观点认为"上海数学"方法很有效，上海学生的数学水平远超英国学生，但也有人认为这种方法太过于强调抽象的学习，而支持的一方则认为通过学习数学可以帮助孩子们去认识世界，因为数学和真实世界本身就是有联系的。

9. 国际性地标象征上海的发展，彰显全球城市形象

（1）上海迪士尼被视作中西接轨的标志

上海迪士尼开园颇受国际主流媒体期待，沃尔特迪士尼公司及其主题乐园和度假区因此进入涉沪报道提及机构的前二十，华特迪士尼公司现任董事长兼首席执行官罗伯特·艾格也成为涉沪报道中仅次于普京的提及人物。

上海迪士尼乐园被视作中西接轨和合作的里程碑式的标志。《纽约时报》赞其"开启了跨文化合作"，作为在中国大陆的第一个迪士尼乐园，上海迪士尼被该报认为是美中关系的历史象征。《澳大利亚人报》也将这一"中西接轨"之作赞为"伟大的项目"。

（2）上海中心大厦建成引发国际媒体关注，被视作上海发展的象征

上海中心大厦作为世界第二高楼引起了国际主流媒体的兴趣，许多媒体详细介绍大厦的细节，并将之与上海的发展联系在一起。

西班牙《先锋报》9月的报道《新上海的象征》认为上海中心大厦的建成是上海的新象征。文章介绍了大厦的设计构想和建设背景等，并介绍了上海的现代化发展过程。报道还引用西班牙建筑师Santiago Parramon的话，"上海就像一列一直前进，不会停止的高速列车"，以此来形容上海作为中国经济和金融的中心不断散发出的活力。文章还援引西班牙设计师Santiago Parramon的强调，"上海充满了活力与生机"，并指出上海当地政府致力于保护文化遗产的同时，给城市的发展注入新的元素和活力。在这名设计师看来，这种发展新方式很好地将住宅、办公楼、商业中心融合统一在同一个城区。这些举措响应了2010上海世博会的口号："城市，让生活更美好"，致力于将上海建造成一个国际化现代化的大都市。

德国《南德意志报》8月的报道《摩登中国：上海持续"长高"，回顾创意时尚》在介绍上海中心大厦时，则强调精致生活与艺术现在在上海受到高度重视，许多人在这里看到了发展机遇。拍卖行佳士得的经理说："在中国，人们对于艺术市场的感知才刚刚到达毕加索和夏加尔的水平。"文章认为上海乃至中国都处于快速发展之中，从上海落成世界第二高楼就可以看出这一点。文章还引用上海中心设计者夏军的话，将他的作品称为"世界第一生态高楼"。

英国《每日电讯报》则在介绍大厦的基本情况后强调了大厦内有世界上最快的电梯,并指出上海中心大厦是中国最高的绿色建筑物,突出了大厦的高科技特点。

日本《读卖新闻》也在4月发表了《世界第二高楼632米——上海中心大厦开业》报道,大量援引了上海《新民晚报》内容,详尽报道了这个世界第二高楼的情况。

《华盛顿邮报》一篇在1月份发表的报道指出该建筑是中国迅速转变为全球经济大国的证明以及中国具有未来远大抱负的象征,但同时报道也将该大厦的建造与年初的股市暴跌背景相联系,暗示中国是否已到经济顶点。

10. 上海的独特城市文化魅力为国际媒体青睐,显示全球城市的文化吸引力

上海的中西交汇特色形成了其独特的发展历史以及独具特色的城市文化与风情。上海中西交融、现代与历史并存的城市特色引发了国际媒体的浓厚兴趣,尤其是一些英美大报都会从不同角度体验、探究、解读上海的城市文化、城市生活以及蕴含其中的城市风情,包括推介相关书籍和电影。《泰晤士报》《每日电讯报》《纽约时报》《华盛顿邮报》等著名媒体都有不少这方面的专门报道(见表7-9),这种具有国际吸引力的城市文化魅力正是上海成为顶级全球城市的重要因素。

表7-9 上海城市文化风情报道列表

序号	标题	主要内容	报道来源	报道日期
1	在上海追赶美食的脚步	英国厨师介绍上海美食	英国《泰晤士报》	2016.3.5
2	上海是美食家的天堂	上海成为《米其林指南》首次介绍的中国大陆的城市	英国《泰晤士报》	2016.5.19
3	档案讲述战争故事	上海犹太难民博物馆希望一战期间犹太人在沪经历的档案成为国家遗产	英国《每日电讯报》	2016.9.27
4	令人着迷之旅	上海是充满活力的城市,高科技与古代文化并存	英国《每日电讯报》	2016.8.23
5	昨日中国	国外新出版书籍介绍上海历史	加拿大《环球邮报》	2016.6.11
6	我儿子酷爱海外旅行使得我很狂躁	美国家长对儿子只身前往上海游历从担心到放心的历程	美国《华盛顿邮报》	2016.1.21
7	电影《纽约纽约》:中国式爱情	罗冬执导的《纽约纽约》讲述了1993年的上海	美国《华盛顿邮报》	2016.4.15
8	小笼包的行家	描述了上海美食的精致艺术	美国《华盛顿邮报》	2016.4.29
9	米其林红色指南上海闪耀登场	上海成为欧洲最权威美食指南所认可的美食城市	法国《世界报》	2016.9.21

续表

序号	标题	主要内容	报道来源	报道日期
10	设计师在老上海最显赫建筑安家	上海锦江饭店的前世今生	美国《纽约时报》	2016.4.22
11	上海的"长乐路"	美国记者要写书讲述上海老"法租界"里的人和故事	美国《纽约时报》	2016.5.12
12	上海的秘密	立足于上海"老法租界"的长乐路,讲述上海故事	美国《纽约时报》	2016.5.15
13	上海的膨胀年代	评介《大上海》一书。该书讲述美国作家埃米莉·哈恩和中国诗人邹思梅发生在三十年代上海的爱情故事	美国《纽约时报》	2016.7.24

《纽约时报》除了对老上海故事情有独钟,还对上海当下寻找中外沟通桥梁的独特文化现象显示了关注。比如对于上海新媒体澎湃新闻推出国际版"第六声",《纽约时报》就显示了对上海这个国际传播新尝试的浓厚兴趣,并发专文进行报道。文章将上海澎湃新闻称作是一个中国新媒体发展的成功案例,并引用澎湃新闻的前副总编的话,"我们想成为国际与国内对话的一部分","第六声"是在用一种更人性化的方式来讲述故事。该文还强调了"第六声"的数字化发展道路,并引用前副总编的话阐述了该媒体试图在数据新闻、视频新闻、图形及多媒体报道、全景视频、虚拟现实等方面全面发展的愿景。

11. 国际媒体中上海市政府的声音:市领导关于国际合作及上海发展重要政策的表述受重视

上海时任市委书记韩正在其出席外事活动,拓展对外合作中的讲话被相关国家媒体所重视。韩正2016年4月份会见越南驻华大使时表示重视上海与胡志明市的友谊以及对出访越南和胡志明市的期盼就被越南媒体引用。韩正5月份访问越南期间,越南媒体还概括介绍了他关于上海的发展及上海拓展与越南合作的讲话。2016年度"上海—孟买对话"活动期间,印度多家媒体,包括《印度时报》、印度报业托拉斯等都引用了韩正书记"世界正在追随这两个经济体,两国都对世界经济的增长做出了巨大贡献"的表述。印度报业托拉斯甚至对韩正的讲话进行了专文报道。黎巴嫩国家通讯社还引用了韩正书记关于上一年度印度总理穆迪来访使更多上海游客前往印度的表达。澳大利亚媒体《澳大利亚金融评论》《信使邮报》则都在澳大利亚总理特恩布尔访沪报道中援引了韩正关于要扩大电子商务的发展,以及保障开放而自由的电子商务的表达。

此外,国际媒体关于上海发展的重要举措的报道也会援引韩正的讲话。《华盛顿邮报》4月份有关反腐的报道专门引用了韩正关于上海加大对官员的调查和对涉腐官员的惩处力度的表述。就上海的房地产政策而言,韩正关于上海市要控制房价、收紧房地产政策的表达被《日本经济新闻》以及《南华早报》、EJINST、《英文虎报》等香港媒体引用。

国际媒体对时任市长杨雄讲话的引用主要集中在关于上海各方面城市发展的报道中,包括上海控制人口增长、上海控制房价增长、上海建立国家油气贸易中心、网约车问题、上海创新地位的提升、2016上海GDP增幅预估、上海是否推出QDII2、上海吸引风险投资支持科技企业起步等相关话题,其中《南华早报》的引用较多。

时任副市长应勇则在关于金砖新开发银行向上海临港新能源项目提供贷款的报道中被引用关于上海愿与新开发银行探索合作的表达。

(三)关于打造上海全球城市形象的建议

综合对2016年国际主流媒体涉沪报道的分析,就打造上海全球城市形象总结以下几条建议。

1. 提升上海在全球经济治理中的节点作用,打造顶级全球城市的世界经济中心地位

上海参与全球经济的态势目前已经非常明显,并受到全球媒体关注。在目前世界体系转型的背景下,各国期待中国在解决全球经济问题、带领全球经济发展方面发挥大国作用。上海应抓住这一机遇,进一步加强在全球经济治理中的节点作用。全球顶级城市如纽约、伦敦都是全球经济治理中的主要节点,汇集众多全球经济组织、金融机构、经济要人及重大经济活动,与全球经济命脉息息相关。上海要迈向顶级全球城市,在全球经济中形成影响力,必须在全球经济治理中成为重要节点,为全球经济的发展贡献智慧和实力。目前上海设立了金砖银行总部,并承办了G20财长会议,在参与全球经济治理方面已迈出坚实的步伐,今后这方面还需要加快步伐,形成更多的亮点。

2. 强化上海的全球文化节点效应

顶级全球城市一定是世界文化中心,是一流文化活动和文化人物的集散节点。

近年来上海积极举办各类重大国际文化活动,以及一流国际体育赛事,吸引了国际媒体的关注,但品牌还不够突出,种类还不够繁多,尤其是顶级的活动和赛事还有所欠缺。上海需要进一步承接高级别文化活动和赛事,同时继续打造已有的类似于上海电影电视节这样的品牌活动,提升其品牌影响力,吸引一流文化体育人物的参与,发挥上海的全球文化节点功能。

3. 上海中西交融、现代与历史并存的城市文化与风情是其国际吸引力所在

上海应该紧抓这一点,成为既能彰显有别于其他顶级全球城市的特别魅力,又具有世

界多元包容和沟通可能的，能够与其他顶级城市文化并列的世界网络节点，最终成为世界公民心中的目的地。

二、全球城市国际报道的影响因素研究

(一) 相关研究回顾

1.国际新闻报道影响因素研究

国际新闻报道研究往往被嵌入国际间信息流动的框架中，政治和经济的不平等通常被认为体现于国际信息生产与流通过程中的不平等结构。对国际传播结构研究的一个常见实证视角是从国际新闻报道内容出发，探究哪些国家更容易被国际媒体报道，以及背后的影响因素是什么。

前文提及，一些学者基于微观的事件特性开展研究（event-oriented），比如舒梅克等人发现外国新闻越具反常性就越有被美国媒体报道的可能。彼得森则发现外国新闻富有意义、符合国家精英主义以及负面性特征是被报道的重要因素[1]。也有学者发现美国参与的国际事件更有可能被报道[2]。

前文也关注到更多学者尝试宏观的基于世界体系和国家背景的研究（context-oriented），试图找到系统的结构性因素。常见的因素包括：①国家自身特点因素，如经济、社会、地理特点。测量的变量包括人均国民生产总值、人口、进出口额，以及国家位于哪个洲等因素[3]。②两国联系和互动关系，包括地理距离、经济往来、语言/文化关系、历史上的殖民关系、地缘政治关系等都有研究证明是影响因素[4]。③国际报道条件，主要指被报道国所具备的国际新闻报道基础设施和人力资源等因素。研究发现一国的国家通讯社情况、通信卫星设施，以及驻该国的国际新闻机构情况等都会影响对该国的报道。

---

[1] PETERSON S. International news selection by the elite press: a case study [J]. Public opinion quarterly, 1981, 45 (4): 143-163.

[2] HESTER A. The news from Latin America via a world news agency [J]. International communication gazette, 1974, 20 (2): 82-98; VILANILAM J. Foreign policy as a dominant factor in foreign news selection and presentation: case study of two geographically and culturally distant press systems of the world [J]. International communication gazette, 1983, 32 (2): 73-85.

[3] DUPREE J D. International communication: view from "a window on the world" [J]. International communication gazette, 1971, 17 (4): 224-235.

[4] ATWOOD L E. Old colonial ties and news coverage of Africa [A]. International Communication Association Annual Convention, Honolulu, HI, US, 1985.

2.国际报道呈现世界体系的中心-边缘结构

宏观研究往往呈现了世界体系概念下的中心-边缘结构。根据沃勒斯坦的世界体系理论,世界各国基本划分为三个地带:中心支配地区、受支配的半边缘地区和边缘地区。在全球扩张过程中,资源从边缘流向中心的结构保证了资本的积累,使中心地区的经济发展更快,外围地区的经济和政治更不发达[1]。这一理论受到广泛认可,并逐渐拓展到包括传播学在内的各个学术领域,其关注对象也从最初的政治、经济和文化辐射延伸到全球信息传播,即在全球信息传播格局中也同样存在中心-半边缘-边缘的等级结构[2]。

国际学者普遍认为,全球报道反映了国家之间的权力结构。国家在世界体系中的层级地位导致发展中国家及欠发达国家在报道和新闻流的量与质都严重不足[3]。很多学者的研究发现,由于具有国际影响力的媒介资源往往掌握在西方发达国家,国际新闻所报道的国家呈现明显的不平衡性,发展中国家的呈现严重不足,西方发达国家则有更多的机会被报道,其中西欧和北美地区被报道最多[4]。一些学者对多国电视报道的研究发现,美国是被报道最多的国家,并推断国际新闻报道格局与世界体系结构是一致的[5]。学者还发现,互联网的发展依然没有改变这一传播格局,有研究对传统媒体的网站新闻进行分析后发现,对发达国家报道的数量明显超过发展中国家[6]。而Google News 则被发现在这个搜索聚合类网站上的报道比报纸网站呈现出更明显的对发达国家的集中度[7]。

3.全球城市网络的构建与全球城市层级的形成

随着全球化的发展,城市的影响力越来越大,成为全球网络的重要节点。经济全球化、政治多极化、社会信息化和文化多元化推动全球网络的形成,人流、物流、资本流、技术流和信息流在全球网络中流转、配置,而城市正是资源要素流转配置的一个个节点。萨森等指出,城市既有能力运作基础性资源,又能将国家经济与全球循环作回路链接[8],因此城市是全球化经营的最有利场所。斯科特认为,全球城市区域已经成为"全球经济实质

---

[1] 刘鸣.以世界体系理论与全球化理论解读国际体系转型[J].现代国际关系,2009(1):48-55.
[2] 吴瑛,李莉,宋韵雅.多种声音一个世界:中国与国际媒体互引的社会网络分析[J].新闻与传播研究,2015(9):5-21.
[3] CHANG T-K. All countries not created equal to be news: world system and international communication [J]. Communication research, 1998, 25(5): 528-563.
[4] UNESCO. International flow of information: a global report and analysis [EB/OL]. http://unesdoc.unesco.org/images/0006/000652/065258eo.pdf.
[5] CHANG T-K, LAU T-Y, HAO X-M. From the United States with news and more: international flow, television coverage and the world system [J]. International communication gazette, 2000, 62(6): 505-522.
[6] WU H D. A brave new world for international news? Exploring the determinants of the coverage of foreign nations on US websites [J]. International communication gazette, 2007, 69(6): 539-555.
[7] WATANABE K. The western perspective in Yahoo! News and Google news: quantitative analysis of geographic coverage of online news Yahoo [J]. International communication gazette, 2013, 75(2): 141-156.
[8] SASSEN S. Locating cities on global circuits [J]. Environment and urbanization, 2002, 14(1): 13-30.

上的空间节点和世界舞台上独特的政治行为体"①。约翰·弗里德曼则指出,资本主义空间逻辑使城市取代国家成为商品、信息、人员流动节点②。可见在当今的世界体系中,全球城市已成为控制点,是经济文化权力的中心。

当然,城市在网络中的形态、地位、功能并不相同,全球城市的层级之分日益突显。弗里德曼等较早就提出了世界城市等级的存在,并将重要的世界城市分为"核心首位—半边缘首位—核心次位—半边缘次位"四个等级,认为这些城市构成了全球网络③。

就决定全球城市层级地位的因素而言,不少学者认为城市的经济实力是最重要的要素。弗里德曼认为城市吸引全球投资的能力最终决定了城市在全球城市层级中的位置④。萨森认为全球生产体系的控制集中在全球几个主要城市,而且这种对全球经济的控制不是体现在制造业而是体现在先进产业,如金融业、服务业及创新产业。目前很多机构就全球城市竞争力进行排名的指标也往往将经济实力放在首位。不过近年来,除了经济因素,文化也成为重要的考量⑤,并且二者被联系在一起。这是因为在全球化和新信息技术的作用下,许多主要的全球城市生活及价值观念发生巨大变化,文化产业成为城市的重要产业,全球文化与经济密切联系在一起。此外,密斯和丁伯雷可还从航运中心角度界定全球城市,他们通过对全球主要城市航空客流的网络分析,提出了一种全新的划分世界城市体系的方案⑥。英国智库、日本森纪念基金会、普华永道等机构的全球城市评价体系还包括了环境及宜居性等软性要素。另有一些评价体系又涵盖了创新、竞争力等指标。卡斯特尔则提出了"节点"的概念。他认为城市间的网络关系决定了城市的地位,全球城市是"在全球网络中作为一种高级服务生产和消费连接过程的中心",一个城市被视为"全球城市"一定是因为其在"全球城市网络"中居于关键性节点地位⑦。就发展趋势来看,全球城市地位的判定指标正从经济实力指标向全球城市多元指标转变,目前也正逐渐涌现出一些综合指标体系,强调全球城市多元化和综合性的特征。

总体而言,衡量全球城市的指标主要可以归纳为以下三个方面:①具有雄厚的经济实力,表现为经济总量大,人均 GDP 程度高,国际总部聚集度强,以现代产业体系为核心的后工业化经济结构明显;②具有巨大的国际高端资源流量与交易,表现为高端人才的集聚,信息化水平、科技创新能力、金融国际竞争力的领先地位,以及现代化、立体化的综合

---

① SCOTT A J. Global city-regions trends, theory, policy [C]. New York: Oxford University Press, 2001: 12.
② FREIDMANN J. The world city hypothesis [J]. Development and change, 1986, 17 (1): .69-83.
③ FREIDMANN J. The world city hypothesis [J]. Development and change, 1986, 17 (1): .69-83.
④ FREIDMANN J. Where we stand: a decade of world city research [A]. The Conference of World Cities in a World-System, Center for Innovative Technology, Sterling, VA, 1993.
⑤ ABRAHAMSON M. Global cities [M]. New York: Oxford University Press, 2003: 2-13.
⑥ SMITH D A, TIMBERLAKE M F. World city networks and hierarchies, 1977-1997 [J]. The American behavioral scientist, 2001, 44 (10): 1656-1678.
⑦ CASTELLS M. The rise of the network society [M]. Oxford: Blackwell, 1996: 415.

交通体系;③具备作为"软实力"的全球影响力,涉及文化和舆论、组织和制度、意识形态的力量等,表现为城市综合创新体系、国际交往能力、文化说服力和全球化治理结构①。

(二)研究问题与研究方法

已有研究显示,国家特征会影响国际报道,国际媒体对各个国家的报道也明显受到了世界体系结构的影响,那么世界传媒对城市的报道是否也体现了全球城市网络的体系结构,城市的层级特征是否会影响报道?影响因素是否会呈现多元化趋势,而在多元指标中,具体哪些层级特征会明显影响全球报道?最终又应该如何建构城市层级特征预测全球报道的模型?

本文力图探究全球城市层级特征与全球报道之间的关系,因此本研究将城市层级特征设为自变量,全球媒体对城市报道的数量设为因变量。层级特征将综合全球城市排名的指标和分数确定,全球报道数量则根据全球媒体数据库的报道量确定。城市层级特征与报道数量都采用可公开获得的2018年数据。

1.城市层级特征指标及数据的确定

日本森纪念基金会的全球城市实力指数兼顾城市软硬两种实力,每年从经济、研发、文化、居住、环境及交通可达性几个方面评价世界城市,其各个指标的具体评分及排行榜的综合评分都可以从公开数据中获得。因此本研究主要以全球城市实力指数为基础,选择该指数2018年监测的44个全球城市作为城市研究对象。关于全球城市层级整体实力的数据将引入该指数的总评分,具体特征将引入该指数的经济、研发、文化、居住、环境及交通可达性等指标,数据则引入这些具体指标下的评分。

在全球城市实力指数的基础上,本文另外补充了澳大利亚智库2ThinkNow的2018年全球城市创新能力排名,以进一步关照城市可持续发展方面的指标。由于该榜单的评分有同分现象出现,因此以排名数字作为该指标的数据引入。研究还增加了Euromonitor International(欧睿信息咨询公司,全球市场信息及战略分析领域的国际知名公司)2018年全球旅游目的地城市排名,以及Safearound(专业进行国际地区安全水平评估的机构)的2018年全球安全城市排名,以进一步关照城市吸引力方面的指标,数据则引入全球旅游目的地城市和全球安全城市的具体评分。

另外,鉴于全球城市节点作用对城市地位的影响,本文还选取了GaWC的2018年城市网络中心度指标。GaWC的全称是全球化与世界级城市研究小组(Globalization and World Cities Study Group and Network),是世界著名城市评级机构,其排行榜依据各大城市在世

---

① 翟炜,顾朝林.东北亚国际中心城市建设指标体系选择[J].城市与区域规划研究,2018(2):92-114.

界城市网络中的中心地位进行评分,并分为以Alpha、Beta、Gamma、Sufficiency划分,也就是一二三四线城市等级排名,每个等级还以+/-进一步划分。但其公开信息只有排名,没有具体评分,因此排名数字将作为城市网络中心度的统计数据。

2.城市报道量的统计

运用Factiva数据库(隶属于道琼斯公司,是世界一流媒体数据库,囊括全球最有影响力的媒体所报道的全部信息),以全球城市实力指数榜里的每一个城市分别作为关键词搜索2018年全年报道,得到提及该城市的2018年全球媒体报道总量。

3.统计分析方法

本文运用SPSS统计软件进行统计分析。首先本研究将对各个城市层级特征的数据与报道量之间进行相关性分析,然后排除相关性不显著的指标后,再进行一元线性回归分析,以进一步测量相关性显著的城市特征与报道量之间是否确实存在可预测的线性关系。之后运用多元回归分析,得出具体城市特征预测全球报道量的模型,并获得预测的最优方程。

(三)数据分析结果

1.基本情况

下文列出了全球报道量和综合实力指数前20的全球城市(见表7-10)。从这个列表来看,大部分实力前20的城市都在报道量前20的榜单里出现了。综合实力排名前两位的伦敦与纽约也是全球报道量前两位的城市,只是顺序互为调换。从此表可见,前20的城市大部分分布在北美与欧洲,其中美国城市最多,亚洲也有零星分布。

表7-10 2018年全球报道量和综合实力指数前20的全球城市

全球城市报道量前20			全球城市实力指数前20		
排序	城市	全球报道量	排序	城市	实力指数总评分
1	纽约	2 903 128	1	伦敦	1 692.3
2	伦敦	2 363 771	2	纽约	1 565.3
3	芝加哥	974 859	3	东京	1 462
4	洛杉矶	966 605	4	巴黎	1 393.9
5	波士顿	740 556	5	新加坡	1 310.6
6	多伦多	700 956	6	阿姆斯特丹	1 265.9
7	巴黎	693 775	7	首尔	1 237.5
8	新加坡	676 879	8	柏林	1 232.2

续表

	全球城市报道量前20			全球城市实力指数前20	
9	首尔	651 816	9	香港	1 204.9
10	悉尼	651 214	10	悉尼	1 200.7
11	莫斯科	647 043	11	斯德哥尔摩	1 179.2
12	孟买	610 113	12	洛杉矶	1 176.8
13	香港	572 308	13	旧金山	1 156.8
14	旧金山	544 993	14	多伦多	1 145
15	北京	539 424	15	法兰克福	1 140.4
16	东京	439 885	16	苏黎世	1 132.9
17	上海	358 724	17	维也纳	1 125.7
18	温哥华	329 340	18	哥本哈根	1 125.5
19	马德里	312 030	19	芝加哥	1 101.3
20	柏林	308 348	20	波士顿	1 100.1

2.全球城市特征与全球报道的相关性分析

(1)全球城市综合实力与全球报道量显著相关

从城市综合实力来看,城市实力总评的数据与报道量在0.01水平(双侧)上显著相关,而且相关系数也是比较高的,达到0.638(见表7-11)。可以看出,城市在全球体系中的整体层级水平与其被全球媒体报道的相关度较高。

表7-11 全球城市综合实力与报道量的相关性分析

		城市总评
报道量	Pearson 相关性	0.638**
	显著性(双侧)	0.000

**. 在 0.01 水平(双侧)上显著相关。

*. 在 0.05 水平(双侧)上显著相关。

(2)全球城市具体层级特征与全球报道的相关性分析:软硬实力各有体现,世界交往因素有影响

在0.01水平(双侧)上显著相关的具体指标包括经济、研发、文化交流和交通。其中研发的相关系数最高,达到0.726(见表7-12),文化交流也超过了0.7,经济超过0.6,交通的相关系数相比略低,为0.463。

表7-12　全球城市具体层级特征与报道量的相关性分析

		经济	研发	文化交流	居住	环境	交通	中心度	安全程度	创新能力	旅游目的地
报道量	Pearson 相关性	0.602**	0.726**	0.704**	-0.022	0.025	0.463**	-0.365*	0.042	-0.356*	0.342*
	显著性（双侧）	0.000	0.000	0.000	0.885	0.874	0.002	0.016	0.799	0.018	.038

**. 在0.01水平（双侧）上显著相关。

*. 在 0.05 水平（双侧）上显著相关。

在 0.05 水平（双侧）上显著相关的指标包括中心度、创新能力和旅游目的地，而且相关系数也相对较低，都在0.4以下。由此可见，城市的这些层级特征与城市的全球媒体报道量具有一定相关度，但没有前面经济、研发、文化交流及交通等指标显著。中心度与创新能力的相关系数为负数，说明这两个指标与报道量呈负相关。由于中心度与创新能力这两个指标的数据是排名，它们与报道量的负相关说明排名越前（即数字越小），报道量就越大，因此中心度和创新能力的大小也与媒体报道量的多少有一定正比的关系。

就统计学意义而言，没有体现出相关度显著性的指标是居住、环境及安全程度，因此城市的这三个层级特征没有与城市的全球媒体报道形成有意义的关联。

可以看出，与全球报道量相关的层级特征既与经济、研发、交通等相对的硬实力相关，也与文化交流及旅游目的地等软实力指标相关。但应该指出的是，具有相关度的软实力特征比较体现与国际社会发生交往的特征，文化交流还是显著性最高及相关系数最高的指标之一。而缺乏相关度的几个软性指标，如居住、环境与安全程度都是城市自身的软性条件，与世界交往的关联度相对不大。可见在全球城市发展的过程中，城市与世界其他地区交流交往的程度也是影响全球报道的因素中比较重要的方面。

3.全球城市层级特征与全球报道的一元回归分析

从一元回归分析结果来看，以全球城市综合实力为自变量的t检验的显著性为0.000（<0.05），说明该变量与报道量的回归关系是显著的，也就是说全球城市的整体层级地位对全球报道量的预测能力是显著的（见表7-13）。

再看各个已证实与报道量具有显著相关性的具体城市层级特征（见表7-14），经济、研发、文化交流、交通、城市中心度、创新能力及旅游目的地这些自变量与报道量的回归关系都呈现统计学意义的显著性，说明这些具体的层级特征也都具有显著的对全球报道量的预测能力。其中研发和文化交流变量的调整后R方在0.5左右，预测能力最强，经济排在第三，略低于0.4。各变量的预测趋势与相关度的情况基本吻合。

表7-13　全球城市综合实力与报道量的一元线性回归分析

变量	非标准化系数		标准系数	t	Sig.	R	R方	调整R方
	B	标准误差	试用版					
总评	1 578.867	294.106	0.638	5.368	0.000	0.638	0.407	0.393

表7-14　全球城市具体层级特征与报道量的一元线性回归分析

变量	非标准化系数		标准系数	t	Sig.	R	R方	调整R方
	B	标准误差	试用版					
经济	5 261.787	1 077.906	0.602	4.881	0.000	0.602	0.362	0.347
研发	7 419.376	1 085.911	0.726	6.832	0.000	0.726	0.526	0.515
文化交流	6 111.062	950.327	0.704	6.430	0.000	0.704	0.496	0.484
交通	5 874.689	1 736.560	0.463	3.383	0.002	0.463	0.214	0.195
中心度	-7 003.227	2 785.895	-0.365	-2.514	0.016	0.365	0.134	0.112
创新能力	-2 586.879	1 048.183	-0.356	-2.468	0.018	0.356	0.127	0.106
旅游目的地	30.400	14.121	0.342	2.153	0.038	0.342	0.117	0.092

4. 全球城市层级特征与全球报道的多元回归分析：研发与文化交流特征构成最优预测模型

那么当上述通过了一元回归方程显著性检验的具体层级特征共同起作用时，会如何预测全球报道量呢？

在SPSS软件中将所有自变量输入方程以后（见表7-15），可以看到调整后的R平方是0.658，可决系数比较好，但是方程中某些自变量的t检验不具有显著性——经济、中心度、创新能力和旅游目的地等变量显著性水平的p值都大于0.05。这说明方程中的自变量很可能具有多重共线性，即自变量之间具有线性关系，因此无法得到最优回归方程。

表7-15　全球城市具体层级特征与报道量的多元线性回归分析

模型	非标准化系数		标准系数	t	Sig.
	B	标准误差	试用版		
（常量）	-177 556.692	388 663.849		-0.457	0.651
经济	1 588.240	1 735.659	0.179	0.915	0.368
研发	5 329.762	2 151.562	0.509	2.477	0.019
文化交流	4 460.860	1 527.459	0.493	2.920	0.007
交通	-4 521.715	2 018.078	-0.351	-2.241	0.033
中心度	-4 405.004	2 232.335	-0.212	-1.973	0.058

续表

模型	非标准化系数		标准系数	t	Sig.
	B	标准误差	试用版		
创新能力	1 344.461	944.578	0.186	1.423	0.165
旅游目的地	3.720	10.692	0.042	0.348	0.730

R=0.851，R平方=0.724，调整后的R平方=0.658

为了消除可能的多重共线性问题，本研究将利用逐步回归筛选并剔除引起多重共线性的变量，以得到最优解释变量集。逐步回归是要将变量逐个引入模型，每引入一个解释变量后都要进行F检验，并对已经选入的解释变量逐个进行t检验，当原来引入的解释变量由于后面解释变量的引入变得不再显著时，则将其删除，以确保每次引入新的变量之前回归方程中只包含显著性变量。这是一个反复的过程，直到既没有显著的解释变量选入回归方程，也没有不显著的解释变量从回归方程中剔除为止。

SPSS逐步回归分析结果（见表7-17）显示建立了两个预测模型。第一个模型仅有研发一个自变量，第二个模型则包括研发与文化交流两个自变量。两个模型相比较，可以看出包含两个自变量的模型2，其可决系数即调整后的R平方接近0.6，与模型1相比，拟合度更优。通常R平方越接近1，则拟合度越好。可见模型2相对更具有解释力。

表7-16 输入／移去的变量[a]

模型	输入的变量	移去的变量	方法
1	研发		步进（准则：F-to-enter 的概率 <=0.050，F-to-remove的概率 >=0.100）。
2	文化交流		步进（准则：F-to-enter 的概率 <=0.050，F-to-remove的概率 >=0.100）。

a. 因变量：报道量。

表7-17 模型汇总[c]

模型	R	R 方	调整 R 方	标准 估计的误差
1	0.726[a]	0.527	0.514	4.05938E5
2	0.782[b]	0.611	0.588	3.73584E5

a. 预测变量：(常量)，研发。
b. 预测变量：(常量)，研发，文化交流。
c. 因变量：报道量。

整体模型的F检验显示（见表7-18），模型2的显著性水平p值为0.00，小于0.05，证明该模型拟合的方程具有统计学的显著意义。该模型中的研发和文化交流两个自变量的t检验显示出显著性水平p值都小于0.05（见表7-19），说明模型中这两个变量的回归系数也都具有统计学的显著意义。而排除变量的表格（表见7-20）可以看出，模型2中经济、交通、中心度、创新能力、旅游目的地等可能具有多重共线性问题的变量已被模型剔除，逐步回归过程中这些变量都不具有显著性。

最后根据表7-19可得，全球城市具体层级特征预测全球报道量的最优回归方程为：全球报道量= −448 051.653+4 456.541*研发+3 773.660*文化交流。

表7-18 Anova[c]

模型		平方和	df	均方	F	Sig.
	回归	6.427E12	1	6.427E12	39.001	0.000[a]
	残差	5.767E12	35	1.648E11		
	总计	1.219E13	36			
	回归	7.449E12	2	3.725E12	26.687	0.000[b]
	残差	4.745E12	34	1.396E11		
	总计	1.219E13	36			

a. 预测变量：（常量），研发。
b. 预测变量：（常量），研发，文化交流。
c. 因变量：报道量。

表7-19 系数[a]

模型		非标准化系数		标准系数	t	Sig.
		B	标准 误差	试用版		
	（常量）	−178 513.766	122 104.805		−1.462	0.153
	研发	7 594.870	1 216.138	0.726	6.245	0.000
	（常量）	−448 051.653	150 153.282		−2.984	0.005
	研发	4 456.541	1 611.596	0.426	2.765	0.009
	文化交流	3 773.660	1 394.322	0.417	2.706	0.011

a. 因变量：报道量。

表7-20 已排除的变量[c]

模型		Beta In	t	Sig.	偏相关	共线性统计量
						容差
1	经济	0.124[a]	0.589	0.560	0.100	0.309
	文化交流	0.417[a]	2.706	0.011	0.421	0.482
	交通	−0.064[a]	−0.416	0.680	−0.071	0.581
	中心度	−0.246[a]	−2.184	0.036	−0.351	0.960
	创新能力	0.178[a]	1.232	0.227	0.207	0.638
	旅游目的地	0.174[a]	1.478	0.149	0.246	0.940

续表

模型		Beta In	t	Sig.	偏相关	共线性统计量
						容差
2	经济	0.071[b]	0.362	0.720	0.063	0.305
	交通	-0.288[b]	-1.909	0.065	-0.315	0.468
	中心度	-0.188[b]	-1.719	0.095	-0.287	0.908
	创新能力	0.210[b]	1.597	0.120	0.268	0.633
	旅游目的地	0.043[b]	0.342	0.735	0.059	0.732

a. 模型中的预测变量：（常量），研发。
b. 模型中的预测变量：（常量），研发，文化交流。
c. 因变量：报道量。

观测标准化残差的直方图（见图7-4），可以看到直方图的形态符合正态分布，P-P图（见图7-5）显示标准化残差点比较靠近直线，也说明了标准化残差较具正态分布的趋势，可见该预测模型是服从正态分布的，具有较好的解释力。

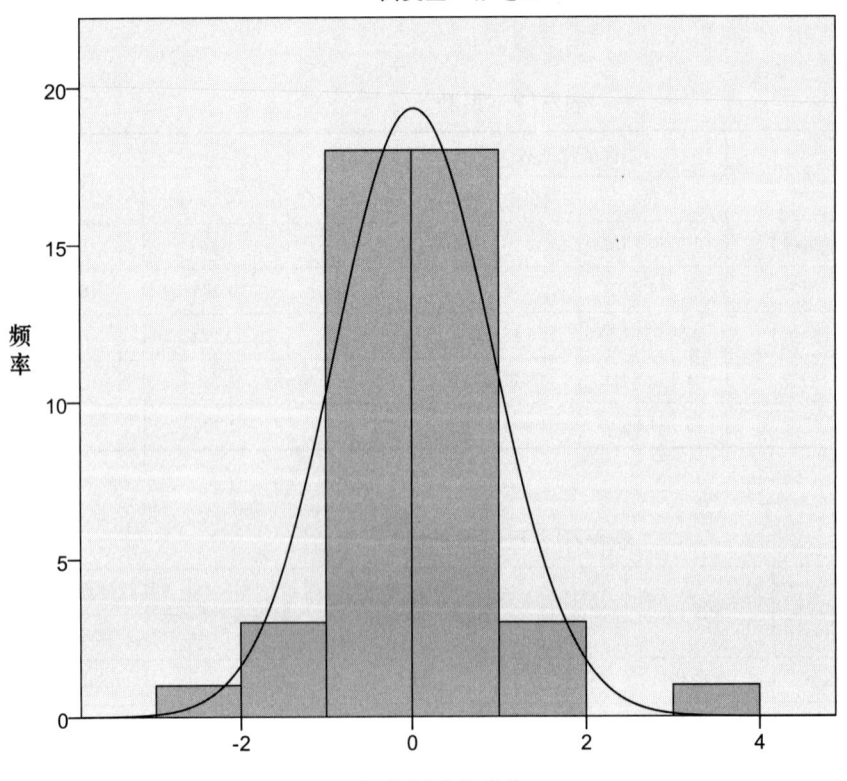

图7-4　直方图

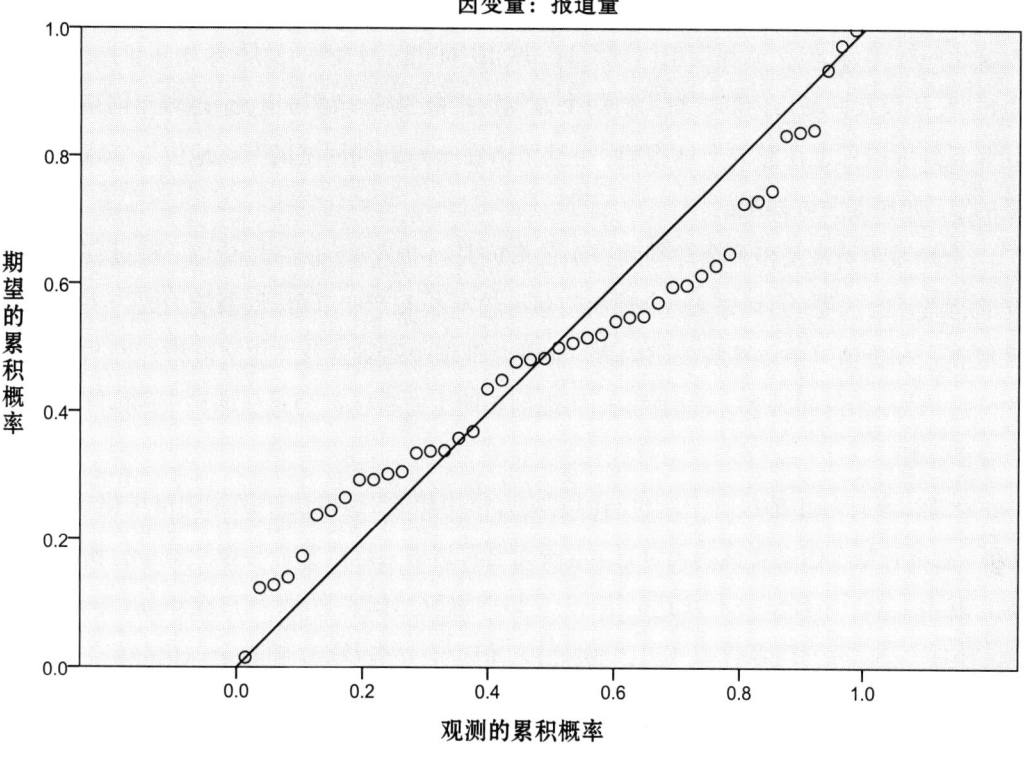

图7-5 回归标准化残差的标准P-P图

(四)总结

前人的很多研究表明国际新闻对不同国家的报道体现了世界体系的中心-边缘结构,本研究的验证结果表明,全球对城市的报道也体现了全球城市的层级结构。城市的综合实力指标对全球报道具有相关度和预测性,研发、文化交流、经济、城市中心度、交通、创新能力、旅游目的地等体现软硬两方面实力的具体层级特征对全球报道也都各自具有相关度和预测性,其中研发、文化交流、经济等指标的相关度和预测性都相对更强。而城市的居住、环境及安全性等与全球城市互联关系不大的软性指标不能显著影响全球报道。

当各种具体城市层级特征变量共同作用时,根据逐步多元回归分析的最优预测模型可以得知,全球城市的研发实力指标与文化交流实力指标这两个变量基本就可以预测全球报道数量。可见其他变量如交通、经济、创新能力、旅游目的地及中心度指数等,都与研发及文化交流指标之间具有相关度和线性关系。

进入最优预测模型的研发与文化交流这两个城市层级变量,体现了全球城市层级特征在硬实力与软实力两方面相结合影响全球报道的趋势。研发指标既能够体现技术、经济发展的全球城市硬实力，也蕴含了教育水平、创新机制等软性实力；文化交流主要体现城市文化的软实力，但交流程度也体现交通、城市中心度等较硬的发展实力。同时交流程度也说明，不仅反映城市内部组织构造的个体判别指标影响全球报道，全球城市网络中的城际联系判别指标也在影响全球报道。可见城市在全球新闻网络的节点地位与全球城市网络的节点地位是关联匹配的。

全球城市网络及相关全球新闻报道的形成是一个发展的过程，应以一种过程性的眼光看待其相互关系。目前来看，全球面临新一轮科技和产业革命，创新能力成为决定特定区域在全球价值链中位置的关键因素。本研究模型中的研发及文化交流指标都与创新能力息息相关，相信在未来一段时间内，体现创新能力的指标都会对全球城市的国际报道具有显著影响。

当然，全球城市的提升一定也与国家实力密切相关，这取决于国家的市场化、国际化水平，离不开整个国家发展的大背景。本研究也看到进入综合实力与报道量排行榜前20的城市基本上都属于经济较为发达的国家，且以西方发达国家为主，因此全球城市国际报道的结构与国家间的体系结构必定具有关联度。但也有学者认为，随着全球化趋势下城市网络的形成，城市在政治经济循环回路中居于战略性枢纽，与所在国之间的关系弱化，显现与国家分离的趋势，因此会出现不被国家特征束缚的情况，比如网络中的城市关系就有可能超越南北鸿沟和简单竞争。因此未来研究可以进一步考察国家体系结构与全球城市结构如何综合作用于全球城市报道。

随着全球城市的发展、世界体系的结构性变迁，以及全球网络的变化，全球城市的指标体系也处于动态的发展和完善中，全球城市国际报道的影响因素研究也应不断继续发展和完善。

第八章
人类命运共同体框架下的中国国际传播[①]

☆ 一、人类命运共同体理念的形成
☆ 二、人类命运共同体理念对"西方中心"国际关系理论的超越
☆ 三、人类命运共同体理念的国际认同与传播

[①] 本章是作者上海市社科基金项目《人类命运共同体理念国际舆论认同构建研究》(2018BXW005)的阶段性成果。

一、人类命运共同体理念的形成

2011年《中国的和平发展》白皮书首次提出"命运共同体"的概念。白皮书指出，经济全球化成为影响国际关系的重要趋势。不同制度、不同类型、不同发展阶段的国家相互依存、利益交融，形成"你中有我、我中有你"的命运共同体。白皮书还指出，面对全球性挑战和世界多极化发展进程，国际社会应该超越国际关系中陈旧的"零和博弈"，超越危险的冷战、热战思维，超越曾把人类一次次拖入对抗和战乱的老路。要以命运共同体的新视角，以同舟共济、合作共赢的新理念，寻求多元文明交流互鉴的新局面，寻求人类共同利益和共同价值的新内涵，寻求各国合作应对多样化挑战和实现包容性发展的新道路。要和平，不要战争；要发展，不要停滞；要对话，不要对抗；要理解，不要隔阂，乃大势所趋、人心所向。

党的十八大报告则第一次明确提出要倡导人类命运共同体意识，并将其作为对合作共赢的具体诠释，"合作共赢，就是要倡导人类命运共同体意识，在追求本国利益时兼顾他国合理关切，在谋求本国发展中促进各国共同发展，建立更加平等均衡的新型全球发展伙伴关系，同舟共济，权责共担，增进人类共同利益"。这也是首次将人类命运共同体理念写入党的正式文献之中，成为党在新时期必须坚持的重要方针政策。

2013年3月，习近平主席在莫斯科国际关系学院发表演讲，提出："这个世界，各国相互联系、相互依存的程度空前加深，人类生活在同一个地球村里，生活在历史和现实交汇的同一个时空里，越来越成为你中有我、我中有你的命运共同体。"这是中国第一次向世界提出"命运共同体"理念，就人类未来的发展提出了中国方案，向世界宣告了中国未来的外交方向。

2015年9月，习近平主席在联合国总部发表题为《携手构建合作共赢新伙伴 同心打造人类命运共同体》的讲话，明确指出要"构建以合作共赢为核心的新型国际关系，打造人类命运共同体"。习主席通过讲话深刻阐述了构建"人类命运共同体"的现实路径，形成了"五位一体"的总布局和总路径——建立平等相待、互商互谅的伙伴关系，营造公道正义、共建共享的安全格局，谋求开放创新、包容互惠的发展前景，促进和而不同、兼收并蓄的文明交流，构筑尊崇自然、绿色发展的生态体系。这是中国首次在联合国的舞台上阐释的"人类命运共同体"理念。

习近平主席在国内外不同重要场合不断提及人类命运共同体概念，并赋予其丰富的内涵,得到国际社会的广泛认同,推动了"人类命运共同体"理念由国内迈向世界。习近平主席在坦桑尼亚尼雷尔国际会议中心庄严宣告"中非从来都是命运共同体",在亚太经合领导人峰会上有力呼吁"牢固树立亚太命运共同体意识",在印尼国会积极倡议构建中国—东盟命运共同体,在周边外交工作座谈会上着力强调让"命运共同体意识在周边国家落地生根",在联合国教科文组织总部发表的演讲铿锵宣告"各国人民形成了你中有我、我中有你的命运共同体",在网络安全与信息化工作座谈会上努力倡导"构建网络空间命运共同体",在国际刑警组织大会上强力呼吁"共同构建普遍安全的人类命运共同体",在华盛顿核安全峰会上郑重提出建设"核安全命运共同体",在首访拉美时则提出"中拉命运共同体"等具体理念。在一次次的阐释中,人类命运共同体概念经历了由小到大、由内到外、由实到虚的发展,丰富了"人类命运共同体"的科学内涵,扩大了"人类命运共同体"的外延范围,极大地推动了"人类命运共同体"的深化发展。

2017年1月,习近平主席在联合国日内瓦总部发表题为《共同构建人类命运共同体》的主旨演讲,阐述了中国为何要推动构建人类命运共同体,要构建一个什么样的人类命运共同体,以及怎样构建人类命运共同体这三大基本问题。此次演讲全面明确了"人类命运共同体"理念的动因、愿景与实施路径,显著提升了这一理念的影响力和感召力。这次演讲将"五位一体"的总布局和总路径进行了进一步阐释并概括为"坚持对话协商,建设一个持久和平的世界;坚持共建共享,建设一个普遍安全的世界;坚持合作共赢,建设一个共同繁荣的世界;坚持交流互鉴,建设一个开放包容的世界;坚持绿色低碳,建设一个清洁美丽的世界"等五个方面。这就进一步明确了构建"人类命运共同体"的现实路径,实现了"人类命运共同体"由理论层面向现实层面的飞跃。

2017年2月10日,联合国社会发展委员会第55届会议协商一致通过"非洲发展新伙伴关系的社会层面"决议,"构建人类命运共同体"理念首次被写入联合国决议中。之后,人类命运共同体理念又陆续被写入联合国安理会关于阿富汗问题的第2344号决议,联合国人权理事会关于"经济、社会、文化权利"和"粮食权"两个决议,联大"防止外空军备竞赛进一步切实措施"和"不首先在外空放置武器"两份安全决议。这些都意味着"人类命运共同体"理念已经得到广大联合国会员国的普遍认同,也彰显了中国对全球治理的巨大贡献。

习近平总书记在党的十九大报告中明确指出,中国特色大国外交要推动构建新型国际关系,推动构建"人类命运共同体"。十九大报告还就"五位一体"的内涵做了进一步的深入阐释,指出"要相互尊重、平等协商,坚决摒弃冷战思维和强权政治,走对话而不对抗、结伴而不结盟的国与国交往新路。要坚持以对话解决争端、以协商化解分歧,统筹应对传统和非传统安全威胁,反对一切形式的恐怖主义。要同舟共济,促进贸易和投资自由化便利化,推动经济全球化朝着更加开放、包容、普惠、平衡、共赢的方向发展。要尊重世界文明多样性,以文明交流超越文明隔阂、文明互鉴超越文明冲突、文明共存超越文明优越。要坚持环境友好,合作应对气候变化,保护好人类赖以生存的地球家园。"十九大报告强调和平发展、互利共赢和正确的义利观,要求树立共同、综合、合作、可持续的新安全观,谋求开放创新、包容互惠的新发展观,促进和而不同、兼收并蓄的新文明观,构建尊崇自然、绿色发展的新生态观。自此,人类命运共同体理念作为我们党在新时期提出的治国理政新理念,被纳入习近平新时代中国特色社会主义思想的科学内涵之中,成为新时代坚持和发展中国特色社会主义的基本方略。党的十九大还审议并通过了《中国共产党章程(修正案)》,历史性地将"人类命运共同体"写入了党章,明确了中国推动构建"人类命运共同体"的坚定信念。

2018年十三届全国人大一次会议表决通过了《中华人民共和国宪法修正案》,将"推动构建人类命运共同体"写入了宪法,标志着推动构建"人类命运共同体"被确立为全党、全国人民的集体意志和奋斗目标。

二、人类命运共同体理念对"西方中心"国际关系理论的超越

(一)现代国际关系理论的"西方中心"本质

在以权力为核心的传统现实主义框架下,国际冲突和战争成为必然。国际社会处于无政府的自然状态,国家具有自私的本质,国际和平无法依靠国际合作来实现,只能依靠以国家权力为核心的均势体系来达到暂时的各国力量平衡和稳定。而新现实主义的国际政治结构仍然是无序的,国家行为体依旧是理性和自私的,在利益分配上则是零和游戏,因而国际合作从根源上受到限制,国际冲突仍然无法避免。总而言之,在现实主义框架下,国际持久和平是无法实现的。实力占优的国家和实力偏弱的国家之间天然具有不平等地位,国际社会真正的自由公平也无从谈起。从现实主义出发的国际关系无疑会陷入弱肉强食的霸权主义,无法真正走向全世界的共同发展和普遍安全。

现实主义国际关系理论反映的是目前国际体系既有的不平等现实,无法指出如何改变这种不平等。霸权国家主导的国际体系未能有效提供全球公共产品,经济危机、恐怖主义、环境危机等此起彼伏,出现全球治理失灵的问题。面对国际权力结构的失衡,快速发展起来的新兴国家有着越来越迫切的平等参与全球治理的诉求。

新自由制度主义希望通过强调国际合作、国际组织和国际法的作用,来避免国家间冲突,达成共同的利益。第二次世界大战之后在这一框架下设立的众多国际组织,如联合国

组织、世界贸易组织、世界银行、国际货币基金组织等,在调解国际争端,促进世界和平与发展方面作出了重大贡献。

但是新制度主义并没有认识到现有国际政治经济秩序中的不合理部分,不仅无法解决强权国或者霸权国对国际社会的非法干预,更无法解决霸权国家通过控制国际制度来维护霸权,从而形成"制度霸权"。美国前国务卿奥尔布赖特曾指出,"为了保护我们的利益,我们必须采取行动,订立协议,建立制度并提供一个有助于使全世界更加紧密地团结在实行民主、开放市场、确保法治和致力于和平这些基本原则周围的典范"[1]。以联合国为例,尽管它是最权威的全球治理机构,但在大国的权力博弈中联合国并不能真正发挥作用,从而无法切实有效地应对诸如维护世界和平、化解难民危机及生态危机等全球性问题[2]。

建构主义强调观念、文化等因素对国际关系的影响,有别于现实主义和制度主义的物质本体论。建构主义对互动形成共有观念的强调,解构了国际社会无政府状态的先验性。

温特的建构主义理论从国家之间的角色身份出发,将国际政治文化划分为互为敌人的霍布斯文化、互为对手的洛克文化、互为朋友的康德文化。这一划分回避了意识形态、宗教或者西方与非西方文化之间的差异,这几种政治文化是国家间互动形成的,与国家的类型、属性,尤其是价值观没有必然联系。同时这一政治文化的划分也回避了国家等级问题,发达国家与发展中国家,霸权国家与弱势国家在互动中的地位、作用都被忽略了。国际社会的多元和复杂性无法得到体现,国际社会共有知识和共有观念中实际存在的文化霸权、观念霸权被视而不见。马丁·肖(Martin Shaw)认为温特的建构主义是美国后冷战时期的意识形态形式,是为美国实现以自己的自由主义–理想主义理念整合和建构(或重建)世界观念结构服务的,用反思主义者的话来说就是,知识、观念、身份都不是中立的,都是权力造成的,都是依附于权力基础之上的[3]。因此建构主义本质上没有跨出欧洲中心主义的范畴,它所使用的体系、世界、观念等仍然是西方意义的概念。正如温特所说的,有500件核武器的英国不如只有5件核武器的朝鲜威胁大,因为朝鲜不是西方体制的国家。因此建构主义对敌友的认同实质上仍是对以西方为中心的认同,"认同"意味着向西方靠拢,接受西方的标准、角色,才能在西方主导的国际社会得以确认、获得认同。"霍布斯—洛克—康德"的文化进化实质上是只有国家行为体融入西方体系,互为朋友的"康德文化"才会实现,非西

---

[1] 陈鑫.制约人类命运共同体现实构建的五维探析——以西方传统国际价值观为研究视角[J].大庆师范学院学报,2019(5):1–7.
[2] 张鹭,李桂花."人类命运共同体"视域下全球治理的挑战与中国方案选择[J].社会主义研究,2020(1):103–110.
[3] 叶自成.从华夏体系历史看美国国际关系理论范式的西方特色[J].世界经济与政治,2012(2):4–21.

方国家行为体则无法进入共同体的同心圆①。总的来说，建构主义本质上是在去意识形态和霸权主义的话语中无形地维护现实中占主导地位的西方意识形态和霸权地位②。

世界体系论更是承认了霸权国家的核心地位，尽管该理论认为国家在体系结构中的位置是可以变化的，给出了一个动态的世界体系，但其认定的中心-边缘-半边缘结构本身就承认了国际体系既定的不平等秩序，并且这种不平等结构是不会改变的。这注定了世界体系的本质是不平等的，中心与边缘本身是一个不平等交换的结果，占据中心地位的国家处于支配和剥削半边缘和边缘国家的位置。尽管世界体系理论基于马克思主义理论，试图批判资本主义体系的"西方中心论"，但中心与边缘的二元对立结构仍然折射了"西方中心论"的底色，终究没有摆脱"西方中心论"的思维框架。同时由于过度强调世界体系的不平等性，又陷入了消极悲观主义的困境，看不到世界体系优化的方向。

（二）人类命运共同体理念对"西方中心论"的超越

人类命运共同体理念展现了一种超越不平等的资本主义世界体系和"西方中心论"的全新理论范式。

人类命运共同体理念旨在突破现存国际体系的不平等机制，顺应国际社会的民主化诉求。目前占主导地位的国际关系理念或明或暗地支撑西方大国在国际事务中的主导性作用，发展中国家往往是被治理和被约束的对象，其在国际事务中的主体性地位被大大忽视。习近平主席说："各国和各国人民应该共同享受尊严。要坚持国家不分大小、强弱、贫富一律平等，……维护国际公平正义。"国际机制也不能只反映部分先行融入国际社会之国家集合体的意志和利益，也要积极反映崛起大国、新兴国家等后来融入国际社会之国家集合体的意志和利益③。人类命运共同体理念倡导任何民族不能自持政治、经济和军事上的强势，对其他民族以势压人、以势欺人，优势民族不应该剥削落后民族。在人类命运共同体框架下，不应由任何一个民族或国家来充当世界的中心，也没有任何一个国家和民族应凌驾于其他民族之上，世界各民族都是平等的文明主体，都既是文明的创造者也应该是文明成果的享有者。习近平就此专门指出，世界命运应该由各国共同掌握，国际规则应该由各国共同书写，全球事务应该由各国共同治理，发展成果应该由各国共同分享④。

人类命运共同体理念强调开放包容多元文化，跨越了传统全球治理理念以西方为中心的制度和意识形态偏见。人类命运共同体理念认为，国际体系应包容各种政治制度、发

---

① 戴正，张力. 建构主义"认同"观念的局限——以日本"认同"观的变化为例[J]. 人民论坛，2016（11）：192-195.
② 方长平. 英国学派与主流建构主义：一种比较分析[J]. 世界经济与政治，2004（12）：34-38.
③ 姚选民. 人类命运共同体：跨越"修昔底德陷阱"的中国方案[J]. 学术论坛，2017（6）：1-12.
④ 黄云明. 人类命运共同体理念对传统世界格局逻辑的超越[J]. 社会科学家，2019（7）：24-28.

展模式和政治文化。习近平主席说："要尊重道路选择。'履不必同，期于适足；治不必同，期于利民。'一个国家发展道路合不合适，只有这个国家的人民才最有发言权。正像我们不能要求所有花朵都变成紫罗兰这一种花，我们也不能要求有着不同文化传统、历史遭遇、现实国情的国家都采用同一种发展模式。"习近平还强调"要理性处理本国文明与其他文明的差异，认识到每一个国家和民族的文明都是独特的，坚持求同存异、取长补短，不攻击、不贬损其他文明。不要看到别人的文明与自己的文明有不同，就感到不顺眼，就要千方百计去改造、去同化，甚至企图以自己的文明取而代之"①。同时从解决全球问题的角度来看，全球治理并不具有一个统一的模式，各国各地区基于自身历史传统、政治体制和政治文化，缔造出自己的全球治理模式（包括观念和行为），这些模式之间应该互相取长补短，共同提升全球治理效率②。很明显，目前全世界面临的金融危机、难民危机、恐怖主义、跨境犯罪、核武器扩散、气候变化以及流行性疾病等复杂的全球性挑战仅靠一个大国、一个组织或一种模式已经很难解决，需要世界各国广泛参与，汇集各种文明的智慧。人类命运共同体倡导的多元治理模式，以多向度治理取代"单向度霸权治理"，突破了唯一模式和唯一价值观的局限及其给全世界多个地区带来的混乱。人类命运共同体致力于创造一个开放包容、丰富多彩的全球文明体系。这是全新的全球文明观，超越了狭隘的文明中心主义，对消解文明冲突、促进文明交流具有重要引领作用③。

人类命运共同体聚焦共商共建共享的实现路径，超越了无政府主义竞争中你死我活的零和游戏，也有助于避免新兴国家与守成国家之间的修昔底德陷阱。共商体现了现代民主精神，共建体现了参与和责任担当，共享则可以形成命运共同体的基础，增强人类命运共同体的韧性④。人类命运共同体理念强调各国将竞争、对抗观念转化为对话、合作协商观念，以合作共赢代替博弈冲突。习近平指出："弱肉强食是丛林法则，不是国与国相处之道。穷兵黩武是霸道做法，只能搬起石头砸自己的脚。我们要摒弃一切形式的冷战思维，树立共同、综合、合作、可持续安全的新观念"⑤。国际社会需要通过加强国际合作共同应对传统与非传统安全问题，经济全球化更需要以加强合作来共同化解全球经济风险，人类命运共同体理念旨在构建一种超越狭隘国家利益观的新型利益观。从实践来看，尽管受到近年来贸易摩擦等问题的影响，中美关系存在下行趋势，但稳定金融市场、恢复市场信心符合中美双方共同利益，中国力图推动双方协商，避免陷入全面的贸易冲突，并努力在未来长期的博弈和互动中找到双方共同认可的均衡点。人类命运共同体理念还力推国际合作

---

① 姚选民. 人类命运共同体：跨越"修昔底德陷阱"的中国方案[J]. 学术论坛, 2017(6)：1-12.
② 赵晨. 不平等时代的全球治理[J]. 国际论坛, 2017(5)：52-57.
③ 吴志成, 吴宇. 人类命运共同体思想论析[J]. 世界经济与政治, 2018(3)：4-33.
④ 宋才发. 人类命运共同体本质解析及全球化治理探讨[J]. 党政研究, 2019(3)：54-64.
⑤ 习近平. 习近平谈治国理政（第2卷）[M]. 北京：外文出版社, 2018：523.

机制的改革，中国倡导并推进的"一带一路"建设，就是充分体现共享共赢精神的新型国际合作机制。中国还努力巩固和发展已有的合作平台，并致力于搭建更多的合作平台，全面推进伙伴关系，加强中国与各国的双边互利合作。人类命运共同体理念致力于建立危机管理和化解机制。面对经济纠纷、政治分歧、领土领海争端、边境冲突等危机，中国坚持和平发展道路，主张和平解决争端，并将双边协商对话作为解决双边冲突和国际争端的重要途径，包括双边战略对话、论坛、大国首脑间定期或不定期的直接通话等。这些做法将有利于建立新型国际关系，消除弱肉强食的"丛林法则"和"零和博弈"的游戏规则，纠正霸权主义和强权政治。

三、人类命运共同体理念的国际认同与传播

人类命运共同体的构建首先需要建立共同体意识，在各国之间就全球治理、人类发展前途、全球交往的价值取向形成共识，并在这一过程中准确把握各自的角色和身份。因此人类命运共同体理念的国际传播至关重要，这是一个构建共识和认同的过程，也是突破西方中心的国际传播秩序，以全新的理念和价值观构建世界信息传播新秩序的过程。这个过程并不是一蹴而就的，中国在话语体系建设、加强国际互动实践、非安全领域突破、构建多层次命运共同体阶段性发展共识，以及形成多元化公共外交和大传播格局方面任重而道远。

（一）建设中外融通的话语体系

目前人类命运共同体理念已奠定基本内涵，形成了总体布局和总体路径，还需要进一步全面构建一个中外融通的话语体系。

长期以来，我国的话语体系较为封闭，国内话语体系与国际话语体系没有打通，中外话语体系之间的转换非常困难，未能跨越话语表达方式和话语阐释思维进路的巨大差异，从而常常陷入"自说自话"的困境，国际传播的效果欠佳。

过去的对外传播长期强调"以我为主"，同时在西方霸权的环境下，我国际传播话语侧重阐释自我和塑造自我形象，而在人类命运共同体框架下，我国的国际话语应该将国际社会对中国特色社会主义道路的认同融入世界对中国关于人类文明高层次目标的价值观的认同。同时中国的内外话语体系都应在人类命运共同体的顶层战略下统领，从逻辑起点上做到中外融通，中国的意义与世界的意义得到链接，让"中国故事"成为"世界故事"的有机组成部分，中国梦与世界梦融为一体。

人类命运共同体理念传播的有效性离不开话语体系的逻辑性。西方话语霸权的形

成,以及其"普世价值"的广泛影响,部分根植于西方长期开展的全方位的理论和话语构建及依此形成的逻辑体系。过去中国话语多为政策性的宣示,缺乏广泛深刻的论证阐发①,因此难以达成深层次的信服力。目前人类命运共同体的顶层设计已经形成,接下来需要进一步确立宏观、中观、微观各个层面逻辑贯通的话语建构,并在这一整体框架下就世界、国家、社会发展的各个方面进行阐释,最终形成完整的逻辑体系。这样的逻辑与话语体系建构需要实践及理论的双重创新和探索,在实践创新中提升认知基础,以全方位、多学科的理论构建沉淀认识并指引实践方向。

这个话语融通、逻辑建构的过程应该具有很强的吸纳力和包容性,只有这样才能进行话语创新,形成对自我话语和现有国际话语的突破。通过文明之间的交流互鉴,发现吸收其他文化价值中的"亮点",提炼不同文化的共同特点,减少文化折扣,凝聚共同的价值体系,制造共同体话语的"同心"效应。同时通过多元文化吸纳、融合进行的话语创新,能够在探索人类发展方向的道路上超越旧的范式,跨越西方话语体系的逻辑陷阱,为人类思想提供有示范性和感召力的替代西方逻辑的公共产品,构成共同体的向心力,最终形成具有普遍效应的人类命运共同体话语体系。

(二)加强国际互动实践,促进人类命运共同体理念转变为国际共有知识

现实世界是理念和话语体系的客体,人类命运共同体理念的有效国际传播离不开中国在现实中与世界的互动交流实践。互动实践的过程也是各国习得中国的世界角色和身份,将人类命运共同体理念逐渐转变为共有知识的重要过程。

人类命运共同体理念的对外言说和阐释是互动构建共有知识的重要一环。习近平主席自明确提出命运共同体的理念以来,以"元首外交"这一最有影响力的传播方式不断在全世界各类场合提及并进行诠释,涉及领域包括经济、政治、文化、军事、生态、网络安全等多方面,立体式、系统化地主动向世界阐释全球发展的中国方案,表明合作共赢的中国态度,引起国际社会的广泛关注,仅2017年国际主流媒体就发表相关英文报道和评论400余篇。哈佛大学费正清中国研究中心研究员罗斯·特里尔主编的《习近平复兴中国》一书评价说,以"人类命运共同体"为纲领的全球治理体系,展现了对中国和世界各国关系长远发展的战略思考,也给国际格局新秩序的建立带来新动力②,柬埔寨人民党主席洪森在出席中国共产党与世界政党高层对话时表示,柬埔寨积极响应习近平主席提出的构建人类命运共同体、为人类进步事业不断奋斗的外交理念③。

---

① 王祯,李包庚. 推进"人类命运共同体"理念对外传播问题探论[J]. 理论学刊,2019(6):54-60.
② 王丹,孙敬鑫. 做好人类命运共同体理念的对外传播[J]. 当代世界,2018(6):8-11.
③ 常红,姚雪. 人类命运共同体何以获得全球认同[EB/OL]. http://world.people.com.cn/n1/2018/0123/c1002-9781137.html.

在世界体系转型过程中,人类命运共同体的传播与认同仍面临一些障碍。

西方发达国家往往将中国视为战略竞争对手,担心中国的强势崛起影响其中心地位,并出于这种心态采取种种抹黑中国的举动,如"中国威胁论""黄祸论"等等,甚至对中国采取对抗或限制的措施。面对这样的障碍,中国需要通过与发达国家的互动实践让西方国家清晰认知中国的软硬实力,同时了解中国和平发展、平等相处、合作共赢的国际交往思路,跨越所谓"修昔底德陷阱"。比如中美贸易战中,中国与美国经历了多轮谈判和相关贸易政策的调整,让美国认识到中美的相互依赖和中国的重要性,美国尽管威胁政策迭出,但政策回调也频现,中美贸易始终处于可谈判可协商的局面。我们更要通过广泛的互动交流让西方国家认识到人类命运共同体框架下中国方案的先进性和有效性,及其相对于西方制度缺陷的优越性,比如新冠疫情下中国抗疫的卓越成效与西方很多国家抗疫乏力的鲜明对比;中国作为世界经济引擎和稳定阀的作用与西方经济治理失灵引发大面积金融危机的强烈反差等。当然这是一个比较艰巨的过程,会充满拉锯和反复,但这种拉锯正是互动习得共有知识必不可少的环节。

发展中国家以及周边邻国也会对中国的发展存在疑虑,有的甚至受到西方国家的影响,加入"中国威胁论"的传播行列。为了打消这些疑虑,帮助其深化对人类命运共同体本质的认识,我们要加大与广大新兴国家和发展中国家的互动合作,让这些国家感受到从合作中获得的收益,包括经济发展的机遇和经济差距的缩小,国际政治地位和话语权的提升,本国文化受到的尊重和获得发展的可能性,以及在获得收益的同时受到的平等对待。2015年4月22日习近平主席在印度尼西亚出席亚非领导人会议开幕式时,呼吁发达国家加大对发展中国家援助力度,敦促发达国家切实履行官方发展援助承诺,向发展中国家提供不附带政治条件的援助,还特别承诺中国将于年内对已建交的最不发达国家97%税目产品给予零关税待遇,向全世界展示了中国对发展中国家切切实实的支持。这方面中国过去有过成功的经验,当年西方国家抵制中国进入联合国,但是中国通过在发展中国家大力推广自己的政治理论、发展道路和治理模式,最后在联合国大会上成功地赢得第三世界国家的支持。中国要进一步通过与发展中国家的互动实践让这些国家深刻认识构建人类命运共同体是促进世界体系转型,提升发展中国家国际地位的切实路径。

目前全球治理面临很多瓶颈问题,中国还应通过与全球的全面互动实践体现中国提供全球公共产品的能力,展示中国担当,彰显中国在共同体建设过程中的示范效应和引领作用。一带一路建设计划就是体现中国提供全球治理公共产品能力的伟大实践。截至2019年4月就已经有126个国家和国际组织与我国签订合作文件,中国与沿线国家的贸易总额超过6万亿美元,中巴经济走廊、蒙内铁路的建立和中欧班列的开通,帮助沿线国家实现战略对接和优势互补[①]。"一带一路"建设，以"去中心化"的合作方式，以基础设施建设投资为引领，促进沿线国家的国家间投资、产能互补和产业链建设，为广大发展中国家乃至发达国家提供了实现经济增长的强大动力，为尽可能多的国家提供了一个全新的合作平台，还创新地指出了连接欧亚打造共同体的前进方向。德国驻华大使柯慕贤（Michael Clauss）指出，"'一带一路'是中国就发展与稳定提出的最具启发性的倡议之一"[②]。中国还领头成立亚洲基础设施投资银行、金砖国家新开发银行，推动新型全球经济治理机制的建立，通过参加金砖国家、二十国集团、亚太经合组织、上海合作组织、中非合作论坛以及主办相关峰会等，成为各种全球、地区和跨地区多边机制的倡导者和积极参与者，推动完善全球治理，担负起大国责任。在2020年席卷全球的新冠疫情中，中国始终处于抗疫阵地的最前线，从构建人类命运共同体的高度，展现出大国担当，积极展开国际间疫情防控合作工作，向其他国家捐赠物资、粮食、派出专家等，并根据不同国家的需求汇编了最新的防控、诊疗方案，分享给全球180个国家与10多个国际和地区组织。中国为全世界人民的健康福祉提供了中国经验和中国方案，这些都是宝贵的国际公共产品。

（三）重视在非传统安全领域取得突破

全球化时代，非传统安全威胁日益突出，并且不断地凸显为人类所面临的普遍性威胁。相对于传统安全，非传统安全主要指政治和主权安全以外的安全领域[③]，涉及经济、文化、社会、环境、资源、科技、信息等各个领域，往往表现为生态环境恶化、恐怖主义、非法移民及难民、跨国有组织犯罪、传染病流行等。

非传统安全威胁对全人类而言属于无差异威胁，由此带来应对主体的公共化。也就是说威胁对象具有全民性和跨区性，不局限于某一类人群或某一具体地域空间。一旦在某个国家、地区发生非传统安全危机，国际社会成员往往会出现"多米诺骨牌"效应，使危机影响到更大范围，导致类似的危机反复发生[④]。

长期主导传统安全秩序的西方国家未能有效解决非传统安全威胁问题。"9·11"恐怖袭击造成了将近3 000人死亡，甚至超过美国在珍珠港事件中死亡的人数；2008年的全球金融危机暴露出西方经济机制的失灵；欧盟面对一波又一波的难民潮一筹莫展，欧盟各国意见各异……

很明显，以本国利益最大化为核心的国际社会的无政府主义，以及与之相匹配的"零

---

① 曾璐，刘桂荣."人类命运共同体"思想海外传播中应对价值冲突的策略[J].中共云南省委党校学报，2020（3）：172-176.
② 袁靖华.中国的"新世界主义"："人类命运共同体"议题的国际传播[J].浙江社会科学，2017（5）：105-113.
③ BUZAN B. New patterns of global security in the twenty-first century[J]. International affairs, 1991, 67（3）: 431-451.
④ 熊光楷.协力应对非传统安全威胁的新挑战[J].世界知识，2005（15）：4-7.

和游戏"思维不可能有效应对全世界共同面临的非传统安全问题。非传统安全问题使全球面临共同威胁，问题的解决则需要集体认同和行动。面对非传统安全威胁的挑战，国际社会必须形成"你安全我才安全，我安全你才安全"的价值取向，需要开放包容而非封闭排他，需要平等合作而非霸权制约。由此可见，只有人类命运共同体框架下的合作协调、共商共享、合作共赢机制才能引领全人类抵御非传统安全威胁。非传统安全的着眼点是人的安全。早在1994年，联合国开发计划署（The United Nations Development Programme, 简称UNDP）就在《人类发展报告》中首次系统引入并阐述了"人的安全"的概念，国际社会的外交伦理也越来越重视"人的安全"的价值取向。人类命运共同体恰恰是从人本哲学出发的理念，强调以人为本，表达对人自身问题的深切关注，探索人的可持续发展，谋求造福全人类。从这个层面来说，人类命运共同体理念与非传统安全的价值取向高度契合。

目前世界体系正处于转型过程中，人类命运共同体理念的传播和实践要突破长期占据主导地位的西方价值观和治理机制，西方机制未能奏效的非传统安全领域是一个重要突破口。中国价值观和中国方案在该领域更能凸显中国发挥的作用。符合非传统安全价值取向的中国理念和行之有效的中国方案将在各国共同应对非传统安全威胁的过程中获得普遍的认同，形成示范效应。

中国在新冠疫情治理中起到的示范效应就彰显了中国在非传统安全领域的突破。

新冠肺炎疫情作为代表性的非传统安全威胁已经成为全球最大的挑战之一。疫情传播速度之快，波及范围之广，在人类历史上实属罕见，新冠肺炎安全威胁持续蔓延下，明显地看到全球命运休戚与共，没有哪个国家能独善于天下。我们也清楚地看到，很多国家包括西方发达国家暴露出应对机制失调的问题，疫情控制不力，一些政府也受到了民众的强烈批评。在这次的抗击疫情过程中，中国在"以人为本"的理念下，把人民群众的生命安全和身体健康放在第一位，紧急采取应对措施，统筹推进疫情防控，取得成效且不断巩固，通过全面精准施策，稳妥有序复工复产，推进经济社会发展，尽力把疫情给经济发展造成的冲击降至最低，把疫情对国际贸易造成的影响减至最小。

同时中国也强调齐心协力、守望相助，共同构建人类卫生健康共同体。与联合国秘书长古特雷斯通电话时，习主席强调，"国际社会应当加紧行动起来，有效开展联防联控国际合作，凝聚起战胜疫情的强大合力。" 在二十国集团领导人应对新冠肺炎特别峰会上，习近平主席站在全人类的高度，就抗疫国际合作和稳定世界经济提出四点重要倡议，推出了应对新冠肺炎的"中国主张"，为全球协调行动抗击疫情指明方向，为全球携手赢得这场人类与重大传染性疾病的斗争注入了"中国信心"和"中国力量"①。

---

① 《经济日报》评论员. 在全球战"疫"中推进构建人类命运共同体[EB/OL]. (2020-04-13)[2020-08-25]. http://www.qstheory.cn/llwx/2020-04/13/c_1125846882.htm.

在这个过程中，中国积极开展与世卫组织的合作与信息交流，与国际社会分享疫情防控和诊疗方案，及时公开研究成果，与国际专家联合开展调研，向出现疫情扩散的国家和地区提供力所能及的援助。世卫组织总干事谭德塞屡次称赞中国，"中国所采取的举措不仅是在保护中国人民，也是在保护世界人民。"中国所做的各项工作得到了170多个国家和40多个国际和地区组织的认可和支持。

与其他二十国集团强国相比，中国也是率先恢复增长的经济体。中国作为全球唯一在2020年遭遇疫情打击之后迅速实现V型经济复苏的国家，对全球经济发展产生重要的影响。在全球经济衰退、发达经济体普遍负增长的前景下，中国正增长对全球的贡献显得尤为重要。

很明显，在面对新冠疫情全球挑战的过程中，树立人类命运共同体意识、携手应对非传统安全领域的风险挑战、共建美好地球家园，逐渐成为世界各国不断深化的共识。

（四）推动多层次人类命运共同体构建，阶段性发展人类命运共同体共识

人类命运共同体的构建不是一蹴而就的，这是一个复杂而艰巨的过程，目前还不可能全世界都在同一个层次达成共识，需要根据不同层次的诉求形成共识，形成多层次命运共同体，阶段性推动人类命运共同体的发展，这是最终建成人类命运共同体的必由之路。

首先，可以探索在国与国之间的双边层面形成命运共同体的共识，这是人类命运共同体构建的基础。双边关系是国际关系的基本形式和中国对外关系的基本内容，构建人类命运共同体首先要从双边关系着手。一些有着较好双边关系和合作基础的国家，在具有达成共识的条件下，可以成为构建双边命运共同体的对象。中国与巴基斯坦、哈萨克斯坦、老挝、缅甸等国都达成了构建双边命运共同体的共识，在构建人类命运共同体的道路上走出了先行探索的一步。在双边命运共同体的构建过程中，需要慎重考虑不同国家的利益、诉求以及与中国的契合点，从而达到建设高水平命运共同体的目标。

其次，在国与国双边层次的基础之上，可以进一步探索区域及次区域层面的命运共同体。比如中国在与东南亚国家发展双边合作的基础上，着力打造中国-东盟命运共同体。自中国提出共建"一带一路"倡议以来，得到了东盟国家的普遍积极响应，东盟国家陆续推出了各自的国家发展战略，从客观上与"一带一路"相对接，2020年11月签署的《区域全面经济伙伴关系协定》（RCEP），东盟十国就是15个签署国家的重要成员。中国-东盟是典型的具有地缘因素的区域命运共同体，周边命运共同体、亚洲命运共同体也都是从地理的亲缘关系出发进行探究，这体现了由近及远，发挥地缘毗邻优势的思路。中非命运共同体、中拉命运共同体等作为跨地区的中国-区域命运共同体，将充分发挥传统友好优势和经济互补优势，同时也体现了南南合作的精神，使得人类命运共同体理念得到进一步

提升。

再次,基于共同的历史文化纽带,在探索大中华文化圈内的命运共同体建设层面也大有可为。其中首先是中国大陆主体和香港、澳门、台湾所构成的中国命运共同体。习近平主席指出,香港、澳门与祖国内地的命运始终紧密相连;两岸同胞从来都是命运相连、荣辱与共的,大陆和台湾地区是休戚与共的命运共同体。中国和平统一促进会香港总会理事长卢文端表示,构建人类命运共同体的倡议对香港有极大的正面影响,"国家好,香港好",融入国家发展大局,这是对香港最有利的安排。澳门大学社会科学学院院长郝雨凡认为,人类命运共同体体现了中华文化的伟大聚合力,回归祖国后的澳门,显示出"一国两制"的制度优势,也是中国人在构建人类命运共同体道路上的成功实践①。台湾《中国时报》也曾发表社论《建构两岸命运共同体的正确认知》,指出两岸中国人要携手共行,从根本上建构两岸命运共同体的认知,持续推动和平发展及两岸一家亲的友好政策,以增强台湾地区民众对于中华文明的认同与身为中国人的自豪感。在海峡两岸及香港、澳门携手建设中华民族命运共同体的基础上,还可以进一步在全球华人华侨范围内以中华文化为纽带拓展中华文明的命运共同体。全球华人华侨同根同源,命运休戚与共,中国和中华文明的发展为全球华人的发展提供强有力的文明后盾,华侨华人也发挥其双重文化浸润优势,在构建人类命运共同体进程中,促进中华文明与当地文化的交流互见,同时也发挥其跨国流动优势为构建人类命运共同体发挥了桥梁和纽带作用②。在华人华侨织就的中华文明网络基础上,中华文化辐射的东亚、东南亚地区历史上受中华影响较大,有着较为相通的文化历史和价值观基础,可以进一步构建共同文化,打造命运共同体。

基于共同的国际战略诉求,还可以探索南南合作层面的命运共同体建设。南南合作起源于二战后广大发展中国家基于共同的历史遭遇和独立后面临的共同任务而开展的相互合作,目前主要指发展中国家之间的合作。这个层面的命运共同体建设根植于共同的世界新秩序愿景,旨在提高新兴市场国家和发展中国家的话语权和发言权,确保各国在国际合作中权利平等、机会平等、规则平等。习近平主席2015年在印尼出席亚非领导人会议的讲话中呼吁构建更加公正合理的国际秩序和国际体系,包括推动建设公平公正、包容有序的国际经济金融体系,为发展中国家发展营造良好外部环境。荷兰阿姆斯特丹自由大学跨文化人权中心主任汤姆·茨瓦特认为,建立人类命运共同体意味着发展中国家不能只发挥次要的、支持性作用,而应成为全球治理体系中的利益攸关方。几内亚全国独立人权委员会主席马马迪·卡巴认为,构建人类命运共同体意即建设一个更为公平的世界,在这个世

---

① 港澳台人士:人类命运共同体理念体现中华文化伟大聚合力[EB/OL].(2018-01-25)[2020-07-20]. http://www.xinhuanet.com/gangao/2018-01/25/c_1122315100.htm.
② 张冬冬.华侨华人:构建人类命运共同体的独特力量[J].人民论坛,2018(17):136-137.

界里,团结、平等和自由等价值观将得到无差别的推崇①。南非西开普敦大学国际关系学教授托伊特则指出,"习近平主席提出的建立人类命运共同体理念反映了发展中国家的心愿,代表了时代发展趋势,是世界人民追求的目标。"路透社的报道则称,"许多非洲人认为中国的影响积极正面,是抗衡西方影响的健康力量"②。

在国际社会面对共同问题和挑战的领域则需要深入探索领域性共同体。人类命运共同体概念本身就涵盖国际社会发展的各个领域,包括政治、经济、安全、社会、文化、生态等多个领域,是在政治共同体、经济共同体、安全共同体、社会共同体、文化共同体等领域性共同体基础上的进一步概括和升华。人类利益融合且面临共同问题的领域也会越来越多,需要在共同体框架下携手解决。比如在最重要的安全共同体框架下,核安全命运共同体是近年来面对核恐怖主义,中国倡导的共同解决核问题的领域性共同体。2016年在第四届核安全峰会上习近平主席首次提出这个概念。同样在安全框架下,世界反恐的命运共同体意识也在不断树立。2017年,中国常驻联合国副代表吴海涛大使在恐怖行为威胁国际和平与安全公开会上发言指出,国际社会应树立"命运共同体"意识,结合恐怖主义发展的新趋势和新特点,加强合作,共同应对恐怖主义威胁。2018年的2月和8月,中国常驻联合国代表马朝旭大使和副代表吴海涛在两次联合国反恐及保护关键基础设施免遭恐怖袭击问题公开会上,都再次重申"命运共同体"意识。而在互联网的快速发展给全世界带来很多新问题的背景下,2015年习近平主席在第二届世界互联网大会发表主旨演讲,向全世界发出了共同"构建网络空间命运共同体"的倡议,并提出了推进全球互联网治理体系变革的"四项原则"和构建网络空间命运共同体的"五点主张",另外,他还在之后的世界互联网大会上不断重申网络空间命运共同体的倡议。人类命运共同体理念还在海洋领域甚至外太空领域的发展上有所体现。2019年,习近平主席在青岛集体会见出席中国人民解放军海军成立70周年多国海军活动的外方代表团团长时,提出了海洋命运共同体重要理念,指出应集思广益、增进共识,努力为推动构建海洋命运共同体贡献智慧。2018年在纪念联合国探索与和平利用外层空间会议50周年高级别会议上,中国提议的外空领域人类命运共同体理念被采纳,会议通过的成果文件呼吁"在和平利用外空领域加强国际合作,以实现命运共同体愿景,为全人类谋福利与利益"。全球面临的环境保护问题则使人类环境命运共同体的必要性凸显,2020年11月22日习近平主席在二十国集团领导人利雅得峰会"守护地球"主题边会上强调,要秉持人类命运共同体理念,携手应对气候环境领域挑战,守护好这颗蓝色星球。而2020年新冠疫情全球大流行之后,人类卫生命运共同体的现实性和

---

① 马海燕,李纯. 人类命运共同体——南南合作框架下人权发展的新机遇[EB/OL]. https://www.chinanews.com/gn/2017/12-08/8396125.shtml.
② 柯岩. 人类命运共同体理念反映了发展中国家的心愿——外国政要和媒体眼中的习近平[N]. 学习时报,2016-01-07(3).

急迫性大大凸显。习近平主席在第七十三届世界卫生大会视频会议开幕式上的致辞号召团结合作战胜疫情,共同构建人类卫生健康共同体,并表示中国秉持构建人类命运共同体理念,既对本国人民生命安全和身体健康负责,也对全球公共卫生事业尽责。国际社会首先需要在这些面对共同挑战的领域凝聚共识、携手共进,而解决问题的复杂性又会衍生出超越领域的合作需求,最终一步步上升为最高层次人类命运共同体的构建需求。

(五)形成多元化公共外交与大传播格局

在当今世界格局与传媒环境下,人类命运共同体理念的认同与传播要走公共外交与大传播的路径,这就意味着我们要进一步扩大传播内容、传播渠道和传播主体,以更加全面、多元、立体的方式走向世界。

1. 立体化内容

在人类命运共同体话语体系的顶层设计下,我们需要进一步丰富交流和传播的内容,以更加深入人心的方式立体化诠释中国理念。首先要讲好中国的历史文化故事,揭示人类命运共同体理念在中华文明中的历史积淀和文化渊源。除了中华文化经典的传播,更要以外国受众看得懂的方式诠释中国文化思想。李子柒通过展示中国传统耕作饮食的VLOG将中国传统文化中蕴含的价值观和生命观传递给世界,并收获了世界各地被困于现代文明却又向往返璞归真生活的人们的共鸣和认同。其次还要讲好中国的发展故事,揭示中国的发展实践中蕴含的中国理念和中国价值。中国发展的故事不能空讲发展理念,要注重讲好人的故事,从人的角度来体现发展的意义和价值。比如脱贫攻坚的主题可以与这一过程中妇女儿童权益的发展保障结合起来,绿水青山的环境发展主题可以与更吸引人的个人旅游探寻故事相融合。中国抗疫故事中更有着许多闪耀人性光辉的故事,比如CGTN在Instagram的英文账号曾发布浙江某医院护士陈颖与未婚夫隔着窗与口罩的动情一吻和陈颖面庞被防护装备压出的"最美"印痕,赢得了来自各国网民的点赞和美好祝福。我们更要讲好人类命运共同体理念下中国参与全球事务的故事,这其中如何讲好当地故事至关重要,需要以小见大有效体现中国贡献以及与当地的融合,从而破除"中国威胁论"。比如关于一碗回锅牛肉的故事是"一带一路"百国印记短视频大赛获奖作品,视频以孟加拉国籍员工的视角记录了中国在排除疫情困难紧锣密鼓建设孟加拉国最大污水处理厂期间为孟加拉国籍员工特地制作的"回锅牛肉",生动反映了中国工人和当地工人之间的友谊,以及他们共同抗击疫情的决心和勇气。

2.多渠道传播

除了传统主流媒体的报道和传播,我们还要大力发挥互联网新媒体在全球社会中互联互通的作用。随着数字信息技术的发展，公共外交与国际传播愈发数字化、融媒体化，网络空间成为重要交流场所和舆论阵地，尤其是网络社交媒体成为异军突起的一支力量，中国社交媒体的海外传播影响也发展迅速，Tiktok的发展就是一个很好的例子。截至2020年4月，海外版TikTok的全球下载量达到18亿次，美国地区App Store的榜单数据上，TikTok也经常占据前5名左右。其本地化和瞄准Z世代年轻人的运营特色为其带来了传播影响力。我们也看到在新冠疫情期间，中国社交媒体组织"全球疫情会诊室"通过线上直播活动，进行国际援助，传授抗疫经验，有效呈现了中国对国际抗疫的积极参与和中国方案的积极贡献。此外，我们还要重视民间渠道的作用，拓展、创新民间交流交往方式，包括教育交流、文化活动、旅游交往、贸易往来、学术互动等等，在这一过程中尤其要发挥好世界各地华人华侨的桥梁作用。习近平主席曾指出，"国之交在于民相亲"，民间外交是"推进文明交流互鉴最深厚的力量"，我们要通过民间渠道促进民心相通，从而进一步增强对人类命运共同体的普遍共识。

3.多主体参与

随着全球化深入发展，国际社会互联网络中的节点越发多元化，人类命运共同体理念的国际认同构建除了依靠政府主导的外交和传播，更要发挥各类主体的作用，使得中国与国际社会得以全方位多层次互动。

随着中国企业全球影响力的增强，中国企业已成为非常重要的公共外交和国际传播主体。企业的国际品牌形象塑造及其社会责任的承担情况都成为中国理念和中国价值的重要载体。比如，华为的全球高科技企业形象已成为中国高科技发展和贡献的重要维度，当然，华为在国外受到的一些冲击也嵌入国际社会对中国的国家认知。而当前企业往往通过自身的社交媒体平台开展与全球用户的营销互动，其渗透力和影响力无疑进一步奠定了企业重要的传播主体地位。

随着国际互联网的普及，公众个体也已经广泛参与到生产国际信息流的过程中，公众已不仅仅是传播的接受者，更是传播的行为主体，国际公众个体的互动交流是"民心相通"最直接的方式，这有利于增强我国公众与他国公众之间的相互了解。一些在中国生活、学习、工作多年的外国人通过短视频或图文形式在国际社交媒体平台以自己的个人视角发布自己在中国的经历和感受，收获众多粉丝，这种自发的老外"中国故事讲述员"带来的传播有时比主流媒体的宏大叙事更加深入人心，令人印象深刻。因此在这个人人都是"故事员"的时代，如何发挥好个人传播主体的作用值得深思。

随着全球化的深入发展，国际环境发生变化，非政府组织在国际社会交往中发挥越来越重要的作用，尤其在国际生态环保、公益慈善、医疗卫生、文化教育方面往往形成较大的推动力量，发挥其公共外交和国际传播主体作用有助于体现中国人类命运共同体理念在非传统安全领域的贡献。近年来智库也成为越来越重要的公共外交和国际传播主体。智库能够为人类命运共同体理念和中国形象的传播提供强大的智力支持,我们可以通过智库成果的国际传播、智库组织的国际合作、智库专家的对话交流,向世界阐释中国政策和理念,并与国外智库开展思想的碰撞。

  总之,面对世界体系复杂转型和全球治理当代困境,人类命运共同体理念是中国向国际社会提供的超越西方中心主义的中国价值和中国方案,具有强大的生命力。然而西方思想长期处于主导地位,有着长期的全方位的理论、话语和实践构建。人类命运共同体理念在国际社会的传播、理解、接受和践行仍将面临诸多挑战,我们需要有智慧地分阶段、分区域、分层次推进,最终使其成为团结国际社会,指引世界前行的新灯塔。而面对互联网加深的全球化,人类命运共同体理念的传播不仅要依靠政府和主流媒体,更要开展多主体、多渠道、多形式的立体化融合性传播,尤其要发挥好公共外交和社交媒体的作用,让人类命运共同体理念渗透在互联互通的普遍交往和交流中。

参考文献

☆ 一、中文文献
☆ 二、英文文献

一、中文文献

1. 萨义德. 东方学[M]. 北京：三联书店, 1999.

2. 安替. 金砖国家的概念在缓慢政治化[N]. 经济观察报, 2011-04-18（16）.

3. 布赞. 刘德斌, 译. 世界历史的分期与国际体系的演变[J]. 史学集刊, 2003（1）：1-9.

4. 陈安迪. 四大国际体系转型成因及特征探究[J]. 学理论, 2019（4）：45-47.

5. 陈力丹. 群体传播的心理机制[J]. 东南传播, 2016（1）：33-35.

6. 陈卫. 国际关系理论研究中的新自由制度主义[J]. 国际观察, 1999（4）：6-9.

7. 陈鑫. 制约人类命运共同体现实构建的五维探析——以西方传统国际价值观为研究视角[J]. 大庆师范学院学报, 2019（5）：1-7.

8. 陈玉刚. 金砖四国与国际秩序转变[J]. 中国战略观察, 2011（1）.

9. 崔远航. 十九大以来西方媒体眼中的"中国威胁论"：特点与趋势分析[J]. 对外传播, 2018（4）：13-15.

10. 戴正. 国际关系中的权力身份与观念身份——以当代中国参与国际互动为例[J]. 哈尔滨师范大学社会科学学报, 2016（1）：20-23.

11. 戴正, 张力. 建构主义"认同"观念的局限——以日本"认同"观的变化为例[J]. 人民论坛, 2016（11）：192-195.

12. 樊勇明. 金砖国家合作与亚洲多元发展[J]. 复旦学报（社会科学版）, 2013（6）：151-157.

13. 弗雷德. 中国在非洲的活动与全球治理的重塑[D]. 长春：吉林大学, 2011.

14. 方长平. 国家利益的建构主义分析[M]. 北京：当代世界出版社, 2002.

15. 方长平. 英国学派与主流建构主义：一种比较分析[J]. 世界经济与政治, 2004（12）：34-38.

16. 甘莅豪. 媒介话语分析的认知途径：中美报道南海问题的隐喻建构[J]. 国际新闻界, 2011, 33(8)：83-90.

17. 高尚涛. 主流国际体系理论研究评述[J]. 外交评论, 2006（4）：42-50.

18. 郭树勇. 建构主义的"共同体和平论"[J]. 欧洲, 2001（2）：18-25.

19. 韩震. 论国家认同、民族认同及文化认同——一种基于历史哲学的分析与思考[J]. 北京师范大学学报（社会科学版）, 2010（1）：106-113.

20. 贺金瑞, 燕继荣. 论从民族认同到国家认同[J]. 中央民族大学学报（哲学社会科学版）, 2008（3）：5-12.

21. 洪邮生. 现实主义国际关系理论：一种经久不衰的主流范式[J]. 历史教学问题, 2004（4）：45.

22. 黄旦. 传者图像：新闻专业主义的建构与消解[M]. 上海：复旦大学出版社, 2005：233-234.

23. 黄云明. 人类命运共同体理念对传统世界格局逻辑的超越[J]. 社会科学家, 2019（7）：24-28.

24. 柯岩. 人类命运共同体理念反映了发展中国家的心愿——外国政要和媒体眼中的习近平[N]. 学习时报, 2016-01-07(3).

25. 华尔兹. 国际政治理论[M]. 上海：上海人民出版社, 2003.

26. 孔华润. 美国对中国的反应[M]. 上海：复旦大学出版社, 1989：65.

27. 蓝建学. 印度大国梦中的中国情结[J]. 当代亚太, 2004（12）：37-43.

28. 李丹娜. 德国媒体对中日钓鱼岛事件的报道分析——基于框架理论的视角[J]. 湖南行政学院学报, 2014（3）：125-128.

29. 李朝全. 西方妖魔化中国的历史［EB/OL］.（2008-05-05）［2019-10-12］. http://news.xinhuanet.com/edu/2008-05-05/content_8108185.htm.

30. 李金山, 许佑生. 同性婚礼新闻之框架、框架化与读者诠释分析[D]. 台北：世新大学, 2000年.

31. 李松蕾. 1981-2010年《纽约时报》关于钓鱼岛问题的论调变化分析——从"民族主义"到"中国威胁论"[J]. 新闻与传播研究, 2014（9）：65-83.

32. 李苏苏. 菲律宾主流媒体涉华"领土争端"报道研究——以"钓鱼岛之争""黄岩岛之争"的报道为例[J]. 文化与传播, 2014（4）：20-24.

33. 娄亚萍, 罗杰宇. 基于主流媒体的美国南海和钓鱼岛舆论策略比较研究[J]. 太平洋学报, 2017（3）：69-79.

34. 李涵. 中美主流媒体针对钓鱼岛事件的报道比较研究[D]. 长春：吉林大学, 2014.

35. 李沁,王雨馨. 华人华侨身份认同程度与中华文化传播行为研究[J].当代传播, 2019（2）：55-60.

36. 李晓蓉. 中美主流报纸关于中日钓鱼岛事件新闻报道的内容分析[D]. 武汉：华中科技大学, 2013.

37. 林进桃. 泰国华文媒体与在泰华人的身份认同[J]. 东南亚南亚研究, 2017（1）：96-100.

38. 林岩. 全球化中的他者：后冷战时期西方媒体中的中国人研究[D]. 上海：上海外国语大学, 2012.

39. 刘继南, 何晖. 镜像中国——世界主流媒体中的中国形象[M]. 北京：中国传媒大学出版社, 2006.

40. 刘鸣. 以世界体系理论与全球化理论解读国际体系转型[J]. 现代国际关系, 2009（1）：48-55.

41. 刘佩. "走出去"十年:中国企业海外危机西方媒体话语分析——以甘姆森"诠释包裹"框架理论为分析路径[J]. 新闻界, 2015（11）：2-8, 25.

42. 柳丝. 警惕西方"锐实力"舆论陷阱[J]. 瞭望, 2018（6）：16-17.

43. 帕克. 移民报刊及其控制[M]. 北京: 中国人民大学出版社, 2011.

44. 基欧汉, 奈. 权力与相互依赖[M]. 北京: 北京大学出版社, 2002.

45. 吉尔平. 世界政治中的战争与变革[M]. 北京: 中国人民大学出版社, 1994.

46. 罗以澄, 司景新. 集体记忆、文化身份与国家利益的多重建构——中国和日本大众传媒有关中日关系报道的文化思考[C]//2005东北亚传播学国际研讨会东北亚的文化交流论文或提要集. 北京, 2005: 40-49.

47. 马静. 简评国际关系三大理论流派对国际体系的认识[J]. 发展, 2010 (5): 73.

48. 费丽莫. 国际社会中的国家利益[M]. 杭州: 浙江人民出版社, 2001.

49. 谢勒. 20世纪的美国与中国[M]. 北京: 三联书店, 1985.

50. 明恩溥. 中国人的素质[M]. 上海: 学林出版社, 2001.

51. 南文英. 华人报刊论 [J]. 镜报(月刊), 2002 (6).

52. 倪屹, 李宗勋. 中日钓鱼岛争端的由来及其演变[J]. 延边大学学报(社会科学版), 2015, 48 (2): 14-22.

53. 袁正清. 国家利益分析的两种视角[J]. 世界经济与政治, 2001 (9): 14-18.

54. 伊萨克斯. 美国的中国形象[M]. 北京: 时事出版社, 1999.

55. 洪邮生. 现实主义国际关系理论: 一种经久不衰的主流范式[J]. 历史教学问题, 2004 (4): 48.

56. 潘亚玲. 国际规范更替的逻辑与中国应对[J]. 世界经济与政治, 2014 (4): 122-135.

57. 彭怀东. 从"黄祸论"到"中国威胁论"[J]. 真理的追求, 1997 (4): 25-29.

58. 鲍曼. 自由[M]. 长春: 吉林人民出版社, 2005.

59. 秦亚青. 国际制度与国际合作: 反思新自由制度主义[J]. 外交学院学报, 1998 (1): 40-47.

60. 沈国麟, 王倩. 利益冲突和观念落差: "中菲南海冲突"的对外传播话语结构及其"二次传播"效果[J]. 国际新闻界, 2014 (12): 6-20.

61. 邱世兵. 中国国际舆论环境的历史变迁——略论西方的中国观的演变[J]. 牡丹江师范学院学报(哲学社会科学版), 2006 (1): 50-52.

62. 冉继军. 新时期非洲媒体对"中国"的话语建构[J]. 新闻战线, 2014 (6): 87-89.

63. 邵静.《纽约时报》中的中国政治形象研究[J]. 浙江传媒学院学报, 2011 (6): 8-17.

64. 史冬冬. 海外华文媒体文化身份的构建与认同[J]. 广东培正学院学报 2010, 9 (4): 28-32.

65. 宋才发. 人类命运共同体本质解析及全球化治理探讨[J]. 党政研究, 2019 (3): 54-64.

66. 宋刚. 钓鱼岛购岛事件后日本主流传统媒体中国报道研究——以《读卖新闻》与《朝日新闻》的对比为例[J]. 东北亚外语研究, 2016 (4): 34-41.

67. 苏长和. 解读《霸权之后》——基欧汉与国际关系理论中的新自由制度主义[J]. 美国研究, 2001 (1): 138-146.

68. 孙溯源. 集体认同与国际政治——一种文化视角[J]. 现代国际关系, 2003: 38-44.

69. 陶家俊. 身份认同导论[J]. 外国文学, 2004(2): 37-44.

70. 田嘉宇. 海外华文媒体新闻报道中的民族文化认同[D]. 南京: 南京大学, 2016.

71. 王丹, 孙敬鑫. 做好人类命运共同体理念的对外传播[J]. 当代世界, 2018(6): 8-11.

72. 王力军, 申琳. 略论新自由制度主义的"相互依赖"理论[J]. 济南大学学报(社会科学版), 2015(4): 39-43.

73. 王琼, 胡跃东. 试论当代美国华人社团发展趋势[J]. 大众科学(月刊), 2007(4).

74. 王祯, 李包庚. 推进"人类命运共同体"理念对外传播问题探论[J]. 理论学刊, 2019(6): 54-60.

75. 魏艳辉. 从"身份"研究到"认同"研究——后现代主义语境中"身份"的语义危机[J]. 哈尔滨学院学报, 2012(6): 94-98.

76. 吴瑛, 李莉, 宋韵雅. 多种声音一个世界: 中国与国际媒体互引的社会网络分析[J]. 新闻与传播研究, 2015(9): 5-21.

77. 吴飞. 流动的中国国家形象: "中国威胁论"的缘起与演变[J]. 南京社会科学, 2015(9): 7-16.

78. 吴志成, 吴宇. 人类命运共同体思想论析[J]. 世界经济与政治, 2018(3): 4-33.

79. 习近平. 习近平谈治国理政(第2卷)[M]. 北京: 外文出版社, 2018.

80. 夏建平. 认同与国际合作[D]. 武汉: 华中师范大学, 2006.

81. 肖沛雄, 赵瑞华. 西方媒体对华报道的策略及手法——以"中非峰会"报道为例[J]. 当代传播, 2008(1): 57-58.

82. 辛旗. 诸神的争吵: 国际冲突的宗教根源[M]. 海口: 海南出版社, 2002.

83. 熊光楷. 协力应对非传统安全威胁的新挑战[J]. 世界知识, 2005(15): 4-7.

84. 玄花. 中国学术界钓鱼岛问题研究综述[J]. 东北亚学刊, 2017(5): 23-29.

85. 温特. 国际政治的社会理论[M]. 上海: 上海人民出版社, 2000.

86. 颜春龙. 华人传媒与文化认同: 21世纪初《联合早报》研究[M]. 北京: 华夏出版社, 2008.

87. 严怡宁. 影响国际新闻报道的因素——几种不同的研究视角[J]. 江淮论坛, 2007(5): 124-130.

88. 杨婷, 陈曙光. 霸权的终结与世界秩序的重建——兼评"中国威胁论"[J]. 广东社会科学, 2016(5): 71-78.

89. 杨柳. 美国主流媒体报道"抗议范式"验证: 以《纽约时报》反伊战报道为例[J]. 新闻界, 2012(5): 7-12.

90. 杨柳.《纽约时报》反伊战运动报道框架研究[M]. 北京: 世界知识出版社, 2013.

91. 杨鲁慧. 后金融危机时期国际政治格局的变革及趋向[J]. 当代世界与社会主义, 2011（2）: 107-111.

92. 姚选民. 人类命运共同体: 跨越"修昔底德陷阱"的中国方案[J]. 学术论坛, 2017（6）: 1-12.

93. 叶自成. 从华夏体系历史看美国国际关系理论范式的西方特色[J]. 世界经济与政治, 2012（2）: 4-21.

94. 沃勒斯坦. 刘海霞译. 世界体系的结构性危机: 我们将何去何从？[J]. 国外理论动态, 2011（9）: 24-28.

95. 俞燕敏, 鄢利群. 无冕之王与金钱——美国媒体与美国社会[M]. 北京: 中国社会科学出版社, 2000.

96. 袁靖华. 中国的"新世界主义": "人类命运共同体"议题的国际传播[J]. 浙江社会科学, 2017（5）: 105-113.

97. 臧国仁. 新闻媒体与消息来源——媒介框架与真实建构之论述[M]. 台北: 三民书局, 1999.

98. 曾璐, 刘桂荣. "人类命运共同体"思想海外传播中应对价值冲突的策略[J]. 中共云南省委党校学报, 2020（3）: 172-176.

99. 张春. 中非关系应对国际对非合作的压力和挑战[J]. 外交评论, 2012（3）: 33-42.

100. 张冬冬. 华侨华人: 构建人类命运共同体的独特力量[J]. 人民论坛, 2018（17）: 136-137.

101. 张海燕. 19、20世纪之交美国华人报刊缘何蓬勃发展——从移民报刊"多元化"功能理论视角[J]. 新闻界. 2015 (19): 62-66.

102. 张骥, 齐长安. 沃勒斯坦世界体系评析[J]. 世界政治与经济, 2001（11）: 16-21.

103. 张健挺, 蔡克平. 负传播的集体无意识解构[J]. 新闻与传播研究, 2003（4）: 61-65.

104. 张健雄. "中国威胁论"的新演变[J]. 人民论坛, 2008（5）: 24-25.

105. 张康之, 张桐. "世界体系论"的"中心-边缘"概念考察[J]. 中国人民大学学报, 2015（2）: 80-89.

106. 张昆, 陈雅莉. 东盟英文报章在地缘政治报道中的中国形象建构——以《海峡时报》和《雅加达邮报》报道南海争端为例[J]. 新闻大学, 2014（2）: 72-82.

107. 张淑华, 李海莹, 刘芳: 身份认同研究综述[J]. 心理研究, 2012(1):21-27.

108. 张鹭, 李桂花. "人类命运共同体"视域下全球治理的挑战与中国方案选择[J]. 社会主义研究, 2020（1）: 103-110.

109. 翟炜, 顾朝林. 东北亚国际中心城市建设指标体系选择[J]. 城市与区域规划研究, 2018（2）: 92-114.

110. 赵晨. 不平等时代的全球治理[J]. 国际论坛, 2017（5）: 52-57.

111. 周敏. 论媒介与受众共建议程设置及反思——以央视《新闻1+1》钓鱼岛事件报道为例[J].

新闻界，2013（5）：14-17.

112. 朱杰进. 金砖国家合作机制的转型国际观察[J]. 2014（3）：59-73.

113. 港澳台人士：人类命运共同体理念体现中华文化伟大聚合力[EB/OL].（2018-01-25）[2020-07-20]. http://www.xinhuanet.com/gangao/2018-01/25/c_1122315100.htm.

114. 凌朔. 南海真相不容西式"刀笔"歪曲——八论南海仲裁案及南海问题[EB/OL].（2016-07-06）[2019-08-16]. http://www.xinhuanet.com/world/2016-07/06/c_1119175505.htm.

115. 常红，姚雪. 人类命运共同体何以获得全球认同[EB/OL].（2018-01-23）[2020-08-12]. http://world.people.com.cn/n1/2018/0123/c1002-29781137.html.

116. 马海燕，李纯. 人类命运共同体——南南合作框架下人权发展的新机遇[EB/OL].（2017-12-08）[2020-08-12]. https://www.chinanews.com/gn/2017/12-08/8396125.shtml.

117. 《经济日报》评论员. 在全球战"疫"中推进构建人类命运共同体[EB/OL].（2020-04-13）[2020-08-25]. http://www.qstheory.cn/llwx/2020-04/13/c_1125846882.htm, 2020-04-13.

二、英文文献

1. ABRAHAMSON M. Global cities [M]. New York: Oxford University Press, 2003.

2. ADLER E, BARNETT, M. Security communities [M]. Cambridge: Cambridge University Press, 1998: 30-31.

3. ATWOOD L E. Old colonial ties and news coverage of Africa [A]. International Communication Association Annual Convention, Honolulu, HI, US, 1985.

4. AUSTIN W G, MONTERET S W. The social psychology of intergroup relations [M]. Belmont, Calif.: Brooks/Cole, 1979:.

5. AXELRODAND R, KEOHAN R O. Achieving cooperation under anacrhy: strategies and institutions [C] // BALDWIN D A. Neorealism and neolibearlism: the contemporary debate [A]. New York: Columbia University Press,1993: 85-86.

6. BASILAIA E. Framing the 2008 war in Georgia in resonance, Izvestia, and the New York Times [J]. [Kango gijutsu] : [Nursing technique], 2009, 12 (10): 16-22.

7. BAUMANN R, DINGWERTH K. Global governance vs empire: why world order moves towards heterarchy and hierarachy [J]. Journal of international relations and development, 2015, 18 (1):104-128.

8. BERGER P, LUCKMAN T. The social construction of reality [M]. Garden City, NY: Doubleday-Anchor, 1967.

9. BHATTACHARYA S. Discord and religious identity: news framing of Muslims in the Kashmir [A].

International Communication Association 2005 Annual Meeting, New York, 2005.

10. BROWN R. Social identity theory: past achievements, current problems and future challenges [J]. European journal social psychology, 2000, 30 (6): 745–778.

11. CAPPELLA J N, JAMIESON K H. Spiral of cynicism: the press and the public good [M]. New York: Oxford University Press Inc., 1997.

12. BUZAN B. New patterns of global security in the twenty-first century [J]. International affairs, 1991, 67 (3): 431–451.

13. CASTELLS M. The rise of the network society [M]. Oxford: Blackwell, 1996.

14. CHANG T-K. All countries not created equal to be news: world system and international communication [J]. Communication research, 1998, 25 (5): 528–563.

15. CHOMSKY N. What makes mainstream media mainstream [EB/OL]. https://chomsky.info/199710__/.

16. DOROGI T L. Tainted perceptions: Liberal-democracy and American popular images of China [D]. Las Vegas: University of Nevada, 2000.

17. CHANG T-K, LAU T-Y, HAO X-M. From the United States with news and more: international flow, television coverage and the world system [J]. International communication gazette, 2000, 62 (6): 505–522.

18. DUPREE J D. International communication: view from "A window on the world [J]. International communication gazette, 1971, 17 (4): 224–235.

19. DURANTI A, GOODWIN C. Rethinking context: ;anguage as an interactive phenomenon [M]. Cambridge, UK: Cambridge University Press, 1992.

20. ENTMAN R M. Framing toward clarification of a fractured paradigm [J]. Journal of communication. 1993, 43 (4): 51–58.

21. ENTMAN R M. Projections of power: framing news, public opinion, and U.S. foreign policy [M]. Chicago: University of Chicago Press, 2004.

22. ENTMAN R M. Theorizing mediated public diplomacy: the US case [J]. The international journal of press/politics, 2008, 13 (2): 87–102.

23. ENTMAN R. M, MATTHES J, PELLICANO L. Nature, source and effects of news framing [C]// WAHL-JOR-GENSEN K, HANITZSCH T. The handbook of journalism studies. New York: Routledge, 2009.

24. FREIDMANN J. The world city hypothesis [J]. Development and change, 1986, 17 (1): 69–83.

25. FRIEDMANN J. Where we stand: a decade of world city research [A]. The Conference of World

Cities in a World-System, Center for Innovative Technology, Sterling, VA, April, 1993.

26. GALTUNG J, RUGE M. The structure of foreign news [J]. Journal of peace research, 1965, 2 (1): 64- 91.

27. GANS H J. Deciding what's news: a study of CBS Evening News, NBC Nightly News, Newsweek, and Time [M]. Illinois: Northwestern University Press, 1979.

28. GITLIN T. The whole world is watching [M]. Berkeley: University of California Press, 1980.

29. GOFFMAN E. Framing analysis: an essay on the organization of experience [M]. New York: Harper and Row, 1974.

30. GRABER, DORIS A. Mass Media and American Politics (Fourth Edition) [M]. Washington D.C.: Congressional Quarterly Press, 1993: 374.

31. HARCUP T, O'NEILL D. What is news? Galtung and Ruge revisited [J]. Journalism studies, 2001, 2 (2): 261-280.

32. HESTER A. Theoretical considerations in predicting volume and direction of international information flow [J]. Gazette, 1973, 19 (4): 239- 247.

33. HESTER A. The news from Latin America via a world news agency [J]. Gazette, 1974, 20 (2): 82- 98.

34. HOROWITZ D L. Ethnic groups in conflicts [M]. Berkeley: University of California Press, 2000.

35. TING-TOOMEY S. Face concerns in interpersonal conflict: a cross-cultural empirical, test of the face negotiation theory [J]. Communication research, 2003, 30 (6): 599-624.

36. INGLEHART R, WELZEL C. Changing mass priorities: the link between modernization and democracy [J]. Perspectives on politics, 2010, 8 (2): 551-567.

37. IYENGAR S. Is anyone responsible? how television frames political issues? [M]. Chicago: University of Chicago Press, 1991.

38. JEPPERSON R L, WENDT A, KATZENSTEIN J N. Culture and identity in national security [C] // KARTZENSTEIN P J. The culture of national Security : norms and identity in world politics. New York: Columbia University Press, 1996.

39. KEOHANE R. International institutions: can interdependence work? [J]. Foreign policy, 1998, Spring: 82-96.

40. LAWRENCE R G. The politics of force: media and the construction of police brutality [M]. Berkley: University of California Press, 2000.

41. LICHTER R, STANLEY R, LICHTERL. The media elite [M]. Bethesda, Md : Adler and Adler, 1986.

42. LISS A. Images of China in American print media: a survey from 2000 to 2002 [J]. Journal of contemporary China, 2003, 35 (12): 299–318.

43. MATTES J, KOHRING M. The content analysis of media frames: toward improving reliability and validity [J]. Journal of communication, 2008, 58 (2): 258–279.

44. MONTIEL C J, SALVADOR A M O, SEE D C, et al. Nationalism in local media during international conflict: text mining domestic news reports of the China-Philippines maritime dispute [J]. Journal of language and social psychology, 2014, 33 (5): 445–464.

45. PETERSON S. International news selection by the elite press: a case study [J]. Public opinion quarterly, 1981, 45 (2): 143–163.

46. PHINNEY S. Stages of ethnic identity development in minority group adolescents [J]. Journal of early adolescence, 1989, 9 (1–2) : 34–49.

47. PHINNEY S. The multigroup ethnic identity measure: a new scale for use with diverse groups [J]. Journal of adolescent research, 1992, 7 (2) : 156–172.

48. PORPORA D. Cultural rules and material relations [J]. Sociology theory, 1993, 11 (2): 212–219.

49. SASSEN S. Locating cities on global circuits [J]. Environment and urbanization, 2002, 14 (1): 13–30.

50. SCOTT A J. Global city—regions trends, theory, policy [C]. New York: Oxford University Press, 2001: 12.

51. SHEAFER T, GABAY I. Mediated public diplomacy: a strategic contest over international agenda building and frame building [J]. Political communication , 2009, 26 (4): 447–467.

52. SHEAFER T, SHENHAV S R, Takens, J, et al. Relative political and value proximity in mediated public diplomacy: the effect of state-level homophily on international frame building [J]. Political communication, 2014, 31 (1): 149–167.

53. SHOEMAKER P J, CHANG T K, BREADLINGER N. Deviance as a predictor of newsworthiness: coverage of international events in the U.S. media [C]// MCLAUGHLIN M L. Communication yearbook, 10. Newbury Park, Ca: Sage, 1986: 348– 365.

54. SMITH D A, TIMBERLAKE M F. World city networks and hierarchies, 1977–1997 [J]. The American behavioral scientist, 2001, 44 (10): 1656 –1678.

55. STEELE A T. The American people and China [M]. New York: McGrall-Hill Book, 1966.

56. TANKARD J, HENDRICKSON L, SILBERMAN J, et al. Media frames: approaches to conceptualization and measurement [A]. Annual Conference of the Association for Education in Journalism and Mass Communication, Boston, 1991.

57. TUCKER L R. The framing of Calvin Klein: a frame analysis of media discourse about the August 1995 Calvin Klein Jeans advertising controversy [J]. Critical studies in mass communication, 1998, 15 (2): 141-157.

58. TUCHMAN G. Making News: a study in the construction of reality [M]. New York: Free Press, 1978.

59. UNESCO. International flow of information: a global report and analysis [EB/OL]. (2010-05-26) [2019-06-27]. http://unesdoc.unesco.org/images/0006/000652/065258eo.pdf.

60. VILANILAM J. Foreign policy as a dominant factor in foreign news selection and presentation: case study of two geographically and culturally distant press systems of the world [J]. Gazette, 1983, 32 (2): 73-85.

61. WATANABE K. The western perspective in Yahoo! News and Google news: quantitative analysis of geographic coverage of online news Yahoo [J]. International communication gazette, 2013, 75 (2): 141-156.

62. WANG G. Sourcing international news: a comparison of five western countries' newspapers [J]. China media research, 2017, 13 (1): 95-107.

63. WANG G. Discursive construction of territorial disputes: foreign newspaper reporting on the Diaoyu dispute [J]. Social semiotics, 2017, 27 (5): 567-585.

64. WASBURN F C. The social construction of international news: we are talking about them, they are talking about us [M]. Wesport, Connecticut, London: Praeger, 2002: 11-19.

65. WENDT A. Anarchy is what states make of It [J]. International organization, 1992 (2): 391-425.

66. WEIMANN G. Terrorists or freedom fighters? Labeling terrorism in the Israeli press [J]. Political cmmunication, 1985, 2 (4): 433-445.

67. WOLFSFELD G. The political contest model [C]// COTTLE S. News, public relations and power. London: Sage, 2003.

68. WOLFSFELD G. Media and the path to peace [M]. Cambridge: Cambridge University Press, 2004.

69. WU H D. A brave new world for international news? Exploring the determinants of the coverage of foreign nations on US websites [J]. International communication gazette, 2007, 69 (6): 539-555.

70. WU X. Framing, reframing and the transformation of stance in news translation: a case study of the translation of news on the China-Japan dispute [J]. Language and intercultural communication, 2018, 18 (2): 257-274.

71. YARCHI M, WOLFSFELD G, SHEAFER T, et al. Promoting stories about terrorism to the international news media: a study of public diplomacy [J]. Media, war & conflict, 2013, 6 (3): 263-278.

72. YARCHI M. Two stories for two nations: public diplomacy in the Israeli-Palestinian conflict [J]. Studies in conflict & terrorism, 2018, 41 (9): 677–695.

73. YOUNGCHUL Y, GWANGHO E. Media management of international conflict: a comparative analysis of news coverage of Dokdo Island [J]. Korea journal, 2002, 42 (4): 264–264.

图书在版编目(CIP)数据

世界体系转型与中国国际传播新趋势／严怡宁著. -- 北京：中国传媒大学出版社，2023.2
（"全球传播与中国话语"青年论丛）
ISBN 978-7-5657-3398-7

Ⅰ.①世… Ⅱ.①严… Ⅲ.①国际问题—文集 ②中外关系—传播学—文集
Ⅳ.①D815-53 ②G219.26-53

中国版本图书馆CIP数据核字(2023)第019634号

世界体系转型与中国国际传播新趋势
SHIJIE TIXI ZHUANXING YU ZHONGGUO GUOJI CHUANBO XINQUSHI

著　　者	严怡宁
责任编辑	黄松毅
封面设计	六合方圆
责任印制	阳金洲

出版发行	中国传媒大学出版社		
社　　址	北京市朝阳区定福庄东街1号	邮　编	100024
电　　话	86-10-65450528　65450532	传　真	65779405
网　　址	http://cucp.cuc.edu.cn		
经　　销	全国新华书店		
印　　刷	唐山玺诚印务有限公司		
开　　本	787mm×1092mm　1/16		
印　　张	14.25		
字　　数	277千字		
版　　次	2023年2月第1版		
印　　次	2023年2月第1次印刷		
书　　号	ISBN 978-7-5657-3398-7/D·3398	定　价	69.00元

本社法律顾问：北京嘉润律师事务所　郭建平